KOVÁCS / KALTENTHALER

# Handbuch
# Kindererziehung

DR. MED. HEIKE KOVÁCS
BIRGIT KALTENTHALER

# Handbuch
# Kindererziehung

Mit Liebe,
Gelassenheit
und
Konsequenz

blv

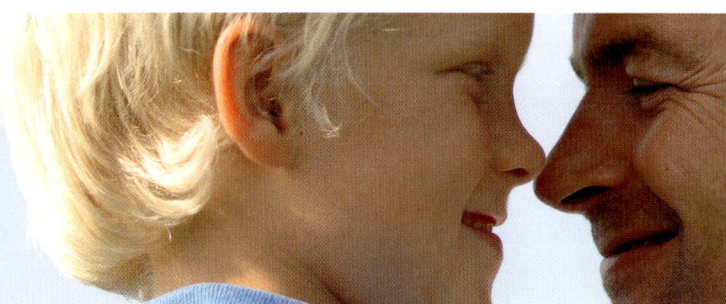

# Inhalt

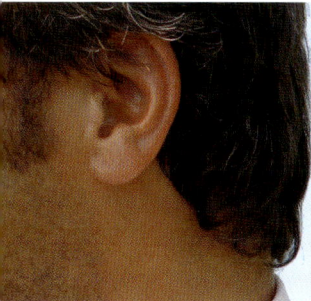

# Liebe Eltern,

seit Menschengedenken kommen Kinder auf die Welt. Und seit Menschengedenken wachsen sie heran, entwickeln sich vom Baby zum Kleinkind und vom Schulkind zum Teenager, bis sie irgendwann groß sind. Dies geschieht überall auf der Erde, schon seit mindestens zwei Millionen Jahren.

Warum um alles in der Welt ist es dann doch immer wieder so schwer, ein Kind zu erziehen? Warum stoßen Mütter und Väter oft an ihre Grenzen, warum sind sie ratlos, gestresst und überfordert? Manchmal sind sie so genervt, dass sie ihr Kind am liebsten dahin zurückschicken würden, wo es hergekommen ist. Aber: Rückgabe ausgeschlossen! Und eine Garantie für einen reibungslosen Ablauf mit dem Nachwuchs gibt es bei der Geburt leider auch nicht dazu. Daher hilft Ihnen nur eines, liebe Mama, lieber Papa: Sie müssen sich kopfüber ins Abenteuer Erziehung stürzen, beherzt, mutig und mit einer ordentlichen Portion Optimismus im Gepäck - ganz nach dem Motto: »Irgendwie wird's schon klappen«. Und das stimmt ja auch, vor allem wenn Sie als Eltern es schaffen, gelassen zu bleiben. Für alle brennenden Fragen rund um die Erziehung, für Krisenzeiten und handfeste Probleme können Sie sich Rat und Hilfe holen, beispielsweise in diesem Buch - es unterstützt Sie dabei, Ihren ganz persönlichen, liebevollen und gleichsam konsequenten Erziehungsstil zu finden. Das ist sehr wichtig, damit sich Ihr Kind in der Familie wohl und angenommen fühlt, mit all seinen Stärken und Schwächen. Schließlich soll es schon in ganz jungen Jahren Geborgenheit und Sicherheit erfahren, wovon es ein Leben lang profitieren wird.

Und keine Sorge: Was Sie auf den folgenden Seiten lesen, wird Ihnen nicht mit erhobenem Zeigefinger präsentiert, es geht nicht nur um graue Theorie und Belehrung, sondern Sie erfahren reichlich Praxisnähe, Sie begegnen einer guten Portion Humor und - vor allem - viel, viel Verständnis!

*Ihre Heike Kovács und Birgit Kaltenthaler*

# Erziehung – (k)ein Kinderspiel?

Eine gelungene Erziehung fußt auf
Liebe, Vertrauen und Geborgenheit.
Sie schafft die optimale Basis,
damit Ihr Kind zu einem glücklichen,
selbstsicheren Erwachsenen heranreift.

# Kleine und große Rebellen

### Lästiger Störenfried

Philipp ist neun Jahre alt und eigentlich ein netter, aufgeschlossener Junge. Doch in letzter Zeit zeigt er sich nicht von seiner besten Seite: In der Schule legt er sich immer wieder mit seinen Klassenkameraden an, es kommt zu kleinen Fehden und lautstarken Auseinandersetzungen, einmal gab es sogar eine Prügelei. Auch die schulischen Leistungen von Philipp lassen mittlerweile sehr zu wünschen übrig. Er stört öfter den Unterricht, ist unkonzentriert und geistesabwesend. Vom Lehrer hagelt es Ermahnungen und Beschwerden. Schon mehrmals wurde Philipps Mutter, die alleinerziehend ist, in die Schule gebeten, um über die Probleme mit dem Sohn zu sprechen. Wenn das nicht aufhört, heißt es, werde der Junge den Übertritt ins Gymnasium oder in die Realschule nicht schaffen. Wenn Philipp sich nicht endlich bemüht, muss er, so sein Lehrer, nach der vierten Klasse auf die Hauptschule gehen.

### Verliebter Teenager

Der Mutter von Isabel geht es nicht viel besser: Seit die knapp 14-Jährige zum ersten Mal so richtig verliebt ist, hat nichts anderes mehr Raum im Leben des hübschen Teenagers: anstelle von Hausaufgaben ständige SMS und E-Mails mit ihrem Liebsten; statt Ausflug mit der Familie totaler Rückzug, eingesperrt ins Zimmer mit lauter Musik. Nur um die Mahlzeiten am Familientisch kommt sie nicht herum.
Isabel ist ständig nörgelig und zickig, sie braust sofort auf, wenn die Mutter es nur wagt, ihr eine Frage zu stellen. Seitdem der Vater ihr genau vorschreibt, wann sie abends zu Hause zu sein hat, redet Isabel mit ihm kein Wort mehr. Sie tut, als sei er Luft.

### Kleiner Trotzkopf

Von solchen Pubertätsproblemen sind die Eltern des vierjährigen Maximilian zwar noch weit entfernt, bei seiner Erziehung stoßen aber auch sie öfters an ihre Grenzen: Maximilian will einfach nicht in

den Kindergarten gehen. Nur mit Mühe schafft es die Mutter, ihn zu überreden, mitzukommen. Kaum ist sie wieder zu Hause und kann in ihrem Büro endlich ihren Arbeitstag als selbstständige Webdesignerin beginnen, klingelt schon das Telefon: Die Erzieherin meldet, der Kleine habe geweint, getobt und sich dann in eine Ecke verdrückt. Durch nichts auf der Welt ist er dort herauszulocken. Die Mutter soll ihn bitte so schnell wie möglich abholen.
Diese Szene spielt sich in letzter Zeit leider fast täglich ab. Maximilians Eltern, beide berufstätig, sind vollkommen entnervt und wissen einfach keinen Rat mehr.

Drei unterschiedliche Geschichten mit drei ganz ähnlichen Erfahrungen, die Eltern in der Erziehung ihrer Kinder manchmal machen: Nicht mehr weiter zu wissen, sich hilflos, fast schon ohnmächtig, überfordert und gestresst zu fühlen. Ja, Erziehung ist kein Kinderspiel, aber auf den folgenden Seiten werden Sie einige konkrete Hilfestellungen an die Hand bekommen.

Verliebte Teenager haben für nichts anderes mehr Sinn als ihre Beziehung.

# Andere Eltern haben es auch nicht leicht

Es ist tröstlich zu wissen, dass es den meisten Eltern nicht viel anders geht. Wenn man den Medien glaubt, nehmen Erziehungs-schwierigkeiten nicht nur immer mehr zu, es ist sogar von einer »allgemeinen Erziehungskatastrophe« die Rede. Erzieher klagen, dass viele Kinder völlig aus der Bahn geraten sind: Immer öfter hört man von überforderten, gestressten Eltern, von Lernstörungen, Verhaltensauffälligkeiten, Konzentrationsproblemen, Aggressionen

Draußen spielen – viel besser als vor dem PC zu sitzen.

und Vereinsamung der Kids. Ist das wirklich ein neues Phänomen unserer Gesellschaft?

Die Gesellschaft ist ständig im Wandel, und so hat sich auch in punkto Erziehung in den letzten Jahren und Jahrzehnten einiges geändert. Die Kinder wachsen heute liberaler auf als noch zu Zeiten unserer Eltern und Großeltern. Sie haben wesentlich mehr Freiräume und mehr Möglichkeit zur Selbstentfaltung. Daher verfügen die meisten über ein ausgeprägteres Selbstbewusstsein und größere Ichstärke.

»Wer nicht hören will, muss fühlen«, lautete einst das Motto autoritärer Eltern. Das hat sich geändert: Schläge sind tabu, strenge Bestrafungen und Einschüchterung als Erziehungsmaßnahmen out. Schluss ist auch mit der verklemmten Sexualität, alles wird viel offener (vor)gelebt. Der Nachwuchs darf seine Persönlichkeit schon früh entfalten, er soll es sogar. Seine Fähigkeiten und verborgenen Anlagen werden auf vielfältige Weise bereits in ganz jungen Jahren gefördert. Die Kleinen bekommen tagtäglich zahlreiche Anregungen, um zu entdecken, was ihnen Freude macht und was sie wirklich gut können. Und wir Eltern sind sehr stolz auf unsere erfolgreichen Kinder. Das dürfen wir auch sein!

Aber die liberalere Erziehung hat auch ihre Schattenseiten: Zu viel Freiraum tut Kindern nicht gut, erst recht nicht, wenn sie viele Stunden des Tages mehr oder weniger sich selbst überlassen sind. Leider ist das heute vielerorts normal, vor allem wenn beide Eltern berufstätig sind oder wenn ein Elternteil ein oder mehrere Kinder alleine erzieht.

Die Medien tun das Übrige: Fernsehen, PC, GameBoy, PlayStation, X-Box und Handy beeinflussen den Alltag der Kinder dramatisch (siehe ab Seite 156). Manche sitzen bis zu acht Stunden vor dem Computer und spielen oder surfen im Internet. Kein Wunder, dass sie dann unter Bewegungsmangel und Übergewicht leiden und mit Konzentrationsschwierigkeiten, Verhaltensauffälligkeiten und Lernstörungen kämpfen.

## Keine Angst vor Erziehungsfehlern

Zum Glück muss Ihr Kind nicht zwangsläufig zur Gruppe der Medien-Junkies gehören, die den ganzen Tag vor Computer oder Fernseher »abhängen« und das Familienleben durch völlige Erziehungsresistenz ruinieren. Es geht auch anders: Auf der Grundlage von Zeit, die Sie sich für Ihr Kind nehmen, Zuwendung, Ruhe und Gelassenheit lässt sich eine andere Qualität von Zusammensein aufbauen. Mit diesen Zutaten bekommen Sie den Erziehungs-Kuchen garantiert gebacken.

**Tipp**

Kinder haben heute sehr viele Möglichkeiten der Freizeitgestaltung. Nutzen Sie dieses Angebot, achten Sie aber auch darauf, dass sich Ihr Kind nicht mit zu vielen Aktivitäten »verzettelt«.

Machen Sie sich auf der anderen Seite nicht zu viel Stress – Sie brauchen keine Angst zu haben, zu versagen. Jeder von uns macht hin und wieder Fehler, natürlich auch in der Erziehung. Aber wir können daraus lernen: Schauen Sie sich die Fallbeispiele in diesem Buch an. Sie erkennen sich wieder? Dann setzen Sie den einen oder anderen unserer Tipps um – Sie werden sehen, beim nächsten Mal klappt es schon besser.

## Die beste Basis: Liebe und Vertrauen

Das Wichtigste ist, dass Sie Ihrem Kind so viel Liebe und Geborgenheit schenken, wie Sie können. Versuchen Sie, den Draht zu ihm nie abreißen zu lassen, auch wenn es ganz auf Opposition eingestellt ist. Eine warmherzige, liebevolle Umgebung fördert eine gute Atmosphäre für die Erziehung, nährt das Vertrauen Ihres Kindes und ist auch emotionales Polster, mit dem das Kind schwierigere Phasen gut übersteht. Wenn das die Basis ist, können Sie nicht mehr viel falsch machen. Und: Holen Sie sich Rat und Hilfe, lassen Sie sich unter die Arme greifen, um in Sachen Erziehung den richtigen Weg einzuschlagen. Darin möchte Sie dieses Buch unterstützen und Ihnen zeigen, wie Sie die Beziehung zu Ihrem Kind liebevoll und lebendig gestalten können.

## Positive Phasen nutzen

Erziehung heißt nicht nur, in schwierigen Phasen einzugreifen und umzudenken – den Grundstein Ihrer Erziehung können Sie vor allem in den Phasen legen, in denen sich Ihr Kind von seiner Sonnenseite zeigt. Jedes Kind hat diese positiven Phasen und viele gute Eigenschaften, die Sie wahrnehmen, wenn Sie sich ihm widmen und ihm Ihre Aufmerksamkeit schenken. Setzen Sie hier an: Schließlich brauchen kleine, aber auch größere Kinder Regeln und Strukturen. An denen können Sie sich auch in schwierigeren Zeiten orientieren und darauf bauen, dass sie in der Lage sind, ihre Probleme zu lösen. Sie fragen sich, wie Sie das hinkriegen sollen? Wo Sie kaum Zeit für Ihr Kind haben? Doch, es geht! Es bleibt immer genügend Raum, um sich den Kindern zuzuwenden, Sie müssen es nur wollen, vielleicht einmal etwas anderes zurückstellen oder eine kleine Änderung des Tagesablaufs vornehmen. Dies wirkt oft schon wahre Wunder. So können Sie beispielsweise einen »Freizeit-Stundenplan« entwerfen und dort alles eintragen, was Sie in einer Woche mit Ihrem Kind unternehmen möchten. Montags steht dann vielleicht eine gemeinsame Bastelstunde auf dem Plan, dienstags eine sportliche Veranstaltung, mittwochs Musik machen, donnerstags ein Vorleseabend, freitags ein Kinobesuch. Auch wenn Sie an Werktagen aufgrund Ihrer

## Tipp

Bleiben Sie stets in Kontakt mit Ihrem Kind, suchen Sie immer wieder das Gespräch zu ihm, auch wenn es einmal in einer schwierigen Phase ist. So spürt es, dass Sie es lieben und dass es bei Ihnen Geborgenheit findet.

Verpflichtungen in Job und Haushalt nur eine oder zwei Stunden Zeit für Ihr Kind haben sollten, so sind diese doch intensiv genutzt und Ihr Kind kann sich auf die gemeinsame Zeit freuen. Diese tägliche Zuwendung, die Konsequenz, mit der Sie Ihrem Kind gegenüber handeln, eine klare Kommunikation und eine grundsätzlich liebevolle, gelassene Haltung bilden die stabilste Basis in der Beziehung zu Ihrem Kind. Ihre tägliche Aufmerksamkeit, auch wenn sie zeitlich begrenzt ist, bedeutet Ihrem Kind sehr viel. So erfährt es, dass es angenommen und für seine Eltern wichtig ist, es spürt Geborgenheit und kann in der Gewissheit leben, dass es sich mit all seinen kleinen und großen Anliegen immer vertrauensvoll an Sie wenden darf. Wenn sich Kinder in ihrem Elternhaus gut aufgehoben fühlen, kommen sie auch später immer wieder gerne dahin zurück.

## Niemand muss perfekt sein

Stress und Hektik des Alltags einfach beiseite zu schieben und innere Ruhe und Gelassenheit zu finden, fällt vielen Eltern heute ziemlich schwer. Vielleicht gehören auch Sie zu den Müttern oder Vätern, die es allen recht machen wollen, die alles sehr gut hinbekommen möchten, die sich in vielen Bereichen des Lebens engagieren, Erziehungsratgeber lesen, Kurse und Seminare besuchen … und dann machen Ihre Kinder doch nur, was sie wollen. Das verunsichert verständlicherweise und erzeugt Schuldgefühle: »Wir kriegen unsere Kinder nicht in den Griff« oder »wir sind als Eltern unfähig«, urteilen viele Mütter und Väter dann kritisch über sich selbst.
Solche Gefühle von Überforderung, Frustration und Angst, versagt zu haben, sind ganz normal, wenn sie vorübergehend auftreten. Alle Eltern kennen sie - auch wir Autorinnen -, sie gehören zum Elterndasein einfach dazu.
Machen Sie sich immer wieder klar, dass Sie nicht perfekt sein müssen und dass man als Eltern nicht geboren wird - aber man kann Erziehung lernen. Lassen Sie es nicht so weit kommen, dass Ihre Ängste und Sorgen die Oberhand gewinnen; das erzeugt nur noch mehr Stress und Anspannung. Und das verstärkt mögliche Konflikte in der Erziehung. Kinder spüren, wann ihre Eltern überlastet sind und nutzen diese innere Not womöglich aus, um ihre Ziele durchzusetzen. Nehmen Sie sich daher immer wieder bewusst Zeit und Raum, um zur Ruhe zu kommen. Stürzen Sie sich nicht vom Job ins Familienleben. Manchmal ist es besser, das Kind eine halbe Stunde länger im Kindergarten zu lassen und noch eine Runde um den Block zu gehen - Ihre Gedanken werden langsam ruhig und Sie fangen an, sich auf Ihr Kind zu freuen.

## Tipp
Verzweifeln Sie nicht, wenn einmal alles aus dem Ruder zu laufen scheint und Sie sich in der Erziehung Ihres Kindes völlig überfordert fühlen. Bleiben Sie gelassen und vertrauen Sie darauf, dass solche Phasen meist rasch wieder vorübergehen.

# Die Basis optimaler Erziehung

Kinder brauchen konsequente Eltern.
Entscheiden Sie geradlinig und geben
Sie sinnvolle Anweisungen. Das vermittelt Ihrem Nachwuchs Sicherheit
und eine gute Orientierung.

# Erziehungs-Kleeblatt Nummer eins

## Liebe, Konsequenz und Gelassenheit

Eine grundsätzlich liebevolle und beständige Zuwendung ist für die gesunde Entwicklung eines Kindes von ungeheuer großer Bedeutung, und zwar sowohl auf geistig-seelischer als auch auf körperlicher Ebene. Wenn sich Ihr Kind von Anfang an geliebt und angenommen weiß, erlebt es sich und seine Welt als etwas Positives, es erfährt Geborgenheit und Sicherheit. Gelassene Eltern, die nicht schreien und toben und sich von Ihrem Nachwuchs nicht provozieren lassen, strahlen genau die Ruhe aus, in der sich Kinder gut aufgehoben fühlen.

> Liebe ist die Basis für dauerhafte Bindungen. Durch die Mutter als wichtigste Bezugsperson erfährt das Baby Zärtlichkeit und Wärme.

### Das Blatt der Liebe

Die tiefe, zärtliche Bindung an Sie, an Mutter und Vater, aber auch an andere Bezugspersonen, ist ein elementares Grundbedürfnis des Kindes, das so wichtig ist wie essen und schlafen.

Kinder, die ohne enge soziale Kontakte in einer emotional kalten, feindlichen und ablehnenden Umgebung aufwachsen, müssen in ihrem späteren Leben mit großen Beeinträchtigungen und Störungen rechnen, mit Verhaltensauffälligkeiten wie Aggressivität, Konzentrations- und Lernproblemen, mit Depressionen, Angstzuständen und vielem mehr. Kein Wunder, denn Liebe ist die Nahrung unserer Seele, und wenn diese Nahrung fehlt, verkümmert die Seele wie eine kleine Pflanze, die weder Wasser noch Sonnenlicht bekommt.

## Das Blatt der Konsequenz

Es ist leicht gesagt und oft schwer getan: Sie nützen sich und Ihrem Kind sehr, wenn Sie als Eltern von dem, was Sie erzieherisch durchsetzen möchten, auch wirklich überzeugt sind, wenn Sie geradlinig entscheiden, Regeln aufstellen und klare Grenzen setzen. Wenn die Anweisungen, die Sie geben und die Spielregeln, die Sie festsetzen, sinnvoll sind, ist es für Ihr Kind leichter, sie einzuhalten. Ihr Kind braucht konsequente Eltern, und es braucht Klarheit, um sich sicher zu fühlen. Geben Sie Ihrem Familienalltag außerdem eine Struktur. Das vermittelt Ihrem Nachwuchs Halt und das

Gefühl, in seiner Familie geborgen und gut aufgehoben zu sein. Sicher haben Sie schon öfters erlebt, dass Ihr Kind Ihre Konsequenz und Geradlinigkeit geradezu einfordert; Kinder testen gerne aus, wie weit sie gehen können. Gerade dann ist es wichtig, dass Sie Ihre Autorität nicht in Frage stellen lassen.

> Entspannungs- und Gymnastikübungen helfen Ihnen und Ihren Kindern, den Alltag gut zu bewältigen.

## Das Blatt der Gelassenheit

Sinnvoll ist, dass Sie Ruhe bewahren, wenn Ihr Kind Ihnen auf der Nase herumtanzen will. Natürlich ist das nicht immer leicht, denn Kinder können richtige kleine Tyrannen werden, wenn sie ihren Willen durchsetzen möchten. Sie zwingen Mutter und Vater dann gerne zu kleinen Machtspielen. Das treibt viele Eltern an ihre Grenzen, überfordert sie zuweilen und lässt vor allem die Angst aufkommen, in der Erziehung zu versagen. Wenn Sie jetzt ein paar Tricks und Hilfestellungen zur Hand haben, mit denen Sie ruhig und bei der Sache bleiben, ohne sich provozieren zu lassen, sind sie einen guten Schritt weiter. Mehr dazu lesen Sie ab Seite 122 und 129.

Wie die drei Blätter des ersten Erziehungs-Kleeblatts im Detail aussehen, wie Sie es schaffen, Ihr Kind liebevoll und zugleich mit der notwendigen Konsequenz und Gelassenheit zu erziehen, lesen Sie auf den folgenden Seiten.

## Liebevolle Eltern haben glückliche Kinder

Fürsorge und zärtliche Zuwendung können sogar schon Ungeborene im Mutterleib spüren. Bereits in dieser Zeit haben starke, positive Signale einen Einfluss auf die Entwicklung des Fetus: Sie lösen in seinem Gehirn durch die Verschaltung von Nervenverbindungen in den emotionalen Zentren entscheidende Prozesse aus, die sein Urvertrauen wachsen und es wissen lassen, dass es sich in der Welt sicher und geborgen fühlen darf; das wird seine Fähigkeit, Beziehungen einzugehen, im ganzen weiteren Leben prägen.

### Die große Kraft der Gefühle

Wir alle wissen aus Erfahrung, welche Macht Gefühle haben und wie stark sie unsere Stimmung, unser Selbstempfinden und unsere Lebensenergie beeinflussen können. Entscheidend ist dabei die Qualität der Emotionen: Sind sie positiv, etwa wenn wir frisch verliebt sind, versetzen sie uns in Hochstimmung. Sie geben uns Kraft, machen uns glücklich und selbstbewusst. Gute Gefühle verstärken positiv das, was wir im Außen und in unserem Innern wahrnehmen. Umgekehrt schwächen negative Empfindungen wie Kummer, Sorgen, Ablehnung, Feindseligkeit und Erniedrigung unsere Lebensenergie, machen uns klein, ziehen uns herunter, belasten, ängstigen und peinigen uns. Natürlich gehören emotionale Schwankungen zum Leben dazu, und genauso wie wir schöne und unbeschwerte Phasen, aber auch Krisenzeiten erleben, geht es unseren Kindern. Denn es wäre eine Illusion, zu glauben, Sie als Eltern könnten Ihr Kind emotional immer auf »Wolke sieben« schweben lassen. Das wäre auch gar nicht förderlich für seine Entwicklung.

## Wichtig: mit Emotionen richtig umgehen

Kinder sollen die Welt so erleben, wie sie wirklich ist, mit guten und schlechten Seiten, mit Licht und Schatten. Dazu gehören angenehme wie unangenehme Gefühle.

Der australische Familientherapeut Steve Biddulph schreibt in seinem Bestseller »Das Geheimnis glücklicher Kinder« dazu: »In der Erwachsenenwelt ist niemand immerfort glücklich, ja will es gar nicht sein. Ein solches Ziel für unsere Kinder anzustreben, wäre denn auch falsch. Wer seine Kinder unterbrochen glücklich machen will, er-

**Tipp**

Versuchen Sie, sich jeden Tag an etwas Schönem zu erfreuen – selbst wenn es nur Kleinigkeiten sind.

reicht eher das Gegenteil und macht letztendlich nicht nur sich selbst, sondern auch die Kinder unglücklich. Was wir wirklich anstreben, sind Kinder, die die vielfältigen Gefühle, die das Leben mit sich bringt, zulassen und mit ihnen umgehen können. Glücklichsein ist zwar das Ziel, aber es ist wohl so, dass die Fähigkeit, mit Emotionen zu leben und sie zu erfahren, der beste Weg ist, dieses Ziel auch zu erreichen.«

### Echte Gefühle als gutes Fundament

Wenn Sie wütend oder traurig sind oder wenn Sie sich Sorgen machen, verdrängen und verbergen Sie das nicht vor Ihren Kindern! Die Kleinen haben sehr feine Antennen für die Echtheit von Gefühlen und merken schnell, ob etwas ehrlich oder nur gespielt ist. Wichtig ist vielmehr, dass Sie Ihrem Kind eine verlässliche emotionale Basis bieten, dass das gefühlsmäßige Fundament stimmt: Wenn Sie Ihrem Kind die meiste Zeit liebevoll zugewandt sind, sich um seine Sorgen und Probleme kümmern und ihm positive Aufmerksamkeit schenken, wird es auch schwierige Zeiten gut überstehen, weil es sicher sein kann, dass danach wieder »alles gut« ist.

Denn durch Ihre Sorge und Zuwendung programmieren Sie das Gehirn Ihres Kindes sozusagen langfristig auf Vertrauen, Sicherheit und Geborgenheit. Sie senden ihm – bewusst und unbewusst – Botschaften wie »du brauchst keine Angst zu haben, wir sind immer für dich da«, »auch wenn Mama und/oder Papa mal ärgerlich sind, lieben sie dich trotzdem«, »wir stehen dir immer zur Seite«. Durch solche Botschaften verankern Sie bei Ihrem Kind die Gewissheit, dass es auf seine Eltern und auch auf sich selbst bauen kann.

## Konsequenz – das A und O der Erziehung

»Macht doch, was ihr wollt…«. So ungefähr könnte man, wenn auch ein wenig überspitzt, die antiautoritäre Erziehung auf den Punkt bringen, deren Ursprünge auf den französischen Philosophen Jean-Jacques Rousseau (1712–1778) zurückgehen. Rousseau sah im Kind ein perfektes und gelungenes Geschöpf Gottes, das durch die Erziehung nur verdorben und in seiner Natur beeinträchtigt würde. Nach Rousseau sollte man Kindern maximale Freiräume für ihre persönliche Entfaltung zugestehen, sie gewähren und wachsen lassen, ihre freiheitlichen Rechte nicht beschneiden und ihnen die Befriedigung all ihrer Bedürfnisse ermöglichen. In Rousseaus pädagogischem Hauptwerk »Emil oder über die Erziehung«, in dem die fiktive Erziehung eines Jungen beschrieben wird, sieht der Autor die Herausbildung der sozialen Instinkte als Hauptziel an. Er betont zwar immer

## Tipp

Sparen Sie nicht mit Liebe und Zärtlichkeit für Ihr Kind. Die aufmerksame Zuwendung der Eltern macht es stark und sogar klug fürs Leben.

Kinder brauchen
ihre Freiräume,
um sich entfal-
ten zu können,
aber eine ge-
wisse Führung
darf nicht
fehlen.

wieder, dass sich Emil vieles selbst aneigne, jedoch bestehe die eigentliche Kunst der Erziehung darin, dass der Wille des Kindes mit dem des Pädagogen übereinstimme, die Erziehung also quasi »hinter dem Rücken« des Sprösslings stattfinde.

Als Erziehungsstil wurde dieser Gedanke in reformpädagogischen Konzepten wie der Summerhill-Schule des englischen Lehrers Alexander Sutherland Neill umgesetzt, in Deutschland hatte die antiautoritäre Erziehung Ende der 60er Jahre ihre Hochphase.

### Keine Strafen oder Regeln: das Summerhill-Modell

Als Alexander Sutherland Neill (1883–1973) seine demokratische Schule Summerhill im englischen Suffolk, einer Grafschaft nördlich von London, gründete, setzte er die Rousseau'schen Gedanken bei-

spielhaft um. Er selbst musste als kleiner Junge in der Schule, in der
sein Vater unterrichtete, miterleben, wie die Kinder mit harten Strafen bis hin zu Schlägen diszipliniert wurden. Diese Praxis war nicht
nur in Schottland, sondern auch in den meisten Schulen anderer
Länder durchaus üblich. Neill lehnte diese harte, strenge und emotional kalte Erziehungsmethode ebenso kategorisch ab wie den
Lernzwang. In seiner Summerhill-Schule wollte er nun das Gegenteil
umsetzen: Die Kinder durften alles tun, was ihnen Spaß machte. Sie
konnten zum Unterricht kommen und wieder gehen, wann immer
sie wollten. Strenge Regeln, Zensuren und Strafen gab es nicht. Das
ist bis heute so geblieben. Die Summerhill-Schule wird inzwischen
von Neills Tochter geleitet.

### Freiräume zu geben heißt nicht, gleichgültig zu sein

Viele Eltern der 68-er Generation waren vom antiautoritären Erziehungsstil beeindruckt, nachdem sie selbst noch ganz anders erzogen
worden waren: Der neue Erziehungsstil war eine klare Gegenreaktion
zu der bis dahin überwiegend konservativen Erziehung, die Vater
und Mutter als starke, unerschütterliche Autoritäten ansah und vom
Kind meistens Unterordnung verlangte.

Antiautoritäre Erziehung ist aber nicht dasselbe wie »Laissez-faire«
(wörtlich »lasst machen«)! Während die antiautoritäre Erziehung
zum Ziel hat, den Kindern möglichst große Freiräume zur Entfaltung
ihrer Fähigkeiten zu gewähren, zeichnet sich die »Laissez-faire-Haltung« durch totale Gleichgültigkeit aus. Hier kümmert sich niemand
darum, was aus den Kindern wird.

Ein Beispiel für die »Laissez-faire-Haltung«: Der vierjährige Tim
sitzt mit seinen Eltern beim Mittagessen. Lustvoll schmiert er Ha-
ferbrei erst auf den Tisch und dann an die Wand. Kurz darauf be-
spuckt er eine Fliege, die sich auf den Tellerrand gesetzt hat. Seine
Eltern reagieren nicht. Als der Dackel ins Zimmer kommt, zieht Tim
ihn am Schwanz, woraufhin sich das Tier unter die Bank verkriecht.
Tims Aktionen werden von den Eltern weder kommentiert noch
kritisiert. Landläufig werde die antiautoritäre Erziehung als beden-
kenloses Gewährenlassen von Seiten der Eltern und als zügelloses
Verhalten der Kinder angesehen, schreibt Michael Schnabel, Wissenschaftler am Staatsinstitut für Frühpädagogik in München.
Solche Kinder trampeln dann mit den Füßen auf dem Klavier herum,
strecken einem Erwachsenen die Zunge heraus oder werfen sich
begeistert in Dreckpfützen. Hier, so Michael Schnabel, handelt es
sich aber längst nicht mehr um antiautoritäre Erziehung, sondern
um »Laissez-faire«.

**Tipp**

Leiten Sie Ihr Kind
an, auf andere
Rücksicht zu neh-
men und ihnen mit
Respekt zu begeg-
nen. Dadurch schaf-
fen Sie die Basis,
auf der es soziale
Kompetenz aufbaut.

Antiautoritäre
Erziehung be-
deutet nicht,
dass das Kind
alles darf.

### Ohne Regeln geht es nicht

Wenn antiautoritäre Erziehung so missverstanden wird und die Eltern überhaupt keine Führung mehr vorgeben, drohen die Kinder
regelrecht zu verwildern: Ohne Regeln und strukturierten Alltag
machen sie einfach nur, was sie wollen. Sie tanzen anderen auf der
Nase herum und lassen sich nur von ihren eigenen Bedürfnissen leiten. So können sie keine soziale Kompetenz lernen, mutieren zu
kleinen Anarchisten und Despoten, die nur sich selbst im Blick haben
und denen Verständnis und Mitgefühl für andere völlig fehlt.

### Kinder brauchen Führung!

Der australische Psychologe Steve Biddulph beobachtete bei seiner
Arbeit mit Familien, dass die stabilsten und glücklichsten Kinder aus
Familien mit relativ strengen Eltern kamen. Der Schlüssel zum Erfolg
liegt für Biddulph darin, dass diese Eltern zwar offensichtlich hart,
dabei aber berechenbar waren: »Sie waren so konsequent, dass die
Kinder genau wussten, welche Regeln galten und wie man sich aus
Schwierigkeiten heraushält, und in der Folge wurden diese Kinder
nur selten bestraft.«
Positiv wirkt sich elterliche Strenge aber nur dann aus, wenn die
Kinder wissen, dass sie bei aller Strenge und eventueller Bestrafung
geliebt werden. Die Kinder aus Biddulphs Familien wussten, dass sie
geschätzt und liebevoll angenommen wurden, dass sie sich der Fürsorge und Zuneigung von Vater und Mutter sicher sein konnten. Nur

so, schreibt der Familientherapeut, kann dieser Erziehungsstil wirklich funktionieren und schadet den Kindern nicht.

## Kleine Ausnahmen erlaubt

Liebevolle Konsequenz ist das Stichwort und die Grundlage, dank derer sich Ihr Kind zu einer liebenswerten, selbstbewussten und sozial kompetenten Persönlichkeit entwickeln kann. Natürlich dürfen Sie auch einmal etwas nachgiebig und nachlässig sein: Verwöhnen Sie Ihr Kind ruhig oder heben Sie in Ausnahmefällen eine Anweisung auf, solange das Kind weiß, dass es eine Ausnahme ist und die Regel das nächste Mal wieder gilt. Machen Sie das aber nicht zu oft, sonst fällt Ihrem Nachwuchs schwer, zwischen Regel und Ausnahme zu unterscheiden.

Kinder können ohnehin nicht immer angepasst und folgsam sein, sie sollen sich auch einmal auflehnen oder kritisch äußern dürfen. Auch über die Stränge zu schlagen gehört zur kindlichen Entwicklung und zur Beziehung zwischen Eltern und Kindern dazu. Sie brauchen deshalb nicht zu fürchten, Sie hätten in Ihrer Erziehung etwas falsch gemacht oder gar als Eltern versagt – ohne Auseinandersetzungen geht es nicht. Mit der richtigen Streitkultur, die auf dem Fundament von Liebe und Konsequenz fußt, können Auseinandersetzungen aus der Welt geschafft werden, ohne emotionale Schäden bei Kindern oder Eltern zu hinterlassen. Hier ist vor allem wichtig, dass Sie Ihrem Kind gegenüber deutliche Worte sprechen, Ihren Standpunkt klar und verständlich darstellen, ohne es jedoch anzugreifen oder gar zu verletzen.

Eltern sollten konsequent handeln – aber den liebevollen Umgang mit ihren Kindern nicht vergessen.

# Pro & Kontra: Antiautoritäre Erziehung

## Pro

Dieser Erziehungsstil richtet sich nicht grundsätzlich gegen Autorität, sondern gegen unnötige Unterdrückung, die Kinder an ihrer freien Selbstentfaltung hindert. Heute sollte eine freie Erziehung von Kindern zu selbstbewussten, kreativen, gemeinschafts- und konfliktfähigen Individuen eigentlich selbstverständlich sein. Zu autoritäre Erziehung ist geprägt von Befehlen, Anordnungen und Regeln, an die sich der Nachwuchs bedingungslos halten muss. Sätze wie »Mach jetzt endlich deine Hausaufgaben, sonst darfst du den Rest der Woche nicht nach draußen!« oder »Wenn du nicht gehorchst, dann wirst du mit Hausarrest bestraft!« führen bei Kindern zu Verunsicherung, Angst und möglicherweise Versagen. Disziplin wird bei zu autoritären Eltern häufig mit Drohungen und Bestrafungen durchgesetzt. Sie nehmen ihrem Kind die Entscheidungsfreiheit völlig und schränken dadurch die Entfaltung seiner Fähigkeiten ein. Nicht selten werden Beschlüsse über den Kopf des Kindes hinweg gefasst: »Du wirst Bäcker und übernimmst einmal unseren Laden!« Was das Kind oder der Jugendliche möchte, wo seine Begabungen und Präferenzen liegen, spielt keine Rolle. Allein der Wille der Eltern zählt.

## Kontra

Antiautoritäre Erziehung wird gerne verwechselt mit einer gewissen »Laissez-faire-Haltung«, die an Rousseaus Ideen vorbeigeht, weil es keine aktive Auseinandersetzung mit dem Kind mehr gibt. Die Summerhill-Schule ist ein Beispiel dafür: Hier sind die Schüler wirklich komplett auf sich selbst gestellt. Kinder brauchen aber Strukturen und Regeln, auf die sie bauen können und die ihnen Sicherheit vermitteln. Vorsicht also vor einer Haltung, bei der es nicht mehr darum geht, die Kleinen zu fördern und durch den Austausch mit Eltern und Erziehern die Voraussetzung für eine positive Entwicklung zu schaffen. Die Sorge der/des Erziehenden soll nämlich sehr wohl darauf gerichtet sein, was aus dem Kind wird, in welche Richtung es sich entwickelt und dass es seinen Fähigkeiten entsprechend gefördert wird. Freiheit in der Erziehung ist gut und notwendig, aber zu viel davon lässt Kinder erst hilflos und dann zügellos und egoistisch werden.

# Gelassene Eltern haben ausgeglichene Kinder

Aus Afrika stammt ein Sprichwort, das sinngemäß sagt: »Für die Erziehung eines Kindes braucht man nicht nur die Eltern, man benötigt ein ganzes Dorf.« Dieser Satz veranschaulicht sehr plastisch, wie komplex die Aufgabe der Kindererziehung ist und welch hohe Anforderungen sie an die »Erziehungsbeauftragten« stellt. Es ist eine weise Entscheidung der afrikanischen Stämme, diese Aufgabe nicht nur auf vier Schultern zu verteilen, sondern als Gemeinschaftsprojekt zu betrachten.

Auch in anderen Naturvölkern ist das die Regel, beispielsweise bei einem Stamm im australischen Papua-Neuguinea, dem drittgrößten Inselstaat der Welt: Dort lebt der Nachwuchs nicht mit den eigenen Eltern, sondern die Kinder bilden kleine Gruppen, die von Haus zu Haus ziehen, mal in der einen Familie wohnen, mal in einer anderen. Kleine Kinder werden von größeren betreut, Achtjährige kümmern sich wie selbstverständlich um Zweijährige, ja sogar um sechs Monate alte Babys. Die Kinder tun das gerne und selbstverständlich, und die Eltern haben hier keine ganz so schwierige Erziehungsarbeit zu leisten, denn sie wird von allen, die gerade zur Verfügung stehen, übernommen.

## Früher: Großfamilie übernahm Erziehung

Ein ähnliches Modell wurde bei uns noch bis ins vergangene Jahrhundert gelebt, nämlich in der Struktur der Großfamilie. Dabei wohnten mehrere Generationen unter einem Dach: Großeltern, Eltern, Enkel und auch nahe Verwandte wie Tanten und Onkel. Gerade in Bauernfamilien auf dem Lande lebten viele Familienmitglieder im selben Haus oder auf demselben Hof. So hatte auch immer jemand Zeit für die Kleinen: Vorbilder fanden sie in älteren Geschwistern, den Cousins und Cousinen; oft gab es eine Tante, die dem kleinen Mädchen das Stricken und Häkeln beibrachte, den Onkel, der mit

**Tipp**

Die Aufgabenteilung wie früher in einer Großfamilie ist heute eher selten. Versuchen Sie trotzdem, Ihre Belastungen zu reduzieren, beispielsweise indem Sie sich bei der Organisation des Alltags mit anderen Eltern aus der Nachbarschaft zusammenschließen.

In einer Großfamilie übernahm
die Erziehungsarbeit vor allem
die Verwandtschaft, also
Großeltern,
Tanten, Onkel
und auch die
Geschwister –
eine enorme
Entlastung für
die Eltern.

dem vierjährigen Jungen die ersten Seifenkiste baute oder ein Baumhaus zimmerte, eine Oma, die Rezepte fürs Kochen und Backen kannte und den Opa, der schauerlich-schöne Geschichten von Piraten und Geistern erzählen konnte. In dieser Situation waren die Eltern natürlich stark entlastet: Sie konnten in Ruhe ihrer Arbeit nachgehen und, was den Nachwuchs betraf, ziemlich gelassen sein. In dieser Arbeits- und Erziehungsteilung hatte immer jemand Zeit, sich mit den Kleinen zu beschäftigten. Das Problem, allein und sich selbst überlassen zu sein, gab es für Kinder aus Großfamilien also nur sehr selten.

## Heute: Doppelbelastung der Eltern

Inzwischen sieht das alles etwas anders aus. Bis auf wenige Ausnahmen in einigen ländlichen Gebieten haben sich die Familienstrukturen völlig verändert: Häufig sind Vater und Mutter berufstätig, beide müssen das Haus verlassen, um den Lebensunterhalt zu verdienen. Hinzu kommt, dass viele Elternpaare getrennt leben und/oder geschieden sind. Dies hat zur Folge, dass Mütter und manchmal auch Väter den Nachwuchs alleine erziehen, was eine große Herausforderung darstellt. Sie haben eine Doppel- oder Dreifachbelastung zu bewältigen, sie müssen Job, Haushalt und Kindererziehung unter einen Hut bringen. Kein Wunder also, dass eine Elterngeneration entstanden ist, die alles andere als unbeschwert und gelassen mit dem Thema »Kinder haben und erziehen« umgeht. Viele Eltern sind oft gestresst, gereizt, erschöpft und – manchmal einfach überfordert mit zahlreichen Aufgaben und Pflichten.

Dazu kommt ein sehr hoher Anspruch beziehungsweise eine hohe Erwartungshaltung, die Väter und Mütter in ihrer Elternrolle an sich selbst haben: Sie wollen perfekt sein, alles richtig und bloß keine Fehler machen.

Vor allem die Medien unterstützen das Bild der perfekten Mutter oder des perfekten Vaters: Bei der neuen »Kultur des Erziehens« steht eindeutig das Kind im Mittelpunkt. Der Nachwuchs soll alle Chancen zur Weiterentwicklung bekommen und möglichst große Freiräume genießen. Den Kindern gegenüber wird viel Toleranz geübt, zugleich werden sie verwöhnt und verhätschelt. Die Eltern geraten bezüglich ihrer eigenen Rolle immer öfter in einen Zwiespalt: Wie sollen sie all diese Aufgaben meistern? Was zeichnet »perfekte« Eltern eigentlich aus? Woher all die Zeit und Kraft nehmen? Und warum schaffen ausgerechnet sie es nicht, all diesen Ansprüchen gerecht zu werden?

## Unverkrampfter Erziehungsstil

Ein natürlicher, gelassener Umgang mit den Kindern geht unter einer solchen Anspruchshaltung oft verloren. Die Erziehung wird sehr ernst, oft ein bisschen zu ernst genommen. Während die Menschen in unserem Beispiel aus Papua-Neuguinea (siehe Seite 27) natürlich und unverkrampft miteinander umgehen, jeder seine gerade anstehenden Aufgaben wahrnimmt, ohne viel Aufhebens darum zu machen, besteht in unserer westlichen Gesellschaft die Gefahr, dass Erziehungsfragen nicht mehr aus dem Bauch heraus beantwortet werden. Mütter und Väter lassen sich heute schnell durch andere, die meinen, es besser zu wissen, verunsichern. Der Nachwuchs steckt in der Trotzphase, schreit wütend oder bringt schlechte Noten nach Hause? Spätestens jetzt verlieren manche Eltern noch den letzten Rest an Lockerheit und Souveränität. So dürfen Kinder doch nicht sein – oder?

Aber eine positive Elternautorität setzt voraus, dass Väter und Mütter selbstsicher auftreten, ihren Kindern kraftvoll und souverän gegenüberstehen, sich nicht beirren und auch nicht aus der Ruhe bringen lassen, sondern ihr inneres und äußeres Gleichgewicht stets bewahren. Sie handeln wie ein erfahrener Kapitän, der sein Schiff

## Tipp

Lassen Sie sich nicht zu sehr von der Meinung anderer verunsichern, sondern vertrauen Sie Ihrem eigenen Erziehungsstil und Ihrer inneren Stimme, die Sie in Beziehung zu Ihrem Kind sicher richtig leitet.

unbeschadet durch sämtliche Stürme und tobenden Meere lenkt, in dem Bewusstsein, dass er seiner Aufgabe gewachsen ist und alle – auch die kniffligen – Situationen zu meistern weiß.

## Trotz und Widerspenstigkeit – große Herausforderungen

Als Eltern kompetent sein heißt auch, locker mit den Kindern umzugehen. Das wiederum bedeutet, dass man Vertrauen in die eigenen Fähigkeiten besitzt, dass man wie die australischen Naturvölker genügend Urvertrauen hat, um alles spielerisch leicht und mit einer gewissen Selbstverständlichkeit zu bewältigen.

Sicher kennen Sie als Eltern die eine oder andere der folgenden Situationen: Das vierjährige Töchterchen weigert sich, in den Kindergarten zu gehen. Oder der kleine Sohn legt sich immer wieder mit anderen Kindern an und rauft mit ihnen. Oder die pubertierende Tochter knallt nur noch die Türen zu, bringt miserable Schulnoten nach Hause und ist dauernd mit Freunden unterwegs, anstatt für die Versetzung zu büffeln.

Zweifellos sind das Augenblicke und Phasen, in denen sich Eltern mit ihrem Nachwuchs ernsthaft auseinandersetzen müssen. Sicher kommt es dabei auch einmal zu einer handfesten Auseinandersetzung, die jedoch nicht in einer absoluten Katastrophe enden muss.

> Kinder haben zwei Gesichter: Wut, Trotz und Aggression auf der einen und Kraft, Ruhe und Konzentration auf der anderen Seite. Versuchen Sie, beiden Seiten Ihres Kindes gegenüber offen zu bleiben.

Keine Frage, Kinder sind Großmeister darin, eine ganz banale Alltagssituation wie das Packen des Ranzens oder das Zähneputzen in einen Ausnahmezustand zu verwandeln. Sie schaffen es mit Leichtigkeit, ihre Eltern in ein fortwährendes Wechselbad der Gefühle zu tauchen, indem sie in einem Moment ganz anlehnungsbedürftig, dann plötzlich jedoch unausstehlich sind. Durch ihre Trotzigkeit und Widerspenstigkeit, ihr beständiges »Nein!« und »Ich will das jetzt nicht!« können sie ihre geplagten Erzeuger regelrecht zur Weißglut und an den Rand des Wahnsinns treiben. Und ihr seltsames Verhalten, das sie – vor allem in Zeiten des Umbruchs wie der Pubertät – an den Tag legen, lässt sie nicht selten so erscheinen, als kämen sie von einem anderen Stern.

## Emotionale Berg- und Talfahrten

Aber Kinder können auch wunderbar normal sein, sie vermögen mit großartigen Talenten und Fähigkeiten zu glänzen, sie zeigen mitunter faszinierende Seiten ihrer Persönlichkeit und legen eine erstaunliche Reife an den Tag – oft schon wenige Minuten, nachdem man als völlig verzweifelter Vater und total entnervte Mutter noch felsenfest davon überzeugt war, aus dem Spross würde nie etwas werden. Rufen Sie sich das in Krisensituationen immer wieder in Erinnerung: Kinder gehen gerne an die Grenzen, auch an Ihre Grenzen, nicht, weil sie Ihnen Böses wollen, sondern weil sie austesten, wie weit sie gehen können. Wie in dieser Szene aus einem Supermarkt: Ein kleines Mädchen legt eine Bonbontüte in den Einkaufswagen, der Vater nimmt sie wieder heraus. Dieser Vorgang wiederholt sich mehrmals. Schließlich wirft sich die Kleine auf den Boden, schreit, trampelt herum und schlägt um sich; die anderen Kunden beobachten das Schauspiel gespannt. Das Verhalten dieses Kindes ist völlig normal, denn es muss lernen, sich zu behaupten beziehungsweise Grenzen zu akzeptieren. Wer hier konsequent bleibt, sich nicht aus der Ruhe bringen lässt und sein Verbot aufrechterhält, auch wenn es ihm vor den übrigen Kunden vielleicht peinlich ist, befindet sich auf dem richtigen Weg.

## Eltern sind wichtige Vorbilder

Kinder brauchen Eltern, die stark, ausgeglichen, innerlich gefestigt und positiv gestimmt sind, die zuversichtlich und fröhlich in die Zukunft blicken. Denn Vater und Mutter sind ja auch in ihrer Grundhaltung Vorbilder, sie übermitteln ihren Sprösslingen Stimmungen sowie Launen. Die Gefühlswelt des Nachwuchses wird von der familiären Atmosphäre geprägt. Das beginnt bereits im Mutterleib. Schon Ungeborene und Babys können spüren, welche emotionale Grundstimmung bei ihren Eltern herrscht. Sie nehmen die gefühlsmäßigen Schwingungen genau auf. Als überlastete, genervte Eltern können Sie nicht gleichzeitig liebevoll, fürsorglich und gelassen sein. Dies gelingt Ihnen nur, wenn Sie immer wieder genügend Kraft tanken, um den Alltag mit seinen zahlreichen Anforderungen zu meistern. Lassen Sie sich von den täglichen Pflichten nicht zu sehr in Beschlag nehmen, sondern suchen Sie sich immer mal wieder Zeiten der Entspannung, auch wenn es nur kurze Momente sind. Wie Sie zu innerer Balance finden, lesen Sie auf der nächsten Seite.

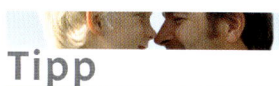

## Tipp

Keine Frage: Die Trotzphasen eines Kindes sind für Eltern Stress pur. Es hilft, sich immer wieder bewusst zu machen, dass dieses Verhalten nicht gegen Sie persönlich gerichtet ist. Das macht den Umgang mit Ihrem Kind viel leichter.

# Zu innerer Ruhe finden

Wenn Sie sich wünschen, dass Ihre Kinder zu einer souveränen, gefestigten Persönlichkeit heranwachsen, dann ist die beste Grundlage, ihnen genau das vorzuleben. Hier kommen die besten Tipps für mehr Ruhe und Gelassenheit im Alltag:

➤ Nehmen Sie Gefühlsschwankungen und Ausbrüche Ihres Kindes nicht zu ernst. Vertrauen Sie darauf, dass sie schnell wieder vergehen, so, wie Sie es schon öfter erlebt haben.

➤ Verstärken Sie hochkochende Gefühle nicht, sondern leiten Sie sie ab: Wenn Ihr Sprössling schreit und tobt, sprechen Sie selbst in ruhigem Ton, wenn er wütend durch die Wohnung rast, setzen Sie sich ruhig hin; wenn Ihr Kind die Türen schlägt, hüten Sie sich davor, dasselbe zu tun.

➤ Falls Sie sich dem Gefühl von Wut oder Traurigkeit einmal ausgeliefert fühlen und Angst haben, Ihr Kind gleich anzubrüllen oder gar zu schlagen, verlassen Sie wenn möglich die Situation; gehen Sie aus dem Zimmer, machen Sie einen Spaziergang und atmen draußen, in frischer Luft,

tief durch. Spüren Sie hier Ihrer Wut nach, aber versuchen Sie auch, sie langsam loszulassen.

➤ Suchen Sie immer wieder das Gespräch mit anderen Eltern. Dadurch wird Ihnen klar, dass Sie mit Ihren Problemen nicht alleine dastehen: Andere Eltern haben ganz ähnliche Sorgen! Das versichert Sie darin, dass Ihre Kinder und die Probleme mit ihnen ganz normal sind; dies wird den Druck ein wenig von Ihnen nehmen, und die eigenen Schwierigkeiten sehen gar nicht mehr so groß aus.

➤ Holen Sie sich bei Bedarf guten Gewissens Unterstützung von außen. Es ist eine große Hilfe, enge Vertrauenspersonen zu haben, mit denen man Erziehungsprobleme besprechen kann, beispielsweise eine erfahrene Freundin oder die eigene Mutter. Auch, zu einem Therapeuten oder Psychologen zu gehen, ist kein Eingeständnis Ihres Scheiterns, sondern manchmal eine sehr kluge Entscheidung. Im Rahmen eines Beratungsgesprächs, beispielsweise bei einer Er-

ziehungsberatungsstelle oder beim Psychologen bekommen Sie viele wertvolle Tipps, Hilfestellungen und Verhaltensregeln für den Umgang mit Ihrem Kind. Das verbessert die Beziehungen der Familienmitglieder oft ungemein, gibt allen Halt und Struktur

➤ Schöpfen Sie Kraft aus anderen Bereichen Ihres Lebens: Erfolg im Beruf, Sport und Spaß mit Freunden oder entspannte Stunden mit dem Partner tun gut und helfen, nicht nur einseitig Erziehungsprobleme und das angebliche eigene Versagen zu sehen. Andere Menschen schätzen und lieben Sie! Vergessen Sie das nicht.

➤ Gönnen Sie sich regelmäßige Auszeiten: Setzen Sie sich nach der Arbeit noch in ein Cafe, schlendern Sie durch eine Buchhandlung oder gehen Sie eine halbe Stunde joggen oder schwimmen. Verabreden Sie sich ein-, zweimal die Woche mit Freunden fürs Kino, Theater oder zum Tanzen. Dazu haben Sie keine Zeit, weil Haushalt und Kinder warten? Vielleicht finden Sie aber abends, wenn die Kinder im Bett sind, eine halbe Stunde, die nur Ihnen gehört: Genießen Sie ein Wannenbad mit einem entspannenden Badezusatz, hören Sie beruhigende Musik, probieren Sie progressive Muskelentspannung oder autogenes Training: Während autogenes Training auf Autosuggestion beruht, also auf kurzen Formeln, die sich der Übende immer wieder im Geist vorsagt, besteht die progressive Muskelentspannung aus einer Reihe von Körperübungen. Hier werden Muskelgruppen bewusst angespannt und entspannt. Auf dem Foto unten ist eine Übung der Arme und Hände zu sehen. Die besondere Wirkung der Muskelentspannung besteht vor allem darin, dass parallel zur körperlichen auch eine geistig-seelische Entspannung eintritt. Wichtig ist, dass Sie sich regelmäßig Zeit für sich nehmen, in der Sie niemand stört, weder die Kinder noch das Telefon.

➤ Machen Sie sich immer wieder selbst eine Freude, am besten jeden Tag: ob mit Blumen, einem Stück Kuchen, einem Spaziergang im Sonnenschein oder einem neuen Parfum. Das hebt das Selbstwertgefühl! Gönnen Sie sich hin und wieder einen Besuch bei der Kosmetikerin, eine Massage oder einen Saunagang. Suchen Sie sich bewusst solche Entspannungsmomente und kosten Sie sie aus.

➤ Lachen Sie – natürlich nur, wenn es etwas zu lachen gibt: Das entkrampft und hilft Ihnen, die Dinge auf die leichte Schulter zu nehmen. Es ist erwiesen, dass Menschen, die beispielsweise lustige Filme sehen, danach bessere Laune haben. Das färbt auch auf Ihr Kind ab. Welche große Bedeutung Humor und gute Laune für die Erziehung haben, lesen Sie im zweiten Kleeblatt ab Seite 34.

# Erziehungs-Kleeblatt Nummer zwei

### Kreativität, Fantasie und Humor

Kinder haben eine natürliche Veranlagung, ja sogar ein tiefes Bedürfnis, kreativ zu sein, Neues zu schaffen und phasenweise in ihre eigene kleine Fantasiewelt einzutauchen. Und sie lieben lustige und spannende Geschichten! Regen Sie Ihr Kind schon früh dazu an, selbst kreativ zu werden, und fördern Sie seine Fähigkeiten vor allem durch Spielen: So lernt es, dass das Leben nicht immer nur ernst sein muss, dass man verlieren und trotzdem Spaß haben kann und dass es sich mit Leichtigkeit besser lebt.

### Das Blatt der Kreativität

Spielen ist nicht nur ein Zeitvertreib, sondern hat auch große Bedeutung für die positive Entwicklung von Kindern. »Auf der Grundlage des Spielens baut die gesamte menschliche Erfahrungswelt auf«, sagte der bekannte englische Kinderarzt und Psychoanalytiker Donald Wood Winnicott (1896-1972).

Kinder fangen von sich aus schon sehr früh an, zu spielen und sich ihre eigene kleine Welt zu gestalten. Noch besser funktioniert das, wenn sie Anregungen von ihren Eltern bekommen.

### Das Blatt der Fantasie

Hand in Hand mit der Kreativität geht die Fantasie: Das Reich der Träume, Wünsche, Ideen und Sehnsüchte besetzt eine zentrale Rolle im kindlichen Erleben und ist für die psycho-emotionale Entwicklung des Kindes sehr wichtig. Es braucht diese Räume jenseits der Alltagswirklichkeit für seine seelische Entfaltung und, um tiefgehende Erfahrungen richtig verarbeiten zu können. Vor allem große Gefühle wie Wut, Trauer oder Freude sowie die großen Themen von Gut und Böse kann ein Kind in seinen Fantasiewelten sehr gut ausleben, wenn es sie auf Prinzen, Prinzessinnen, Hexen, Räu-

## Tipp

Lassen Sie Ihren Nachwuchs seine schöpferischen Kräfte ausleben und fördern Sie diese frühzeitig. Die besten Möglichkeiten dazu findet Ihr Kind im Spiel, egal ob allein, mit Ihnen oder mit seinen Freunden.

ber oder wilde Tiere überträgt; diese Geschöpfe werden zu Stellvertretern der Kinder.

Geben Sie Ihrem Kind Raum für die Entfaltung seiner Fantasie: Holzklötze, Stoffe, Naturmaterialien wie Zapfen, Blätter oder Rinde regen seine Sinne an. Mit Handpuppen oder Spielfiguren haben Kinder die Möglichkeit, eigene Geschichten zu erfinden. »Fantasie-Killer« sind dagegen übermäßiges Fernsehen oder stundenlanges Gameboy-Spielen (siehe ab Seite 146).

## Das Blatt des Humors

Wie bereits erwähnt (siehe zum Beispiel Seite 14 und 18), prägt das Umfeld ein Kind und sein emotionales Erleben. Herrscht überwiegend ein Klima von Herzlichkeit, Wärme und Fröhlichkeit, so überträgt sich diese positive Stimmung auch auf das Kind und verfestigt sich in seiner Grundhaltung.

Lachen entspannt und lockert die Atmosphäre in der Familie auf.

## Tipp

Auch Humor trägt in ganz wesentlichem Maß dazu bei, die positive Seite des Lebens zu stärken und negative Situationen zu entschärfen. Jeder von uns weiß, wie befreiend ein lustiger Satz, eine spontane, fröhliche Geste, ein beherztes Lachen wirken. Plötzlich erscheint alles in einem anderen Licht. Was einem soeben noch wie Blei auf der Seele lastete, ist plötzlich wie weggefegt, der konstruktive Austausch zwischen den Familienangehörigen funktioniert auf einmal wieder harmonisch und unbeschwert.

### Kinder sind von Natur aus kreativ

Der vierjährige Benjamin bekommt im Büro seines Vaters ein paar Papierrollen und ein Stück Pappe zum Spielen. Er bastelt daraus ein »Auto«; die Sekretärin sorgt mit etwas Klebstoff dafür, dass die »Räder« halten. Begeistert fährt er mit lautem »brumm - brumm« durchs Büro. Das Auto ist für Benjamin in diesem Moment das schönste der Welt, denn es ist aus seiner Idee heraus entstanden. Vor allem Kleinkinder besitzen diese natürliche, ungebremste Kreativität, die sie vieles ausprobieren, immer wieder Neues entdecken und gestalten lässt. Leider geht diese angeborene Kreativität verloren, was sich negativ auswirkt, wenn sie nicht gefördert, oder schlimmer, unterdrückt wird.

### Jedes Kind braucht Anregungen

Viele Eltern fördern die Kreativität Ihrer Kinder nur ungenügend, weil sie zu wenig Zeit für sie haben. Sind Kinder sich selbst überlassen, fehlen ihnen wichtige Anreize.
Entwicklungspsychologen und Pädagogen haben nicht nur festgestellt, dass Kinder sich heute schlechter ausdrücken als noch vor zehn, zwanzig Jahren, weil ihre sprachlichen Fähigkeiten nicht genügend gefördert werden, sondern auch, dass die Entwicklung ihrer Persönlichkeit zu langsam voranschreitet, weil ihre individuellen kreativen Fähigkeiten nicht ausreichend geschult werden. Stundenlang sitzen sie passiv vor dem Fernseher (siehe Seite 147), anstatt selbst aktiv zu werden.

### So fördern Sie die Kreativität Ihres Nachwuchses

Die Rezepte sind nicht neu, aber immer noch wirksam: Ein Kind, das ein Musikinstrument erlernt, übt seine Fingerfertigkeit. Kinder, die häufig Geschichten hören oder lesen, erweitern ganz automatisch ihren Wortschatz und üben ihre Sprachfertigkeit in hohem Maße. Wer als Kind viel bastelt oder malt, schult seinen Erfindungsgeist und den Sinn für Formen und Farben.

Malen, Basteln und Musikmachen sind nur drei der zahlreichen Möglichkeiten, die Eltern nutzen können, um die Kreativität und Fantasie ihres Kindes anzuregen.

Beschäftigen Sie sich mit Ihrem Kind so oft und so lange wie möglich: Egal, ob Sie ihm etwas vorlesen, mit ihm singen, ein Gedicht lernen, ein Gesellschaftsspiel machen oder ihm zeigen, wie man sich selbst die Schuhe zubindet – schenken Sie Ihrem Kind in der Zeit vor allem Ihre ungeteilte Aufmerksamkeit. Sie werden dabei wahrscheinlich feststellen, dass es immer wieder Neues ausprobieren und entdecken möchte. Gut so, bremsen Sie es nicht. Welche spielerischen Möglichkeiten es gibt, die Kreativität Ihres Kindes anzuregen, lesen Sie auf Seite 40.

## Fantasie bereichert die Kinderseele

In Sachen Fantasie können wir Erwachsene uns hin und wieder etwas von unseren Kindern abschauen: Sie leben, im Gegensatz zu uns, in einer fantastischen, illusionistischen Welt, nicht so sehr in unserer sehr vernunftbezogenen und allzu konsequenten, die oft auch etwas langweilig ist. Dabei hat das »Kopfkino« für uns alle, egal ob Groß oder Klein, große Bedeutung. Lassen Sie Ihr Kind öfter in seiner eigenen Welt, verschließen Sie ihm nicht zu früh die Tür zu diesem magisch-mythischen Bereich. Natürlich muss Ihr Kind auch lernen, in der Realität zu leben, die Anforderungen des Alltags zu akzeptieren und sich nicht vor ihnen in Scheinwelten zu flüchten. Trotzdem braucht ein Kind – vor allem im Alter zwischen drei und fünf Jahren – das Fantasiereich für seine seelisch-geistige und seine soziale Entwicklung: Hier verarbeitet es seine Gefühle. Hier kann es ganz für sich sein und sich alles wünschen, was es sich ersehnt, ohne befürchten zu müssen, dass ihm etwas verwehrt wird.

## Gefühle zulassen und verarbeiten

Kinder entwickeln sich zum großen Teil durch ihre Beziehungen zu anderen Menschen. Ihre Persönlichkeit wird schon in ganz jungen Jahren dadurch geprägt, ob sie genügend Halt und Orientierung im Elternhaus, also in ihrem nächsten Umfeld, bekommen. Gleichzeitig passieren viele Entwicklungsschritte im Inneren der Kleinen, in ihrer Seele und in ihrem Herzen. Die innere Wirklichkeit von Kindern spiegelt sich in ihren Fantasien wider, sie wird umgesetzt in Symbole, Märchen und Geschichten.

Kinder können sich mit den erfundenen Wesen aus Märchen und Fantasiegeschichten identifizieren und dabei lernen, ihre eigene innere Welt nach und nach besser zu verstehen. Hier lernen sie wichtige Botschaften, die ihnen helfen, Emotionen und die eigene Position in der Welt einzuordnen. Gerade in Märchen geht es oft um existenzielle Aspekte des Daseins, um Gut und Böse, um Liebe und Hass, Armut und Reichtum. Kinder lernen leichter aus einer

Das Lesen von Märchen und Geschichten ist für die Gefühlswelt von Kindern sehr wichtig.

extremen Sichtweise, die klar in schwarz oder weiß, freundlich oder feindlich, gut oder böse geteilt ist. Im Lauf der Zeit sind sie dann zu einer differenzierteren Sicht fähig und können ihr starkes Schwarz-Weiß-Denken aufgegeben, damit sie sich auch in der Alltagsrealität zurechtfinden. Bis zu einem Alter von vier oder fünf Jahren gibt ihnen die Klarheit der Extreme, die Zauberwelt, eine verlässliche emotionale Basis voller Vertrauen und Sicherheit. Versuchen die Eltern jedoch, dem Kind zu früh diese inneren Fantasiewelten zu verbieten, nehmen sie ihm die Möglichkeit, sich mit seinen Gefühlen auf seine Art auseinanderzusetzen.

## Fantasie-Freunde als Helfer in der Not

Kinder lernen in ihrer Fantasie, auch widersprüchliche Gefühle zuzulassen, zu integrieren und zu verarbeiten. Hier können sie Triebhaftes, Furchterregendes und Unbegreifliches auf symbolische Weise verstehen. Das gibt ihnen die Sicherheit, nicht einfach allem hilflos ausgeliefert zu sein, sondern sie finden einen Weg, um sich mit ihrer Umwelt und deren Reizen konstruktiv auseinanderzusetzen.
Kinder erfinden sich auch Freunde, die für sie zaubern, kämpfen, fliegen und sie aus großer Not retten, wenn es notwendig ist. Das populärste Beispiel ist bestimmt die Zauberwelt von Harry Potter, der seine Eltern rächen möchte, das Böse bekämpft und seine Freunde verteidigt. Auch Spiderman, der erfolgreiche Superheld, taucht als Retter immer dann auf, wenn jemand in Gefahr ist. Solche Geschichten machen Kinder stark und mutig, sie eifern ihren Helden nach und trauen sich im besten Fall, sich hin und wieder auch gegen ältere Geschwister oder Freunde zu behaupten.

## Typisch Junge – typisch Mädchen

In unserer Gesellschaft bekommen kleine Jungs meist Action- und Fantasyfiguren zum Spielen, mit denen sie ihre eigenen Macht- und Ohnmachterfahrungen, die ihnen im Alltag begegnen, verarbeiten können. In dieser Welt wird viel gekämpft. Es geht um Stärke und Schwäche, um Wut, Angriff und Vernichtung. Mädchen gibt man eher Puppen in die Hand und fördert damit ihre sorgende, pflegende und schützende Seite. Kinder werfen ihre Puppen und Actionhelden von allein in die Ecke, wenn sie eine reifere Form suchen, um sich mit ihren Emotionen und Wünschen auseinanderzusetzen. Lassen Sie ihnen bis dahin Zeit, sich mit diesen Figuren zu beschäftigen. Und sorgen Sie für gesunden Ausgleich: Auch Mädchen klettern gern auf Bäume und spielen »Krieg«, während viele Jungs auch Spaß am Kochen oder Basteln haben.

# So fördern Sie Ihren Nachwuchs

## Kreativ werden

Setzen Sie sich erst einmal ruhig zu Ihrem Kind und schauen Sie ihm zu, wenn es spielt. Lassen Sie sich langsam mit einbeziehen und gehen Sie auf seine Spielweise ein: Fragen Sie nach, was es gerade spielt und welche Aufgabe Sie dabei übernehmen können. Können Sie beispielsweise eine Person oder ein bestimmtes Tier imitieren? Machen Sie ihm beispielhaft vor, wie das aussehen könnte, und gehen Sie auf seine Änderungswünsche ein. Nehmen Sie Ihr Kind zwischendurch auch einmal in den Arm oder schenken Sie ihm andere Gesten der Zuwendung und Aufmerksamkeit.

Eine andere Möglichkeit: Nehmen Sie Ihr Kind an der Hand und gehen Sie mit ihm nach draußen. Zeigen Sie ihm im Garten die verschiedenen Blumen und Sträucher. Weiß ihr Kind, wie sie heißen? Wenn nicht, schlagen Sie gemeinsam in einem Buch nach. Oder gehen Sie zusammen durch den Wald, hören Sie auf das Gezwitscher der Vögel und sammeln Sie Blätter, Tannenzapfen oder Vogelfedern. Draußen regnet es in Strömen? Kinder hören gern Musik

oder altersgerechte Hörspiele, sie lieben, wenn sie klein sind, Musikinstrumente wie Trommel oder Triangel, auf denen sie ohne viel zu üben spielen können. Oder Sie malen zusammen ein großes Bild: Bei kleinen Kindern mit Fingerfarben, später mit Buntstiften oder Wasserfarben. Wenn das Bild gelungen ist, hängen Sie es in der Wohnung auf. So freut sich Ihr Kind immer wieder über das, was es selbst kreiert hat.

Kinder arbeiten gern mit ihren Händen und sind auf alles neugierig, deswegen stehen viele mit in der Küche, wenn gekocht oder gebacken wird. Erfinden Sie neue Gerichte und lassen Sie Ihr Kind kleine Kuchen nach eigener Fantasie dekorieren. Sprechen Sie miteinander ab, welche Zutaten und Gewürze schmecken könnten und experimentieren Sie: Wie verändert sich der Geschmack von Tomatensuppe mit etwas Salz? Mit Ingwer? Mit Petersilie? Ihr Kind wird es sehr genießen, dass Sie etwas gemeinsam machen, kann viel von Ihnen lernen und seinen Erfahrungsschatz erweitern. Was gibt es Schöneres, als Ihr Kind auf diese angenehme Weise zu fördern?

## Fantasie entwickeln

Es gibt ein wichtiges und schönes Ritual, das Sie unbedingt als festen Bestandteil beim Zubettbringen am Abend zelebrieren sollten: das Vorlesen oder Erzählen einer Gutenachtgeschichte. Gerade jetzt fühlt Ihr Kind sich beschützt und geborgen. Oder Sie erfinden selbst eine Geschichte, die Sie jeden Abend fortsetzen.

Erinnern Sie sich an Ihre eigene Kindheit: Haben Sie da nicht mit großem Vergnügen in (Groß-)Mutters Faschingskiste herumgekramt und alle möglichen Kostüme anprobiert? Alle Kinder lieben Verkleidungsspiele. Hier können sie sich austoben und zu kleinen Modeschöpfern werden. Schön ist eine Kiste im Keller mit Kleidungsstücken aller Art, beispielsweise dem Clowns-Kostüm vom letzten Fasching, einem Bettjäckchen aus Ihrer Kindheit, ausgemustertem Modeschmuck, einem uralten Spitzennachthemd von Oma und vielem mehr. Das ist eine aufregende Fundgrube, die Ihr Kind von Zeit zu Zeit heraufholen kann, um sich zu verkleiden, in wechselnde Charaktere zu schlüpfen und vielleicht mit Ihnen zusammen eine passende Geschichte dazu zu erfinden.

## Fernsehzeit reduzieren

Wussten Sie, dass ein Kind während seiner ersten sechs Lebensjahre etwa 15 000 Stunden spielt? Ist das nicht eine enorm lange Zeit? Aber es ist auch eine sehr wichtige Phase in seinem Leben. Umso schlimmer ist es, wenn diese Spielzeit durch tägliches Fernsehen verkürzt wird (siehe Seite 147). Beobachten Sie einmal Ihr Kind, wie es vor dem Fernseher sitzt: Sein Rücken ist krumm, sein Blick leer, es verhält sich vollkommen passiv. Sein Gehirn arbeitet nicht aktiv, weil alle Bilder bereits vorgegeben sind und Ihr Kind keine individuellen Helden erschaffen kann.

Wenn es etwas vorgelesen bekommt, malt oder Musik macht, ist sein Gehirn sehr rege, es nimmt unzählige Eindrücke auf, die seine Fantasie anregen, weitere Ideen entstehen lassen und die Lust, Neues zu kreieren, wecken. Fazit: Der Fernseher ist ein echter Fantasie-Killer, der Kinder bei übermäßigem Konsum passiv und träge macht.

Humor bringt
viel Entspannung
und schafft die
Grundvorausset-
zung, Probleme
leichter zu
lösen.

## Humor macht das Leben leichter

Natürlich können sich Eltern durch ein strenges Erziehungsregiment
mit zahlreichen Verboten Respekt verschaffen. Aber ob das dem Fa-
milienklima und vor allem den Kindern auf Dauer wirklich gut tut, ist
eher zweifelhaft. Strenge und Unnachgiebigkeit wirken immer auch
ein Stück weit einschüchternd, nehmen Kindern ihre Unbeschwert-
heit und machen ihnen sogar Angst. Die Dinge nicht so schwer, sondern leicht zu nehmen, ist eine bessere Alternative; was nicht heißt,
dass Erziehung in Flapsigkeit ausartet!

### Das rechte Maß finden

Die dreijährige Julia brüllt, tobt und stampft mit den Füßen auf:
»Will nicht ins Bett!« ruft sie und wehrt sich mit aller Macht dagegen, dass sie jetzt, wo Oma zu Besuch da ist, schlafen gehen muss.
Dabei ist es schon recht spät. Plötzlich beginnt ihr Vater, sie nach-
zuahmen, zusätzlich knurrt er wie ein wütender Hund und scharrt
mit den Füßen. Da ist Julia auf einmal ganz perplex und beginnt zu
lachen, während gleichzeitig ein paar trotzige Tränen über ihre
Wange laufen. Der Vater verspricht, noch die Geschichte vom Zir-
kusclown an ihrem Bett zu erzählen, und sagt, dass die Oma bald
wiederkommt. Bereitwillig gibt Julia der Großmutter einen Gute-
Nacht-Kuss und verabschiedet sich.
Bei Strenge und Ernsthaftigkeit gehorcht ein Kind meistens, weil es
Druck von Seiten der Eltern spürt, aber es versteht nicht, warum
dieser Druck ausgeübt wird. Wie das Beispiel zeigt, geht es manch-

mal auch anders, lachende Kinderaugen inbegriffen. Eine humorvolle Einstellung und Lockerheit helfen uns immer wieder im Leben, im Alltag, im Job und in der Familie.

### Ein Lächeln macht vieles leichter

Die Sozialpädagogin Franziska Rülke, Mitglied bei Humorcare Deutschland (HCD), einem Verein, der die wissenschaftlich fundierte Anwendung von Humor fördert, beschreibt es so: »Wer einen humorvollen Blick hat, legt nicht gleich alles auf die Waage der Strenge und sieht auch keinen Grund, mit Gereiztheit und Gerechtigkeit zu reagieren. Ein humorvoller Blick ermöglicht, die Dinge zu relativieren, nicht ernster zu nehmen, als es ihnen zusteht und auch mal darüber hinwegzugehen. Gleichzeitig kann eine humorvolle Grundeinstellung in der Familie die Kinder befähigen, der Welt mit Sympathie und Herzlichkeit zu begegnen und die Ambivalenzen des Lebens positiv zu wenden.« Und weiter schreibt sie sehr treffend: »Eine Erziehung, die mit Humor gewürzt ist und auf einer lächelnden Einstellung beruht, erleichtert den Zugang zum Kind. Denn Kinder sind ja bereits von Natur aus Künstler darin, die Welt mit einer stetig quellenden Fröhlichkeit zu entdecken.«

### Humor bringt mehr Gelassenheit

Humorvolle Menschen sind entspannter und sehen vielen Dingen gelassener entgegen als strenge, ernste Personen. Wer anderen gegenüber streng ist, nimmt meistens auch sich selbst sehr ernst – da kann man sich keinen Fehltritt erlauben, sonst lachen die anderen noch über einen! Genau das ist der Punkt: Freuen Sie sich über das Lachen der anderen und lachen Sie mit! Fällt zum Beispiel Ihrem Kind im Übermut, beim Trinken laut lachend, das Glas aus der Hand, schimpfen Sie nicht. Denn ein solches Missgeschick passiert nicht mit Absicht, Ihr Kind wollte Sie nicht ärgern.

Laut Franziska Rülke gilt für Humor Folgendes: »Fassen Sie die Frechheit, Aufmüpfigkeit und den Eigensinn Ihres Kindes nicht als Angriffe auf Ihre eigene Person und Autorität auf. Mit humorvoller Überlegenheit können Sie jedem Angriff die Spitze abbrechen, indem Sie den bösen Willen des Augenblicks nicht ernst nehmen. So können Sie z. B. einem »Bock« in spielerischer Form »die Hörner ausreißen« oder die Wut gemeinsam zum Fenster hinausjagen. Eine solche humorvolle Einstellung entzieht dem Vorfall den Ernst und bringt Sie auf eine andere Ebene. Außerdem stoßen Aufgaben, die in einem heiteren Sinn statt in hartem Befehlston gestellt werden erfahrungsgemäß auf weniger Widerstand.«

**Tipp**

Vermeiden Sie Härte und strenge Strafen, auch wenn Ihr Kind einmal etwas angestellt hat. Kinder handeln fast nie aus böser Absicht, und mit Milde und etwas Humor lassen sich die Dinge meist besser regeln.

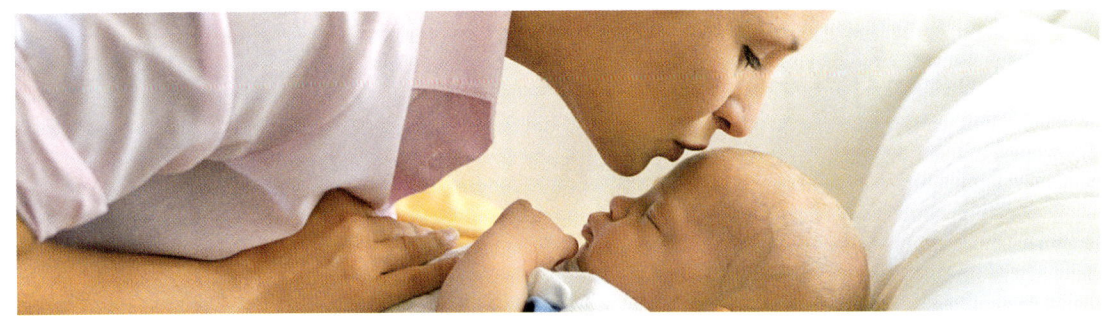

# Die wichtigsten Phasen

Das erste Lächeln, die ersten Worte,
die ersten Schritte, der Eintritt
in den Kindergarten... Jedes Alter
Ihres Kindes ist spannend und voller
Premieren, die Sie als Eltern glücklich machen. Es tauchen aber manchmal auch Sorgen und Probleme auf.

# Die Zeit als Baby

## Mit allen Sinnen die Welt entdecken

Schon gleich nach der Geburt ist ein Baby hellwach und mustert neugierig seine Umgebung. Es kann Töne und Geräusche hören, Gesicht, Stimme und Geruch der eigenen Mutter von denen anderer Personen unterscheiden, ja sogar mimische Bewegungen wie das Herausstrecken der Zunge imitieren. Auch seine Stimme trainiert der kleine Neuankömmling sofort, und zwar durch kräftiges Schreien. Das ist zunächst noch recht ungerichtet, aber bereits nach kurzer Zeit können Sie einen Unterschied feststellen: Bei Hunger und Missempfinden schreit Ihr Kind sehr laut und heftig, bei Schmerz jämmerlich, bei Müdigkeit eher leise und klagend. Mehr und mehr versucht Ihr Baby, mit Augen, Ohren und Händen seine kleine Welt zu erkunden.

Nach etwa vier Wochen reagiert es auf Bewegungen und helles Licht, indem es sein Köpfchen in die entsprechende Richtung dreht. Bereits im zweiten Monat kann Ihr Kind im Sitzen, im Stehen oder in der Bauchlage das Köpfchen heben, wenn auch noch nicht sehr lange. Die Beinchen sind zunächst vorwiegend gebeugt, und es strampelt kräftig. Die Hände hat das Baby meist leicht geöffnet, es kann damit einen Gegenstand umfassen. Dabei versucht es auch schon, diesen zu bewegen und zum Mund zu führen, um ihn näher zu erforschen.

## Bezauberndes erstes Lächeln

Ihr Baby bringt sein Wohlbefinden zum Ausdruck, indem es sich an Sie schmiegt, Ihrer Stimme lauscht und Ihr Gesicht erforscht. Es freut sich bereits offensichtlich, wenn Sie kommen und versucht vielleicht sogar schon, Ihnen in kehligen Lauten zu antworten. Sein Lächeln ist anfangs noch ungerichtet. Spätestens ab dem dritten Lebensmonat aber zeigt Ihr Kleines das sogenannte soziale Lächeln, mit dem es Sie zu erkennen vermag und eindeutig Freude und Zufriedenheit ausdrückt. Diesem Lächeln wohnt ein gewisser Zauber inne, der Sie als Eltern sehr glücklich macht.

## Tipp

Ihr Kind ist von Anfang an eine kleine Persönlichkeit, deren Bedürfnisse Sie respektieren sollten. Wenn Ihr Baby weint oder schreit, braucht es Ihre Unterstützung.

## Erste Greif- und Bewegungsübungen

Ist Ihr Baby dann etwa vier bis sechs Monate alt, lernt es seine Umgebung immer besser kennen. Es erfährt vor allem, wo sich sein Körper im Verhältnis zu seiner Umwelt befindet. Es erforscht seinen kleinen Körper und dessen Grenzen, blickt seine Hände aufmerksam an, betastet sie und führt die Fingerchen zum Mund. Ihr Kleines kann Gegenstände schon recht gut festhalten und erkundet sie ausführlich. Es interessiert sich für das Spielzeug, das über seinem Bettchen hängt, will danach greifen und damit spielen. Allgemein gilt: Je kleiner das Kind ist, desto größer sollten die Gegenstände sein, mit denen es sich beschäftigt.

Liegt Ihr Baby auf dem Bauch, so wird es zunächst versuchen, mit »Schwimmbewegungen« voranzukommen, oder es will sich vielleicht schon aufrichten. Es hält seinen Kopf in Bauchlage jetzt recht sicher. Die beständigen Übungen Ihres Babys sind von Erfolg gekrönt: Es rollt sich vom Bauch auf den Rücken; bald gelingt es ihm auch, vom Rücken wieder auf den Bauch zurückzukommen, indem es sich geschickt mit den Ärmchen abstützt. Der nächste Schritt ist, dass es mithilfe der gestreckten Arme und geöffneten Hände in den Kniestand gelangt. Zum Sitzen ist es jetzt nicht mehr weit. Ihr Kind darf alle Bewegungen, die es aus eigener Muskelkraft durchführen kann, auch machen. Lassen Sie es gewähren! Längeres passives Hinsetzen, wenn das Kleine dazu eigentlich noch nicht in der Lage ist, würde jedoch seine Wirbelsäule und seine Rumpfmuskulatur überanstrengen. Dazu fehlt ihm nämlich noch das notwendige Training. Einmal kurz aufsetzen dürfen Sie es allerdings bedenkenlos.

Beständiges Üben lässt Ihr Baby immer beweglicher werden.

## Vergnügtes Brabbeln – aufmerksames Zuhören

Ihr Kind hört Ihnen jetzt sehr aufmerksam zu und versucht, immer deutlicher mit Ihnen zu kommunizieren. Dabei ahmt es noch differenzierter Ihre Mimik nach und lauscht gespannt, wenn Sie mit ihm singen. Es juchzt vor Vergnügen und bildet Konsonanten wie »m«, »w« oder »b«. Ziemlich rasch werden aus Einzellauten Silbenketten wie »gagaga« oder »rarara«, die es mit zunehmender Begeisterung aneinanderreiht. Es kann diese auch schon in unterschiedlichen Tonlagen hervorbringen. Dabei entsteht so etwas wie ein Sprechrhythmus. Ihr Kleines zeigt ausgesprochene Freude an der Artikulation. Es nimmt feine Geräusche wahr wie Papierrascheln oder das Ticken einer Uhr und dreht den Kopf zuverlässig zur Geräuschquelle.

## Lachen als Lieblingsbeschäftigung

Ihr Baby erkennt jetzt allmählich auch seine Geschwister und seine Großeltern. Es entwickelt sogar einen »Sinn für Humor«: Es quietscht vor Vergnügen, wenn Sie kleine Scherze mit ihm machen und sie öfter wiederholen. Überhaupt lacht Ihr Kind viel und freut sich, wenn Sie sich mit ihm beschäftigen.
Natürlich gibt es bei Ihrem Baby auch Phasen, in denen es sich nicht ganz so wohl fühlt. Dieses Unwohlsein bringt es jetzt ebenfalls immer differenzierter und nicht nur durch Schreien zum Ausdruck.
Gegen Ende des sechsten Monats beginnt bei vielen Babys die sogenannte »Fremdelphase«: Dabei unterscheidet das Kind zwischen bekannten und unbekannten Personen. Es wendet sich Menschen, die ihm vertraut sind, zu, Fremde dagegen lehnt es ab, hat sogar Angst vor ihnen.

## Grenzenlose Neugier – großer Bewegungsdrang

Mit immer mehr Begeisterung und Intensität erkundet Ihr Baby die Dinge in seiner Umgebung. Es kann nun auch freundliche und drohende Sprechweisen voneinander zu unterscheiden. Es versteht damit bedingt Zurechtweisungen oder erzieherische Maßnahmen und reagiert ein wenig darauf. Wenn es von mehreren Menschen umge-

Babys lieben es zu kommunizieren und sich über ihre Sprache und mit Gesten auszudrücken.

ben ist, die mit ihm kommunizieren und spielen wollen, blickt es von einem zum anderen und nimmt von sich aus Kontakt mit seinem Umfeld auf. Das Baby »spricht« mit Händen und Füßen und freut sich ganz besonders, wenn es Mama und Papa wahrnimmt.

Es kann jetzt schon problemlos sein Köpfchen halten. Wenn ihm etwas gefällt, bleibt es auch etwas länger dabei. Seine Neugier scheint grenzenlos zu sein. Es erforscht mit seinen beiden Händchen alles, was es zu fassen bekommt: die Gesichter seiner Eltern, seine Umgebung und seine Spielsachen.

Und langsam, aber sicher setzt sich das Baby in Bewegung. Entwickelt es sich etwas rascher als andere Kinder, so beginnt es mit den Vorstufen des Krabbelns. Für Sie als Eltern bricht jetzt eine neue Zeit an, eine Phase, in der Sie ständig auf Ihren umtriebigen Sprössling aufpassen müssen, damit er sich nirgends weh tut:

Da wird an der Tischdecke gezogen, der Teller heruntergeworfen und in Richtung Glasvitrine gekrabbelt. Langsam müssen Sie Ihre Wohnung kindersicher machen, zerbrechliche und gefährliche Gegenstände aus der Reichweite des Babys entfernen. Es kann jetzt nämlich alles festhalten, auch sein Fläschchen. Nach einer Weile trinkt es dann aus der Schnabeltasse.

## Die nächsten Fortschritte: bessere Koordination

Langsam lernt das Kleine, seine Körperteile etwas besser zu koordinieren. Es kann Dinge von einer Hand in die andere geben, und seine Sehfähigkeit ist schon so gut, dass es auch Gegenstände betrachtet, die etwas weiter entfernt sind. Eine große Freude empfindet Ihr Nachwuchs jetzt, wenn er sich im Spiegel sieht.

Der Durchbruch des ersten Zähnchens kündigt sich mit viel Weinen und Unruhe an. Vielleicht dauert dieses Ereignis auch noch ein paar Wochen. Das ist von Baby zu Baby unterschiedlich.

## Krabbelnd auf Entdeckungsreise

Ungefähr im neunten Lebensmonat kann Ihr Kind dann frei und selbstständig sitzen. Auch das Robben und Krabbeln beherrschen die meisten Babys jetzt schon sehr gut. Sie werden also zunehmend mobiler. Ganz allgemein nimmt das Krabbeln eine zentrale Bedeutung in der Entwicklung von Kindern ein, denn es fördert – wie Wissenschaftler herausgefunden haben – die Ausbildung intellektueller und emotionaler Fähigkeiten in hohem Maße, denn Bewegungen stimulieren das Neuronenwachstum im Gehirn des Kindes.

Es macht Ihrem Kind jetzt großen Spaß, in der Wohnung und im Garten auf Entdeckungsreise zu gehen. Für Sie als Eltern ist diese

**Tipp**

Durch körperliche Zuwendung, etwa Schaukeln, Streicheln oder Massieren, fördern Sie die Entwicklung Ihres Kindes in hohem Maße, und zwar nicht nur im Bereich der Motorik, sondern auch auf geistiger und emotionaler Ebene.

Mobilität natürlich mit viel Unruhe verbunden. Sie müssen ununterbrochen aufpassen, dass der Krabbler nicht in Gefahren-
bereiche wie etwa Treppenabsätze gelangt,
und Sie müssen alles, was nicht in Kinder-
hände gehört, aus tief gelegenen Kommo-
denschubladen und Schrankfächern in
höher gelegene Bereiche umräumen.
Bremsen Sie den Forscherdrang Ihres Babys
aber nicht, denn er ist wichtig für seine
Entwicklung. Geben Sie ihm viel Gelegenheit zum Krabbeln, und motivieren Sie es
mit kleinen Lockspielen, etwa mit dem Zu-
werfen oder Zurollen eines Balls – Ihr Baby
wird sich sehr darüber freuen.

## Die ersten Worte

Was das Sprechen, Sehen und Fühlen betrifft, so hat Ihr kleiner Spross nun weitere
enorme Fortschritte gemacht. Gegen Ende
des ersten Lebensjahres kann er zwar noch
keine verständlichen Worte formulieren,
aber trotzdem erzählt er Ihnen schon Ge-

> Ihr Baby liebt
> die Welt, in der
> es lebt und
> zeigt das mit
> lautem, fröhli-
> chem Lachen.

schichten. Selbst wenn er keine Zuhörer hat, brabbelt er vor sich
hin. Je mehr Ihr Kind Sie und andere sprechen hört, desto mehr
will es auch selbst produzieren. Es verfeinert seine Stimmlage immer weiter und beherrscht sogar das Flüstern. Etwa im achten oder
neunten Monat beginnt es, Doppelsilben zu bilden, und schließlich
spricht es – zu Ihrer großen Freude – die ersten Worte: »ma-ma,
pa-pa, da-da«.
Außerdem kann Ihr Nachwuchs langsam Begriffe wie »vor« oder
»hinter« zuordnen, und er liebt Versteckspiele. Er blättert jetzt
gerne in Bilderbüchern und kann einige Bilder wiedererkennen.
Ihr Kind kommt inzwischen auch kleinen Aufforderungen nach.
Kommunizieren Sie mit ihm in Ihrer ganz normalen Sprache. Die
sogenannte Kindersprache ist wenig geeignet, um ihm tatsächlich
das Sprechen beizubringen. Schließlich lernt es durch Nachahmen.
Einzelne Silben kann es inzwischen sinnvoll anwenden: Es macht
Wünsche mit bestimmten Silbenfolgen deutlich, zum Beispiel »am-
am« für »Hunger«. Auch Tieren oder Gegenständen, die Geräusche
machen, ordnet Ihr Kind immer klarer deren Lauten zu und verwendet diese als Bezeichnung: »wau-wau, brumm-brumm« und vieles

mehr. Ihr Kleines erweitert seinen Wortschatz von Tag zu Tag. Vor allem sein Sprachverständnis wird immer besser, sodass Sie sich mit ihm jetzt schon ein wenig unterhalten können. Kurze Anweisungen, wie »komm her« oder »gib mir« kann es befolgen.

Ihr Kind gibt jetzt auch freiwillig Spielzeug wieder ab, wenn es dazu aufgefordert wird. Am Ende des ersten Lebensjahres wird Ihr Kind einfache Aufforderungen, wie »bring mir deinen Teddy« ohne Probleme erfüllen.

## Rituale für einen strukturierten Alltag

Durch seine neu gewonnene Mobilität versucht Ihr Kind, sich ein wenig von Ihnen zu lösen. Dass es das aber noch nicht verkraftet, zeigt das erneute Fremdeln, das jetzt recht ausgeprägt sein kann, zum Beispiel indem es verschüchtert auf andere Menschen reagiert. Durch ständiges Wiederholen trainiert Ihr Kleines seine zahlreichen bis jetzt erworbenen Fähigkeiten. Es fühlt sich wohl, wenn es einen geregelten Tagesablauf erlebt, in dem Rituale ihren festen Platz haben.

Ganz wichtig für seine soziale Entwicklung ist jetzt auch das gemeinsame Essen. Dabei wird Ihr Kind immer selbstständiger. Es kann allein aus einer Kindertasse trinken und den Löffel – allerdings noch mit Kleckern – zum Mund führen. Es will möglichst häufig selbst essen. Mit beiden Händen greift es dann auch mal in das Essen hinein und mantscht nach Lust und Laune darin herum. Auch das ist eine sinnliche Erfahrung, die es ruhig machen soll. Es lernt dabei, wie sich das Essen anfühlt.

## Endlich auf beiden Beinen stehen und gehen

Ihr Kind zeigt inzwischen sehr deutlich seine Zu- und Abneigung: Wenn es kuscheln möchte, kommt es zu Ihnen und zieht sich, wenn es ihm zu viel wird, auch zurück. Es spielt noch nicht mit gleichaltrigen Kindern, zeigt aber Interesse daran, indem es sie beobachtet. Das ist bereits der erste Schritt zum Erwerb sozialer Kompetenz (siehe Seite 177), die im Laufe seiner weiteren Entwicklung zunehmend an Bedeutung gewinnt.

Einer der größten Meilensteine ist der erste selbstständige Schritt Ihres Kindes. Wahrscheinlich haben Sie schon seit einiger Zeit darauf gewartet. Wenn es dann endlich ein paar unsichere Schritte geht, ist das für Sie als Eltern ein wunderbares Ereignis. Das Laufenlernen beginnt meistens um den zwölften Lebensmonat und leitet nicht nur das zweite Lebensjahr, sondern auch einen neuen Entwicklungsabschnitt ein: Aus dem Baby wird ein Kleinkind.

## Tipp

Zelebrieren Sie vor dem Einschlafen ein kleines Ritual: Kuscheln Sie mit Ihrem Kind oder singen Sie ihm etwas vor. Das vermittelt ihm Geborgenheit.

# Die Zeit als Kleinkind

## Auf dem Weg zum eigenen Ich

Im ersten Jahr seines Lebens hat Ihr Kind ungeheuer viel gelernt. Auf diesen Erfahrungen kann es jetzt aufbauen und seine Fähigkeiten und Fertigkeiten weiterentwickeln. Dabei gewinnt es zunehmend an Eigenständigkeit und lernt nach und nach immer besser, sich von anderen abzugrenzen, also zwischen einem Ich und einem Du zu unterscheiden.

## Der Wunsch nach Selbstständigkeit

Der Wunsch nach Selbstständigkeit drückt sich in vielen Begebenheiten des Alltags aus. So kann es Ihnen beispielsweise passieren, dass Ihr vielleicht 15 Monate altes Kind Ihnen bei Tisch energisch den Löffel aus der Hand nimmt und deutlich signalisiert, dass es jetzt ganz alleine verantwortlich dafür sein will, was und wie viel in seinen Mund wandert. Natürlich sind die Speisen nach wie vor nicht nur dazu da, sie auf den Löffel zu packen (siehe Seite 51). Es macht einfach riesig Spaß, den Kartoffelbrei zu Knetmasse umzufunktionieren und mit dem schönen grünen Spinat dem Essplatz ein neues Dekor zu verpassen.

Ihr Kind steckt voller Neugierde, und mit ungebrochenem Forscherdrang untersucht es alles, was sich in seiner Umgebung befindet. Es steckt seine Fingerchen in jede Ritze, greift in den offen stehenden Wäscheschrank und zieht die sorgfältig zusammengelegten Handtücher heraus, um zu sehen, was sich noch alles im Schrank befindet. Die Zeit des Experimentierens und Ausprobierens ist für Sie als Eltern spannend und anstrengend zugleich. Bremsen Sie jedoch die Entdeckungsfreude Ihres Kindes nicht zu sehr, denn sie ist ein wichtiger Bestandteil seiner Entwicklung.

## Kleiner Imitator

Ihr Kind lernt jetzt vor allem durch Nachahmen. Deshalb ist es wichtig, dass Sie sich viel mit ihm beschäftigen und mit ihm spielen. Zeigen Sie ihm, wie sich Stifte in ein Steckbrett stecken lassen. Finger-

## Tipp

Zu Beginn des zweiten Lebensjahrs wollen Kleinkinder die Welt entdecken. Haben Sie jetzt immer ein Auge auf Ihr Kind, damit es sich in seinem Tatendrang nicht verletzt.

spiele, in die Hände klatschen, Winke-Winke – all das liebt Ihr Kind. Es wiederholt solche Übungen mit großer Freude immer wieder.

Gegen Ende des zweiten Lebensjahres kann sich Ihr Kind auch schon über längere Zeit mit einem Spiel beschäftigen. Dabei probiert es nicht mehr nur aus, sondern wiederholt manchmal tagelang einen bestimmten Handgriff oder eine bestimmte Bewegung. Besonders gerne mag es Puzzles oder andere Steckspiele und kann aus mehreren Klötzen einen stabilen Turm bauen. Auch Farben und Stifte stehen bei Ihrem Kind hoch im Kurs. Sehr beliebt sind Fingerfarben oder dicke Wachsmalkreiden, mit denen es herrlich bunte Werke aufs Papier, manchmal aber auch auf Wände, Möbel und Fenster zaubert. Seien Sie möglichst großzügig, die meisten Farben sind abwaschbar, und die Wände lassen sich ja auch wieder streichen.

## Kurze Sätze formulieren

Wenn Ihr Kind etwa zwei Jahre alt ist, nimmt sein Sprachverständnis rasch zu. Es zeigt oder blickt richtig auf seine einzelnen Körperteile und kann einfache Aufträge ausführen. Lassen Sie es ab und zu Gegenstände oder Tiere benennen, das kann es jetzt schon gut. Fordern Sie Ihr Kind zu einfachen Bewegungsabläufen auf, etwa »nimm den Becher und stelle ihn auf den Tisch« oder »lege den Teddybär auf dein Bett«. Die Sprache Ihres Kindes wird nun zunehmend auch für fremde Personen verständlich. Langsam gelingt es ihm immer besser, mehrere Worte miteinander zu verknüpfen, es formuliert die ersten sogenannten Zweiwortsätze: Mama komm, Papa haben, Fabi ham-ham«. Es spricht auch Fragesätze mit korrekter Sprachmelodie. In diesem »ersten Fragealter« bekommen Sie solche und ähnliche Sätze zu hören: »Hasi weg!«, »is das?«.

Ihr Kind möchte jetzt alles ausprobieren und entdeckt mit großer Freude auch seinen eigenen Körper.

Ihr Nachwuchs kann inzwischen Kinderlieder mitsummen und imitiert gerne, zum Beispiel das Bellen eines Hundes, das Miauen einer Katze oder den laut aufheulenden Motor eines Autos. Er weiß, von welcher Geräuschquelle die jeweiligen Geräusche stammen: Das Läuten kommt von der Tür, die Musik aus dem Radio und das Ticken von der Uhr an der Wand.

## Immer sicherer auf den Beinen

Nachdem Ihr Kind nun schon sehr viel ausprobiert hat, werden seine Bewegungen immer sicherer. Es kann für einen kurzen Moment auf einem Bein stehen, ohne sich dabei festzuhalten, und testet und verbessert seine Geschicklichkeit jeden Tag. Geben Sie ihm ein kleines Fahrzeug, etwa ein Bobbycar, ein Tretauto oder ein Dreirad, damit es seine Beinmuskulatur stärkt und seine Koordination verfeinert. So wird sein Bewegungsradius immer größer, allerdings steigt auch das Unfallrisiko. Bleiben Sie in seiner Nähe. Sie werden sehen, mit der Zeit wird Ihr Kind immer sicherer, und Sie verlieren Ihre Angst, dass es sich verletzen könnte.

> Für Ihr Kind ist kein Ding zu uninteressant, um es zu erforschen und damit zu experimentieren.

## Den eigenen Willen durchsetzen

Wenn Ihr Kleines dann ins Trotzalter kommt, wird Ihre Geduld oft auf die Probe gestellt. In dieser Zeit entwickelt Ihr Kind seine eigene Persönlichkeit. Es möchte seine Wünsche mit allen Mitteln durchsetzen und gerät schon mal wegen einer Kleinigkeit, die Mama und Papa gar nicht verstehen können, völlig in Aufruhr. Seine Wutausbrüche fallen mitunter sehr heftig aus und zerren wahrscheinlich stark an Ihren Nerven. Versuchen Sie, so gut es geht, gelassen und ruhig zu bleiben. Behalten Sie Ihr Kind unbemerkt im Auge, aber vermitteln Sie ihm den Eindruck, es nicht zu beachten. Während eines Trotzanfalls können Sie mit Erklärungen nichts erreichen und

Ihr Kind auch nicht besänftigen. Warten Sie einen Moment, bis sich seine Wut gelegt hat. Dann können Sie auch wieder mit ihm reden und erreichen es besser, möglichst durch kurze Sätze und mithilfe einfacher Erklärungen. Außerdem ist liebevolle Konsequenz gerade jetzt besonders wichtig (siehe Seite 19 und Seite 129).

## Phase der Abnabelung

Die Trotzphase stellt die Grundlage für selbstständiges Handeln und Fühlen im gesamten späteren Leben dar. Gleichzeitig beginnen nun der langsame Ablöseprozess von Mama und Papa, die Entwicklung des »Ichs« und die Hinwendung zu anderen Menschen.

Ihr Kind schaut sich zwar noch viel von Ihnen ab, unternimmt aber zunehmend den Versuch, Dinge allein zu tun: Es spielt in aller Ruhe mit seinen Bauklötzen oder kleinen Schachteln, schlichtet sie übereinander und steckt sie ineinander. Es probiert immer wieder aus, solange, bis es herausgefunden hat, wie es funktioniert. Zeigen Sie Ihrem Kind nicht gleich alles, denn es soll die Möglichkeit haben, vieles selbst herauszufinden. Schließlich lernt es durch die eigene Erfahrung wesentlich besser als durch Zusehen und Nachmachen. Dennoch bleibt die Imitation eine wertvolle Lernerfahrung. Die Möglichkeit, eigene Wege zu gehen, stellt für Ihren Nachwuchs jetzt einen weiteren großen Schritt auf dem Weg in die Selbstständigkeit dar. Ermuntern Sie Ihr Kind und motivieren Sie es, erste kleine Entscheidungen selbst zu treffen.

Versunken im Spiel erwirbt Ihr Kind wichtige Fähigkeiten, wie etwa Konzentration und Durchhaltevermögen beim Lösen von Aufgaben.

# Die Zeit im Kindergarten

## Freunde finden und Beziehungen knüpfen

Die Persönlichkeit Ihres Kindes ist nun schon richtig ausgeformt, und bestimmt erkennen Sie einige prägnante Wesensmerkmale an ihm, die es zu einem unverwechselbaren Menschen machen. Es ist ein neugieriger, zielstrebiger kleiner Spatz von drei Jahren, der mit großem Bewegungs- und Forscherdrang die Grenzen seines Reiches zunehmend ausweitet. Ihr Kind wird jetzt wieder viele interessante Erfahrungen sammeln. Es erprobt sein Können mit Freude und lässt Sie über seine immer besseren Fertigkeiten staunen. Ein Meilenstein in der Entwicklung und eine neue große Herausforderung ist für Ihr Kind dann der Eintritt in den Kindergarten: Im Umgang und in der Auseinandersetzung mit Gleichaltrigen wird es emotionale und soziale Fähigkeiten erwerben, die die Grundlage für sein ganzes späteres Leben bilden.

## Das zweite Fragealter

Sicher sind Sie sehr stolz darauf, dass Ihr Kind jetzt schon komplette Sätze bilden kann und Ihnen manchmal sogar spannende kleine Geschichten erzählt. Sein Wortschatz wird täglich größer, und es kann inzwischen Wörter mit schwierigen Lautverbindungen wie »kn«, »gr«, »bl« und »ng« aussprechen: »Knopf«, »Blumenfenster« oder »Großmutter« machen ihm keine Probleme mehr.

Ihr Kind ist jetzt im sogenannten zweiten Fragealter. Es sagt während des ganzen Tages immer wieder »warum?«. Es will alles, aber auch wirklich alles wissen und stellt Sie so manches Mal auf eine harte Geduldsprobe. Versuchen Sie, auch jetzt gelassen zu bleiben und jedes »Warum« zu beantworten. »Warum ist das die Nachbarin?« »Weil sie neben uns wohnt.« »Warum hat die Frau eine Mütze auf?« »Weil ihr sonst kalt ist.« »Warum kommt jetzt der Papa?« »Weil er Feierabend hat.« ... Bestimmt haben Sie des Öfteren Lust, einfach auf Durchzug zu schalten und zu schweigen. Das dürfen Sie zwischendurch auch. Aber gehen Sie dann wieder intensiv auf Ihr Kind ein, denn es braucht Ihre Mithilfe, um die Welt noch besser und

## Tipp

Es erleichtert Ihrem Kind den Eintritt in den Kindergarten, wenn es schon vorher öfter mit Gleichaltrigen gespielt hat. Dann ist ihm die Situation nicht gar so fremd.

schneller zu begreifen. Je mehr es von Ihnen lernt, desto stärker erweitert sich sein Wissen über die es umgebende Welt.

## Musikalische Fähigkeiten entdecken

Kurz bevor Ihr Nachwuchs vier Jahre alt wird, kann er schon ziemlich schwierige Sätze formulieren, ja sogar Nebensätze bereiten ihm jetzt keine Probleme mehr. Natürlich können die Satzverbindungen noch nicht ganz korrekt sein, auch wirft er die Zeiten durcheinander. Aber seine Grammatikkenntnisse werden von Monat zu Monat besser, er wird immer routinierter und sicherer im Umgang mit seiner Muttersprache.

Jetzt ist auch der Zeitpunkt gekommen, wo Sie Ihr Kind in eine Schule für musikalische Früherziehung geben können. Oder vielleicht wollen Sie es an einer Sing- und Spielgruppe teilnehmen lassen, in der beispielsweise mit Orff-Instrumenten wie Triangel, Trommel und Xylophon Musik gemacht wird. Sie werden sehen, schon nach kurzer Zeit hat Ihr Kind zusammen mit den anderen auf spielerische Weise einige Melodien gelernt, und es entwickelt ein immer besseres Gefühl für Rhythmen. Diese sehr frühe Schulung seines Gehörs ist für Ihr Kind später, wenn es einmal ein Instrument lernen möchte, von großem Vorteil, und es wird dann mit einer großen Leichtigkeit an die Sache herangehen.

Im Kindergarten lernen die Kleinen die Interaktion und das Zusammenspiel mit anderen, wie hier beim Musikmachen.

## Mit Freude laufen, klettern und Fangen spielen

Im dritten Lebensjahr hat Ihr Kind schon recht gute motorische Fähigkeiten erworben. Er hat viel Freude am Klettern und kann schon ziemlich sicher Treppen steigen, die Stufen sowohl hinauf- als auch hinuntergehen, auch wenn er diese ab und zu noch mit demselben Bein nimmt, anstatt abzuwechseln. Seine Lust, sich zu bewegen, ist jetzt grenzenlos. Energiegeladen rast Ihr Kind durch Haus oder Wohnung, durch den Garten und über den Spielplatz. Es hat viel Freude daran, wenn Sie mit ihm Fangen spielen, wenn es Ihnen davonläuft und Sie austricksen kann. Obwohl Sie ständig auf Ihren Sprössling Acht geben müssen, damit er sich nicht irgendwo stößt und dabei verletzt, genießen Sie als Eltern diese Zeit sicherlich, weil Sie merken, dass Sie jetzt schon viel mehr gemeinsam unternehmen können: Ausflüge auf den Spielplatz, in den Zoo, zu einem Wildgehege oder zum Zirkus. All das fördert sowohl seine körperliche als auch seine geistige Entwicklung.

## Kleiner Mal-Künstler und interessierter Zuhörer

Auch die Fingerfertigkeit Ihres Kindes wird im dritten Lebensjahr immer besser. Es zeichnet jetzt Dinge, die Sie einigermaßen gut identifizieren können. Ihr Kind ist in der Lage, Striche und geometrische Formen, aber auch Figuren und menschliche Gestalten zu Papier zu bringen. Es hält den Stift nun nicht mehr mit der Faust fest, sondern klemmt ihn zwischen seine Fingerchen, wenn Sie ihm zeigen, wie es geht – Ihr Kind wird das sicher gleich nachmachen wollen.
Ihr Kind nimmt jetzt auch seine Umgebung mit immer größerer Aufmerksamkeit wahr. Es erkennt dabei sogar winzige Details. Sicher wundern Sie sich manchmal über das, was es Ihnen alles zeigt. Es kann beispielsweise Farben, Formen, Bilder und vieles mehr schon richtig zuordnen, und es hört für eine Weile interessiert zu, wenn Sie ihm eine kleine, einfache Geschichte erzählen oder vorlesen. Psychologen sagen, sein Weltbild sei vom sogenannten »magischen Denken« geprägt: Ihr Kind ordnet allen Lebewesen geheimnisvolle und magische Kräfte zu. Deswegen liebt es Geschichten von Zauberern und Feen, Zwergen und Kobolden. Diese Weltsicht bildet den Übergang zum rationalen Denken und ist für die positive Entwicklung Ihres Kindes sehr wichtig.

## Die ersten Freunde und Freundinnen

In dieser Zeit entdeckt Ihr Kind auch, dass es interessant ist, sich mit Gleichaltrigen auszutauschen. Es freundet sich vielleicht mit einem anderen Mädchen oder Jungen an und ist in der Lage, die

**Tipp**

Kinder lieben schön gestaltete Bücher, auch wenn sie noch nicht lesen können. Wenn Sie ein paar Kinderbücher anschaffen und ins Kinderzimmer stellen, wird Ihr Kind auch gern allein darin blättern.

Gefühle des anderen immer genauer zu spüren und am Gesichtsausdruck oder an der Haltung des Gegenübers zu erkennen, in welcher Stimmung er sich gerade befindet, ob er traurig, erregt, bedrückt oder voller Freude ist.

Ihr Kind kann inzwischen selbst feine Gefühlsnuancen an anderen wahrnehmen und seine eigenen Gefühle deutlich zeigen und benennen.

Langsam dürfen Sie ihm ein paar Regeln beibringen, es kann sie jetzt schon einigermaßen gut einhalten. Ihr Kind kann jetzt auch eine gewisse Verantwortung für eine gemeinsame Sache übernehmen und geht damit einen Schritt weiter in Richtung Selbstständigkeit. Wenn es all diese bedeutsamen Entwicklungsschritte vollzogen hat, ist Ihr Sprössling reif für den Kindergarten (siehe Extra Seite 62). Damit beginnt für Sie wie auch für Ihr Kind ein völlig neuer Lebensabschnitt. Für ein paar Stunden des Tages ist der Nachwuchs losgelöst von Mutter und Vater, er steht schon ein wenig »auf eigenen Beinen« und geht quasi »in die Fremde«. Sie als Eltern müssen zum ersten Mal loslassen und Ihrem Kind begreiflich machen, dass es schön ist, auch einmal alleine woanders zu sein. Dadurch unterstützen Sie seine Selbstständigkeit.

> Das Spiel mit Bauklötzen fördert nicht nur die Fingerfertigkeit, sondern schult die Kinder auch im Konstruieren und Gestalten.

## Die Entdeckung des eigenen Geschlechts

Ihr Kind will nun eintauchen in die Welt der Erwachsenen. Es wird zunehmend selbstbewusster und traut sich immer mehr zu, begreift sich als eigenständige Person und lässt sich nicht mehr so stark von den Erwachsenen leiten. Es bietet Mama und Papa Paroli, widersetzt sich auch mal und beweist dadurch, dass es schon recht unabhängig ist. Dank seiner gut entwickelten Motorik kann sich Ihr Nachwuchs frei bewegen. Er spricht jetzt auch schon so gut, dass er sich ausgezeichnet verständigen kann. Das gibt ihm mehr Sicherheit gegenüber anderen Menschen. Ihr Kind erkennt seine eigene Rolle und die seiner Mitmenschen und entscheidet, welche Rollen nachahmenswert sind. Zu diesem Prozess gehört auch die Entdeckung des eigenen Geschlechts.

## Bewusst handeln und Gefühle steuern

Wenn Ihr Sprössling dann zum ersten Mal sagt »mein Buch«, sind Sie wahrscheinlich ganz überrascht. Denn nun ist er so weit, dass er ganz genau zwischen »ich« und »du«, »mein« und »dein« unterscheiden kann. Normalerweise nennt er sich am Anfang des dritten Lebensjahres noch bei seinem Vornamen. Aber auch wenn er schon weiß, wer er selbst ist und das Wort »ich« richtig anwendet, bekommt es für ihn etwa in der Mitte des dritten Lebensjahres eine völlig neue Erlebnisqualität: Ihr Kind weiß jetzt, dass es selbst der Urheber seiner Handlungen ist und kann auch deren Auswirkungen schon abschätzen. Es erlebt außerdem die Prozesse des eigenen Innenlebens als einen Teil seines Selbst. Und Ihr Nachwuchs entdeckt, dass er darüber hinaus auch noch der Urheber seiner Gedanken, Emotionen und Vorstellungen ist. Zudem merkt er, dass er diese selbst steuern und sogar verändern kann. Natürlich ist das für Ihr Kind eine sehr spannende Zeit, die es aber auch ein wenig verunsichern kann:

Wenn es Angst hat oder schreckhaft ist, trösten und bestärken Sie es, damit es seine Sicherheit wieder findet. Vielleicht stellen Sie fest, dass Ihr sonst so braver und gehorsamer Sprössling auf einmal eigensinnig, launisch, manchmal unmotiviert und mitunter sogar boshaft wirkt. Keine Sorge, denn dieses Verhalten ist Ausdruck seiner Unsicherheit. Er weiß nicht, wofür er sich entscheiden soll, für »ja« oder »nein«, für »ich will das« oder »ich will das nicht«. In manchen Momenten hat Ihr Kind das Gefühl, es sei schon ganz groß, in anderen Augenblicken wieder fühlt es sich klein und hilflos. Denn schließlich macht es dauernd die Erfahrung, dass es seinen Willen nicht durchsetzen kann, dass es nicht stark genug und viel zu unsicher ist, um all seine Wünsche erfüllt zu bekommen. Und obwohl es schon sehr gut spricht, wird es doch so manches Mal von den Erwachsenen einfach nicht verstanden! Wieder und wieder muss es enttäuscht hinnehmen, dass Mama oder Papa ein deutliches »Nein« aussprechen, wenn es sich etwas in den Kopf gesetzt hat und unbedingt durchsetzen möchte.

## Die Schwierigkeit, sich zu entscheiden

Warum gibt es so viele Verbote? Ihr Kind weiß es nicht, und so ist es oft unsicher, wie es sich verhalten soll. Er wird vor allem dann unsicher, wenn es eine Tätigkeit zugunsten einer anderen aufgeben muss. Hier wird von ihm eine rasche Entscheidung gefordert, wozu Ihr Kind eigentlich noch nicht in der Lage ist. So versucht es, herumzutrödeln und den Entscheidungsprozess hinauszuzögern, was Sie

### Tipp

Langsam merkt Ihr Kind, dass es auch Dinge besitzt. Vielleicht wird es jetzt öfter »Meins!« rufen und die Puppe der Freundin an sich reißen. Nehmen Sie ihm das Spielzeug dann wieder weg und machen Sie Ihrem Kind klar, dass es erst fragen muss, ob es die Puppe haben darf.

als Eltern verständlicherweise etwas ärgert. Sicher kennen Sie als Mutter oder Vater solche und ähnliche Szenen: Sie wollen mit Ihrem Kind zum Spielplatz oder in den Tierpark gehen. Beides mag es sehr gerne, und die Aussicht auf einen Ausflug stimmt Ihr Kind auch sehr fröhlich. Trotzdem dauert es sehr lang, bis sie ihm endlich die entsprechende Kleidung angezogen haben. Ihre Tochter oder Ihr Sohn läuft immer wieder weg, holt ein Spielzeug, muss auf die Toilette gehen oder möchte etwas zu Trinken haben. Seien Sie nicht böse auf Ihr Kind, denn es kann die Lage einfach noch nicht überblicken und bleibt im Grunde lieber da, wo es gerade ist.

In engem Zusammenhang mit dieser Verunsicherung steht bei manchen Kindern in diesem Alter der Drang, penibel Ordnung zu halten,. Um die Situation in den Griff zu bekommen, wollen die Kleinen, dass alles an seinem gewohnten Platz ist, dass alle Tätigkeiten in einer bestimmten Reihenfolge ablaufen. Es passiert sogar, dass sich das Kind selbst Regeln auferlegt, um eine Struktur zu haben, an die es sich halten kann. Vielleicht möchte es sein Essen aus dem Hundenapf oder es zögert am Abend das Zubettgehen endlos hinaus. Wenn Sie um die Hintergründe solcher Handlungen wissen, können Sie die zeitraubende Verzögerungstaktik vielleicht mit einem kleinen Lächeln hinnehmen und Ihrem Kind so die Möglichkeit geben, seine emotionale Kompetenz auszubauen.

Im gemeinsamen Spiel lernt ein Kind, sich selbst zu verwirklichen, aber auch die Interessen der anderen zu respektieren.

# Reif für den Kindergarten?

Wenn ein Kind seinen dritten Geburtstag feiert, stellen sich Eltern oft die Frage, ob es Zeit wird für den Kindergarten. Schließlich ist es jetzt schon ziemlich selbstständig und tatsächlich bereit, sich zumindest zeitweilig aus der engen Mutter-Kind-Bindung zu lösen. Natürlich gibt es individuelle Unterschiede: Hatte das Kind zum Beispiel schon die Gelegenheit, mit anderen Kindern zu spielen? Das können sowohl Geschwister als auch fremde Kinder sein. Viele Kinder haben ja schon ganz früh in Krabbelgruppen Kontakt zu Gleichaltrigen aufgenommen und sind es bereits gewohnt, zusammen zu spielen. Allerdings war hier immer die Mutter dabei, den Kindergarten besucht das Kind aber alleine. Und das ist eine große Herausforderung, wofür eine gehörige Portion Selbstständigkeit notwendig ist. Auch für Sie als Mutter bedeutet das, dass Sie Ihr Kind loslassen müssen, um seine Unabhängigkeit zu unterstützen. Mithilfe der folgenden Punkte können Sie feststellen, ob Ihr Kind bereits reif genug ist, um den Kindergarten zu besuchen:

➤ Ihr Kind kann einfache Aufgaben selbst erledigen. Es räumt beispielsweise nach dem Spielen auf und erledigt leichte Hausarbeiten wie Tischdecken.

➤ Es kann sich alleine an- und ausziehen, einfache Reißverschlüsse und Knöpfe öffnen und schließen.

➤ Ihre Tochter oder Ihr Sohn kann sich mindestens eine Viertelstunde auf ein Spiel oder eine Malarbeit konzentrieren.

Sie oder er weiß mit Bastelmaterial umzugehen und kann mit der Kinderschere ausschneiden.

➤ Ihr Kind hört Ihnen aufmerksam zu, wenn Sie ihm eine Geschichte erzählen und bleibt währenddessen vorwiegend ruhig sitzen. Es stellt gezielte Fragen und kann die Geschichte auch teilweise wiedererzählen.

➤ Es stellt »Warum-Fragen« und versteht komplexe Zusammenhänge.

➤ Ein für die Erzieherinnen wichtiger Punkt: Ihr Kind braucht tagsüber keine Windel mehr und meldet sich, wenn es auf die Toilette gehen muss.

➤ Ihr Sprössling ist in der Lage, sich mit anderen Kindern über eine längere Zeit harmonisch zu beschäftigen. Er kann im Spiel auf die anderen eingehen und deren Spielvorschläge übernehmen.

Was aber ist, wenn Ihr Kind gar nicht in den Kindergarten gehen will? Sie haben vielleicht festgestellt, dass es zwar reif dafür ist, aber keine Lust hat.

Der beste Tipp: Lassen Sie Ihm Zeit! Die meisten Kindergärten bieten heute sogenannte Schnuppertage an. Ihr Kind kann so vor dem eigentlichen Eintritt in den Kindergarten mehrmals einige Stunden in einer Gruppe verbringen. Solche Schnupperzeiten wirken oft sehr motivierend, deshalb sollten Sie diese Möglichkeit unbedingt nutzen.

Manchmal ist es am Anfang ganz gut, wenn ein Elternteil zunächst mit im Kindergarten bleibt. Andererseits kann es auch recht sinnvoll sein, wenn der Abschied kurz und schmerzlos ist. Entscheiden Sie, je nachdem, wie schüchtern oder zurückhaltend Ihr Kind ist. Wenn es ängstlich ist, sollten Sie besser noch für eine Weile bei ihm bleiben.

Ein Kind, das noch nicht viel Kontakt zu anderen Kindern hatte, sollte eher für zwei bis drei Stunden in eine Nachmittagsgruppe gehen, als bereits vier Stunden lang in die Vormittagsgruppe.

Ganz wichtig ist auch, dass sich Ihr Kind auf Sie als Mutter oder Vater verlassen kann. Holen Sie es zur vereinbarten Zeit wirklich ab, verspäten Sie sich nicht und lassen Sie Ihr Kind nicht warten. Auch wenn im Kindergarten mal etwas vorfallen sollte und Ihr Kind Sie unbedingt sprechen möchte, sollten Sie nach Möglichkeit erreichbar sein und der Kindergärtnerin eine Telefonnummer geben, die sie jederzeit anrufen kann. Das gibt Ihrem Kind die Sicherheit, dass Mama und Papa trotz seiner inzwischen erworbenen Selbstständigkeit für es da sind. Auf diese Weise fühlt es sich geborgen und sicher.

Mamas liebevolle Unterstützung hilft dem Kind, sich an den Kindergarten zu gewöhnen.

## Der Kindergarten – eine freiwillige Unternehmung

Wenn Sie sich dafür entschieden haben, dass Sie Ihr Kind für ein paar Stunden am Tag in den Kindergarten gehen lassen, sollten Sie ihm erklären, dass es dorthin gehen *darf*, jedoch nicht unbedingt *muss*. Vermitteln Sie ihm diese positive Einstellung. Ganz wichtig ist, dass Ihr Kind sich immer darauf verlassen kann, dass Sie es zur ausgemachten Zeit wieder abholen. Denn trotz aller Selbstständigkeit braucht es die Geborgenheit und Sicherheit der Familie.

Lassen Sie Sich am Abend vor dem Schlafengehen von Ihrem Sprössling erzählen, was er tagsüber im Kindergarten erlebt hat. Fragen Sie ihn, was nicht schön war und was ihm ganz besonders gut gefallen hat. So kann er sich – wenn nötig – von einer Last befreien und schläft dann mit guten Gedanken ein.

Falls es nach drei bis vier Wochen immer noch regelmäßig einen tränenreichen Abschied gibt, ist es wahrscheinlich sinnvoller, den Besuch des Kindergartens erst einmal auszusetzen. Sprechen Sie mit der Erzieherin, ob die Möglichkeit besteht, das Kind nach einem halben Jahr erneut zu bringen. Wahrscheinlich war jetzt einfach noch nicht der richtige Zeitpunkt.

## Verschiedene Arten von Kindergärten

Es ist gar nicht so einfach, den passenden Kindergarten zu finden. Da gibt es kirchliche, städtische, soziale und private Träger für Kindergärten. Die einzelnen Einrichtungen haben außerdem unterschiedliche pädagogische Ansätze und Erziehungsstile: Es gibt beispielsweise den Regelkindergarten, den Waldorfkindergarten, den Montessorikindergarten, den Integrationskindergarten, in dem behinderte und nicht behinderte Kinder gemeinsam spielen und lernen, um nur die wichtigsten Arten zu nennen. Nicht immer findet man alle Möglichkeiten an einem Ort. Und nicht jeder Kindergarten ist für jedes Mädchen oder jeden Jungen gleichermaßen gut geeignet. Außerdem sollten Sie nicht außer Acht lassen, dass die Auswahl des Kindergartens auch die nachfolgende schulische Laufbahn ein Stück weit mit beeinflusst. So besuchen beispielsweise viele Kinder aus Waldorfkindergärten später eine Waldorfschule (siehe Seite 72).

## Welcher Kindergarten ist der richtige?

Im Mittelpunkt der pädagogischen Arbeit in Kindergärten steht vor allem die soziale Erziehung, bei der das Kind lernt, in der Gruppe zurechtzukommen und eigenständig zu handeln. Dabei werden mehr oder weniger Strukturen vorgegeben. Die Kleinen sollen lernen, Konflikte auszutragen und ihre Erfahrungen zu verarbeiten. Im Spiel werden bestimmte Fertigkeiten vermittelt, Fantasie und Kreativität angeregt sowie Motorik und Feinmotorik gefördert. So bereitet der Kindergarten die Kinder auch auf die Schule vor.

Um den für Ihr Kind optimal geeigneten Kindergarten zu finden, beantworten Sie sich die folgenden Fragen:

➤ Ist der Kindergarten von Ihrer Wohnung oder Ihrem Arbeitsplatz leicht zu erreichen?

➤ Findet Ihr Kind dort Freunde, die in der Nähe wohnen, sodass es auch außerhalb der Kindergartenzeit mit ihnen spielen kann?

➤ Sind die Öffnungszeiten für Sie günstig? Das ist vor allem dann wichtig, wenn Sie berufstätig sind.

➤ Kann Ihr Kind dort eventuell auch zu Mittag essen, falls das notwendig ist?

➤ Sind die Kosten tragbar? Kommen zum Grundbeitrag möglicherweise zusätzliche finanzielle Aufwendungen auf Sie zu?

➤ Vermittelt der erste Eindruck eine freundliche, kindgerechte und fantasievolle Atmosphäre?

➤ Wie groß sind die Gruppen? Idealerweise sollten nicht mehr als 15 bis 20 Kinder in einer Gruppe von mindestens zwei Erzieherinnen betreut werden.

➤ Wie ist die Ausstattung des Kindergartens? Haben die Kinder drinnen und draußen genügend Platz zum Spielen und Toben?

➤ Gehen die Erzieherinnen individuell auf die einzelnen Kinder ein und behandeln sie alle Kinder gleich?

## Tipp

Die Wahl des Kindergartens ist sehr wichtig. Ihr Kind soll selbst mitentscheiden, in welcher Einrichtung es sich wohl fühlt. Nur dann wird die Zeit außer Haus, weit weg von Mama und Papa, ihm auch guttun.

➤ Haben die Kleinen Rückzugs- und Ruhemöglichkeiten? In den meisten Kindergärten gibt es »Kuschelecken«, in die sich ein Kind jederzeit zurückziehen kann.

➤ Gibt es eine starke Reglementierung des Tagesablaufs oder können die Kinder auch nach ihrem eigenen Rhythmus leben? (Ob Ihr Kind einen strukturierten Tagesablauf braucht oder nicht, wissen Sie als Eltern am besten).

➤ Gibt es die Möglichkeit, frei und unbeobachtet zu spielen?

➤ Fördert der Kindergarten die Kreativität der Kleinen, beispielsweise durch Werken und Basteln mit verschiedenen Materialien, eventuell auch durch eine spielzeugfreie Zeit, in der in der Natur herumgetobt wird?

➤ Ist die Sicherheit der Kinder weitestgehend gewährleistet? Ungesicherte Treppen, Gartenteiche und unbeaufsichtigte Wärmequellen sind Gefahrenzonen!

➤ Und schließlich der wichtigste Punkt: Lassen Sie Ihr Kind mitentscheiden, ob ihm die Atmosphäre in der Einrichtung gefällt. Dazu sollte es sie unbedingt vorher ausgiebig besichtigen.

## Vorschulunterricht – welche Möglichkeiten gibt es?

Viele Kindergärten bieten einen Vorschulunterricht an. Eine hilfreiche Ergänzung oder eine Alternative stellen diverse Vorschulbücher oder entsprechende Computer-Software dar, die die Kinder spielerisch mit Zahlen, Formen und Begriffen oder gar Fremdsprachen vertraut machen.

Ein Tipp: Achten Sie beim Kauf auf unterschiedliche Schwierigkeitsgrade, damit Ihr Nachwuchs seine Fähigkeiten wirklich weiterentwickeln kann. Vor allem beim Kauf von Lernsoftware sollten Sie sich am besten fachlich beraten und gegebenenfalls auch eine Demoversion zeigen lassen. So können Sie feststellen, ob das Lernspiel pädagogisch sinnvoll, gut verständlich und auch vom Alter her für Ihr Kind wirklich geeignet ist. Schreib- und Malübungen trainieren den künftigen ABC-Schützen im richtigen, unverkrampften Halten von Stiften – eine wichtige Voraussetzung fürs Schreiben lernen. Wenn Sie schließlich den geeigneten Kindergarten gefunden haben, sollten Sie einen intensiven Kontakt zur zuständigen Erzieherin halten, sodass Sie die Entwicklung Ihres Kindes weiter hautnah mitverfolgen können und sofort in Kenntnis gesetzt werden, wenn es einmal Probleme gibt. Der Kindergarten ersetzt natürlich nicht die Familie, aber er ergänzt sie hervorragend. Er schafft Ihrem Kind einen zusätzlichen Raum zur Entfaltung und Entwicklung seiner Persönlichkeit.

## Tipp

Kleinen Kindern macht Lernen Spaß. Schaffen Sie deshalb für zu Hause verschiedene Vorschul-Materialien an, die spielerisch das Lesen, Schreiben und Rechnen trainieren. Auch ein Vorschulbuch zum Erlernen einer Fremdsprache wie Englisch darf schon dabei sein.

# Die Zeit in der Schule

## Große Schritte zur geistigen Reife

Endlich ist es so weit! Die Schultüte ist gepackt und aus Ihrem Kindergartenkind wird ein Schulkind. Ein wichtiger und aufregender Schritt für Ihr Kind und ein mit Spannung erwarteter Augenblick auch für Sie als Eltern. »Schulkind sein« bedeutet für Ihr Kind, von nun an zu den »Großen« zu gehören, Lesen, Rechnen und Schreiben zu lernen, Hausaufgaben zu machen und neue Kinder kennenzulernen. Es bedeutet aber auch, Abschied zu nehmen von den alten Freunden aus dem Kindergarten, von den Erzieherinnen und dem bisher gewohnten Tagesrhythmus.

## Wann ist der richtige Zeitpunkt für die Einschulung?

Vor der Entscheidung, Ihr Kind in der Schule anzumelden, steht allerdings die wichtige Frage: Ist es überhaupt schulreif? In Deutschland wird ein Kind mit dem sechsten Lebensjahr schulpflichtig. Abgesehen vom regulären schulpflichtigen Alter, kann ein Kind jedoch schon früher eingeschult werden. Man nennt diese Kinder »Kann-Kinder«.

Daneben ist es auch möglich, das Kind noch ein Jahr von der Schulpflicht befreien, also »zurückstellen« zu lassen (siehe Seite 68). Sie als Eltern können am besten beurteilen, ob Ihr Kind schon fit für die Schule ist. Wenn es neugierig ist, ausdauernd, fantasievoll und mit Freude spielt und Sie das Gefühl haben, er wird im Kindergarten eher unterfordert oder beginnt sich dort zu langweilen, dann ist er sicherlich reif für die Schule. Holen Sie zu dieser Entscheidung auch die Meinungen der Kindergärtnerinnen, des Kinderarztes und der Schule ein. Der Zeitpunkt der Einschulung wirkt sich nämlich oft auf die gesamte Schullaufbahn aus.

## Voraussetzungen für die Schulreife

Die körperlichen Voraussetzungen und die grobmotorischen Fähigkeiten prüft der Kinderarzt. Er untersucht nicht nur den allgemeinen Gesundheitszustand, sondern beispielsweise auch, ob das Kind auf

Der erste Schul-
tag! Für alle
Kinder ein gro-
ßes Ereignis.

einem Bein stehen kann, ob es in der Lage ist, auf den Fersen und Zehenspitzen zu laufen und ob seine körperliche Entwicklung insgesamt seinem Alter entspricht. Was die Feinmotorik betriff, so sollte Ihr Kind in der Lage sein, kleine Muster nachzumalen und komplizierte Figuren auszuschneiden; es kann sich die Schuhe selbst zubinden, sich alleine an- und ausziehen, Knöpfe sowie Reißverschlüsse öffnen und schließen. Im Bereich Konzentrationsfähigkeit, Wahrnehmung und Intelligenz sollte das Kind längere Geschichten verstehen und sie ungefähr wiedergeben können; es kann runde und eckige Figuren unterscheiden und auch malen, zudem sind seine Bilder detailreich. Ein Schul-Kind sollte fähig sein, zu erzählen, was es auf einem Bild sieht, mindestens bis fünf zählen können und in der Lage sein, sich etwa 20 bis 30 Minuten lang auf eine Sache zu konzentrieren. Schließlich werden noch ein gutes soziales Verhalten und eine gewisse emotionale Reife vorausgesetzt. Der Sprössling muss bereit sein, Kontakt zu anderen Kindern aufzunehmen, mit ihnen zu spielen und bei einem Wettstreit auch mal verlieren können; er kann seine Gefühle angemessen ausdrücken und gibt sich relativ selbstsicher.

### Wann sollte ich mein Kind lieber zurückstellen?
Erfüllt Ihr Nachwuchs die oben genannten Voraussetzungen nicht, ist er eher schüchtern und in sich gekehrt, trennt er sich nur schlecht von Ihnen? In diesem Fall ist es wahrscheinlich sinnvoller, wenn Sie

Ihr Kind noch ein Jahr zurückstellen, bis es die nötige Reife hat. Diese wichtige Entscheidung sollten Sie aber nicht alleine treffen, sondern sie mit der Schule, dem Kindergarten oder entsprechenden Beratungsstellen absprechen. Den Antrag auf Zurückstellung eines Kindes füllen dann entweder die Eltern aus oder, wenn sich nach dem Eintritt in die Schule bis Ende November des ersten Schuljahres herauskristallisiert, dass das Kind den Anforderungen doch noch nicht gewachsen ist, die Schule selbst.

## So wird Ihr Kind fit für die Schule

Viel Bewegung, gesunde Ernährung und ausreichend Schlaf sind die besten Voraussetzungen dafür, dass Ihre Tochter oder Ihr Sohn einen guten Start in die Schulzeit haben wird. Ein Kind, das viel draußen spielt und herumtobt, Sport treibt und sich gesund ernährt, ist gut gewappnet, um den Schulstress zu meistern und wird zudem weniger Krankheiten aufschnappen. Wenn Ihr Kind dann noch genug schläft, hat es mehr Kraft, sich auf Neues zu konzentrieren.

Wichtig für einen erfolgreichen Schulstart ist auch ein uneingeschränktes Hör- und Sehvermögen. Lassen Sie Ihren Nachwuchs von einem HNO- und einem Augenarzt untersuchen. Oft wird viel zu spät erkannt, dass das Kind eigentlich eine Brille braucht – und wer nicht deutlich erkennen kann, was an der Tafel steht, der verpasst gerade am Anfang recht viel.

### Gute Vorbereitung: Spielen, Malen und Basteln

Um die Konzentrationsfähigkeit Ihres Kindes spielerisch zu schulen, sind Spiele wie Memory oder Puzzles ideal. Aber auch kreative Tätigkeiten bereiten Ihr Kleines gut auf die schulischen Anforderungen vor. Malen und basteln Sie deshalb viel mit ihm, unterstützen Sie Aktivitäten, bei denen Fantasie gefordert ist. Übrigens: Auch Kochen fordert Ihr Kind dazu heraus, abwechslungsreiche Kreationen zu schaffen und selbstständig zu arbeiten. Weil der Schulstart ein großer Schritt in Richtung Eigenständigkeit ist, sollten Sie Ihrem Kind schon im Vorfeld kleine Aufgaben übertragen, etwa kurze Einkaufsgänge, abendliches Tischdecken, Zimmeraufräumen oder regelmäßiges Ausleeren des Mülls. Wer seinem Kind außerdem viel vorliest, weckt nicht nur seine Neugier auf spannende Geschichten, sondern schafft ihm auch einen Anreiz, möglichst schnell selbst das Lesen lernen zu wollen. Die Einschulung ist übrigens ein guter Zeitpunkt, um Ihrem Kind einen eigenen Büchereiausweis zu besorgen. Aber auch schon vorher lohnt sich für Sie und Ihr Kind ein Besuch in der öffentlichen Bibliothek.

**Tipp**

Packen Sie nicht nur Süßes in die Schultüte. Kinder freuen sich auch über Stifte, ein Kuscheltier, ein Mini-Büchlein oder ein kleines Puzzle.

### Machen Sie Ihr Kind mit der Schule vertraut

Meist können sich die Kinder noch gar nicht vorstellen, was sie in der Schule erwartet. Rollenspiele helfen, die abstrakten Begriffe »Lehrer« und »Schüler« zu konkretisieren. Erzählen Sie Ihrem Kind ab und zu von Ihrer eigenen Schulzeit und kramen Sie gemeinsam in alten Fotos. Fragen Sie es, was es sich unter »Schule« vorstellt. Gerade wenn Sie selbst der Einschulung eher mit gemischten Gefühlen entgegensehen, sollten Sie wissen, wie Ihr Kind darüber denkt. So bekommen Sie einen Einblick in mögliche Ängste, die Sie ausräumen oder zumindest mindern können. Machen Sie ihm Mut, indem Sie ihm erzählen, dass es in der Schule viele neue Freunde kennenlernen wird und viele spannende, neue Dinge lernt. Wenn es sich einrichten lässt, gehen Sie mit Ihrem Kind schon vor Schulstart ins Schulgebäude und laufen Sie mit ihm den Schulweg ab, den es bald alleine gehen wird.

### Die Schulsachen vorher anschaffen

Um seine Hausaufgaben zu machen, ist es für Ihr Kind wichtig, einen eigenen Arbeitsplatz zu haben, an dem es sich wohl fühlt. Gestalten Sie diesen gemeinsam rechtzeitig vor Schulbeginn: Achten Sie auf einen rückenfreundlichen Stuhl und die richtige Sitzhöhe. Suchen Sie außerdem möglichst früh mit Ihrem Kind zusammen den Schulranzen, Federmäppchen, Stifte und Co. aus. Der Ranzen sollte aus robustem, Wasser abweisendem Material bestehen und auch bei

Bringen Sie Ihrem Kind ein paar Verkehrsregeln bei – dann kommt es sicher zur Schule und wieder nach Hause.

schlechtem Wetter oder Dunkelheit gut sichtbar sein. Wählen Sie am besten eine leuchtende Farbe aus. Zudem sollten vorne und an der Seite unbedingt Lichtreflektoren angebracht sein. Um späteren Rückenproblemen vorzubeugen, sollte der Ranzen dem Rücken anzupassen sein und breite, stufenlos verstellbare Schultergurte haben. Sie werden sehen, bei all diesen Einkäufen zeigt Ihr Kind große Vorfreude auf die Schule.

Es ist sinnvoll, dass Sie mit ihm üben, wie es seinen Schulranzen packen kann. Wenn dann die Schule begonnen hat, lassen Sie sich die gefüllte Schultasche während der ersten Wochen am Abend zeigen und sparen Sie nicht mit Lob für die selbstständige Leistung. Kontrollieren Sie gerade am Anfang regelmäßig, ob Ihr Kind auch nichts vergessen hat und nicht womöglich überflüssige Dinge wie schwere Spielsachen oder leere Getränkeflaschen mitschleppt. Im Lauf der Zeit wird es dann ganz alleine seine täglichen Schulvorbereitungen treffen können.

## Was wird in der Grundschule erwartet?

Der Unterricht sieht heute etwas anders aus als noch zu Ihrer Schulzeit oder der Ihrer Eltern. Man legt weniger Wert auf eine korrekte Schreibung, weil man die Schreibbegeisterung der Kinder nicht durch ständiges Anmahnen von Rechtschreibfehlern bremsen möchte. Heute findet man es für Schulanfänger wertvoller, wenn sie erst einmal erkennen, dass sich Laute durch Buchstaben ausdrücken lassen. Zuerst wird Druck-, dann Schreibschrift gelernt, das fördert die Lesefähigkeit und verbessert die Motorik.

## Hausaufgabenstress vorbeugen

Zwingen Sie Ihr Kind nicht, sofort nach dem Mittagessen mit den Hausaufgaben zu beginnen. Ständiger Hausaufgabenstress führt nämlich eher zu Frust. Vielmehr sollte es lernen, die Aufgaben aus eigenem Antrieb zu erledigen. Lassen Sie es deshalb erst abschalten und ein wenig spielen; danach kann es sich wieder besser konzentrieren. Und Ihr Kind hat mehr davon, seine Aufgaben zuerst alleine zu probieren. Am Schluss können Sie sie noch einmal gemeinsam durchgehen. Jetzt sollten Sie helfen, wenn Ihr Kind an einer Stelle nicht weiterwusste, und natürlich dürfen Sie es bei richtig gelösten Aufgaben kräftig loben. Wenn Ihr Sprössling allerdings sehr lange für seine Hausaufgaben braucht, Sie immer wieder als Nachhilfelehrer fungieren und ihm den Stoff erklären müssen, sollten Sie unbedingt mit der Lehrerin oder dem Lehrer über seine Probleme sprechen. Nur so bieten Sie Ihrem Kind auf lange Sicht eine gute Unterstützung.

**Tipp**

Sorgen Sie dafür, dass sich Ihr Kind in jedem Alter viel an der frischen Luft bewegt. Gerade auch für Schulkinder, die sich den ganzen Vormittag lang konzentrieren müssen, ist ein sportlicher Ausgleich sehr wichtig.

# Welche Schule ist die richtige?

Pisa-Studie und die vielen verhaltensauffälligen Kindern sind für manche Eltern ein Grund, für ihr Kind eine alternative Schulform auszuwählen. Sie erhoffen sich davon eine individuellere Förderung seiner Talente und Fähigkeiten. Doch ob staatlich oder privat: Am Ende ihrer Schullaufbahn müssen alle Schüler den gleichen Abschluss, zum Beispiel das Abitur machen. Und wenn sich die gewählte Alternative als ungeeignet erweist, ist der Wechsel zurück in die alte Schulform oft schwierig. Eltern sollten sich also genau informieren, bevor sie sich entscheiden. Viele Schulen bieten Infomaterial in Form von Broschüren oder sogar Videos an. Auch im Internet haben Sie die Möglichkeit, sich ein Bild über das Schulkonzept und bisweilen auch den Lehrplan zu machen. Hier die drei häufigsten alternativen Pädagogik-Konzepte:

**Montessori-Schule:** Hier wird großer Wert auf die selbsttätige Erziehung im frühen Kindesalter gelegt, indem die Kinder viel Raum für freie Entfaltung sowie kreatives Spielen und Lernen bekommen. Das pädagogische Konzept nach

Maria Montessori, einer italienischen Ärztin (1870-1952) besagt, dass »Kinder bereits in sehr frühem Alter zu großer Ausdauer und Konzentration fähig sind, wenn sie sich »frei einem Gegenstand ihres Interesses widmen können«. Außerdem basiert die Montessori-Pädagogik auf dem Gedanken, dass kleine Kinder die natürliche Fähigkeit besitzen, intuitiv und ganzheitlich Umwelteindrücke zu erfassen. Sie begreifen Abstraktes demnach am besten sinnlich - unter anderem durch Montessori-Materialien wie etwa Sandpapierziffern, Geruchsdosen, Stoffkästen und Farbtäfelchen. Es wird altersgemischt unterrichtet, oft werden zwei Klassen oder mehr zusammen-

gefasst. Dadurch lernen die Kinder, sich gegenseitig zu unterstützen. In der »Freiarbeit« können die Schüler selbst bestimmen, wie und was sie mit welchem Lernmaterial wie lange lernen wollen. Selbst wo es lernen möchte - also ob auf oder unter dem Tisch -, darf das Kind frei entscheiden und hat somit ein Recht auf Spontaneität. Die Lehrer dagegen haben die Aufgabe, den Leitsatz der Montessorischulen »Hilf mir, es selbst zu tun« zu erfüllen. Zur Not müssen sie auch einmal unter den Tisch krabbeln, um dem Kind die Aufgaben dort zu erklären. Der Lehrer macht sich also »klein«, damit die Kinder »groß« werden. Er hat die Funktion eines Beobachters, der den Unterricht nicht wie sonst üblich bestimmt, sondern lediglich ein Thema vorstellt. Die Schüler bearbeiten dieses dann allein oder mit anderen Schülern zusammen. Der Lehrer ist stets da, um Fragen zu beantworten. Seine wichtigste Aufgabe besteht jedoch darin, den Kindern Freude am selbstbestimmten Lernen zu vermitteln, um sie so in allen Bereichen zur Selbstständigkeit zu erziehen.

**Waldorf-Schule:** »Zufriedenheit mit einer Unterrichtsstunde sollte einen Lehrer nicht dazu verleiten, sie später zu wiederholen«, so die Worte des promovierten Philosophen Rudolf Steiner (1861–1925), der die Waldorfschulen ins Leben rief. Die erste Waldorfschule wurde 1919 in Stuttgart gegründet. Der Grundgedanke ist vor allem die künstlerische Gestaltung des Unterrichts. Die Waldorfschule umfasst Klasse eins bis zwölf. Keiner bleibt sitzen, dafür werden die Kinder mit ausführlichen Textzeugnissen beurteilt. Neben der künstlerischen Förderung (die Schüler arbeiten mit selbst gebastelten Epochenheften anstatt mit Lehrbüchern) ist die Verbindung von allgemeiner und beruflicher Bildung von großer Bedeutung. In der Mittel- und Oberstufe tragen handwerklicher Unterricht sowie Betriebs- und Sozialpraktika zu einer lebensnahen Orientierung bei. Die Schüler beschäftigen sich über mehrere Wochen hinweg intensiv mit einem Stoffgebiet, um schließlich zum nächsten überzugehen. Ziel ist eine ganzheitliche, das heißt geistige, körperliche und seelische Förderung und eine breite Allgemeinbildung. Die Lehrer sind angehalten, für die verschiedenen Charaktere der Kinder eine Sensibilität aufzubauen und diese in den Unterricht mit einfließen zu lassen. Die Lehrer sollen die Schüler auch »innerlich« begleiten (menschenbildende Wirkung des Unterrichts). Hier ist es wichtig, immer wieder neue Sichtweisen mit den Schülern zu erarbeiten und so Spannung aufzubauen, die gemeinsam bearbeitet wird. Nach dem Motto »Lernen durch Tun« wird in Waldorfschulen das Schreiben vor dem Lesen gelernt.

**Landerziehungsheim/ Internat:** Das erste Landerziehungsheim gründete der Reformpädagoge Hermann Lietz im Jahre 1898. Diese Schule mit angegliedertem Internat sollte »der Seelenlosigkeit von Massenbetrieben« entgegenwirken und die Persönlichkeit der Schüler bilden und stärken. Mittlerweile gibt es eine Vielzahl solcher reformpädagogisch geführter Internatsschulen. Sie liegen meist in idyllischen Landschaften, was die Schüler motivieren soll, mit der Natur und ihren Ressourcen bewusst umzugehen. Außerdem wird darauf geachtet, dass die Kinder Lebenskompetenz erwerben sowie ihre Stärken, Talente und Begabungen ausprobieren: Neben dem Unterricht in den klassischen Schulfächern gibt es ein breit gefächertes Angebot, etwa Töpfern, Theater, Silberschmieden, Schreib- und Malwerkstatt, Modellbau, Schlosserei, Schreinerei und vieles mehr. Auch Musizieren und regelmäßiger Sport sind fester Bestandteil der Internatserziehung.

Die Landerziehungsheime sollen für die jungen Menschen zu einem zweiten Zuhause werden. Sie leben dort mit den Lehrern in Heimfamilien eng zusammen.

# Die Zeit als Teenager

## Vom Kind zum Erwachsenen

Wohl kaum eine Phase ist für Eltern so anstrengend und nervenaufreibend wie die Pubertät ihrer Kinder. Die fühlen sich verunsichert und häufig, als seien sie »nicht Fisch und nicht Fleisch«. Sie leiden unter Stimmungsschwankungen, sind mal himmelhochjauchzend, mal zu Tode betrübt. Überall lauern Konflikte, ständig gibt es Ärger. Die Eltern verstehen ihre Kinder nicht mehr und umgekehrt. Einerseits ist da noch das Bedürfnis nach der vertrauten Atmosphäre kindlicher Sorglosigkeit, andererseits drängt die Halbwüchsigen alles zum Aufbruch, zur Loslösung vom Elternhaus, zu Unabhängigkeit und Selbstbestimmtheit. Dieses Aufbrechen ist für beide Seiten – für die Eltern wie auch für das Kind – ein schmerzhafter, krisenreicher Prozess. Vor allem Mütter tun sich oft schwer, ihr Kind loszulassen und zu akzeptieren, dass nun die Ära des Kindseins zu Ende geht und eine neue Zeit voller Sehnsucht des Kindes nach Losgelöstheit und Selbstständigkeit beginnt.

Aber auch Väter können mit dem plötzlichen Freiheitsdrang des Sohnes oder der Tochter oft nur schwer umgehen und versuchen, diesem durch Vorschriften, Regeln und Sanktionen Einhalt zu gebieten. Das funktioniert aber nicht, sondern es provoziert – im Gegenteil – nur noch stärker die Ablehnung des Teenagers: Der sieht seine Eltern als lebende Verbotsschilder, und mit einer Mischung verschiedenster hochexplosiver Gefühle, mit Zornesausbrüchen, Depressionen und Angst versucht er, sich zu befreien, seinen eigenen Weg zu finden und sich nach und nach der elterlichen Kontrolle zu entziehen. Oft scheint es, als hätte das pubertierende Kind alles verlernt, was die Eltern ihm in jahrelanger, mühevoller Erziehungsarbeit beigebracht haben: Anstand, Respekt, Höflichkeit, Pünktlichkeit, Fleiß, Ordnung, einen normalen Umgangston – alles plötzlich Fremdworte! Sohn oder Tochter sind wie ausgewechselt, und nicht nur im Familienkreis, sondern auch in der Schule, mit Freunden und Lehren kommt es plötzlich häufig zu Konflikten. Wie Sie als Eltern auf dieses Verhalten am besten reagieren, lesen Sie ab S. 78.

**Tipp**

Die Pubertät ist eine turbulente Zeit, in der Sie Nervenstärke zeigen müssen. Bleiben Sie gelassen, nehmen Sie die Berg- und Talfahrten nicht zu ernst und begleiten Sie Ihr Kind mit dem Vertrauen, dass es seinen Weg schon finden wird.

Bis über beide
Ohren verliebte
Teenager haben
oft für nichts
anderes mehr
Sinn als für
ihre Beziehung.

## Turbulente Zeit: die erste Liebe

Besonders dramatisch entwickelt sich die Situation häufig, wenn auf
einmal die erste Liebe vor der Tür steht. Der Verehrer der Tochter
oder die Freundin des Sohnes können den Familieneklat in kürzester
Zeit auf die Spitze zu treiben. Jetzt funktioniert gar nichts mehr: Die
Türen werden geknallt, die Kommunikation erlischt vollständig, und
jede noch so harmlose Frage oder zaghafte Bitte von Seiten der Eltern führt unmittelbar in die Eskalation.
Was ist passiert? Die Antwort ist ganz einfach: Zwei Teenies haben
sich verbündet, und getreu dem Motto »gemeinsam sind wir stark«
ziehen die beiden den Ablöseprozess nun noch vehementer durch.

## Veränderungen in der Pubertät

Die erwachende Sexualität spielt eine ganz entscheidende Rolle
während der Pubertät: Geschlechtshormone werden gebildet und
lösen bei Ihrem Kind zahlreiche körperliche, seelische und geistige
Veränderungen aus.

### Körperliche Veränderungen

Die erste Schambehaarung zeigt sich, die Achselhaare fangen an
zu sprießen. Bei den Jungen wachsen Penis und Hoden, bald sieht
man am Kinn den ersten Bartflaum, dann rutscht die Stimme in
den Keller.

## Tipp

Die starken körper-
lichen Veränderun-
gen während der
Pubertät wie etwa
eine ausgeprägte
Akne können Ihr
Kind sehr verunsi-
chern. Nehmen Sie
ärztliche Hilfe,
beispielsweise bei
einem Dermatologen
in Anspruch, um
Ihrem Kind die
Situation zu er-
leichtern.

Bei den Mädchen bildet sich die Brust, und mit durchschnittlich 13 Jahren kommt die erste Regelblutung.

Nichts ist mehr wie es war, Körper und Seele befinden sich im Umbruch, es scheint alles durcheinandergeraten zu sein, nichts passt mehr zusammen. Denn typischerweise wächst der Körper eines Pubertierenden nicht wohlproportioniert und harmonisch. Oft wachsen Hände und Füße, Arme und Beine der männlichen Teenager rascher als der Rumpf. So wirken die jungen »Männer« zunächst noch schlaksig, hochgeschossen und ungelenk.

Auch die Haut verändert sich: Es zeigen sich die ungeliebten Pickel, der Teint wirkt unrein. Die sogenannte Pubertätsakne macht vielen Jugendlichen sehr zu schaffen. Sie raubt ihnen das Selbstwertgefühl, da ihnen gerade in diesem Alter das äußerliche Erscheinungsbild extrem wichtig ist. Auch an der Haaren zeigen sich die hormonellen Veränderungen: Sie werden schneller fettig und müssen umso häufiger gewaschen werden.

### Das Gehirn wird zur Baustelle

Das Gehirn eines pubertierenden Teenagers unterliegt ebenfalls – so haben wissenschaftliche Studien ergeben – dramatischen Veränderungen. Der amerikanische Psychiater Jay Giedd hat beispielsweise entdeckt, dass während der Pubertät neue Nervenverbindungen geknüpft werden, dafür aber bereits bestehende Leitungen zwischen Nervenzellen wieder verschwinden. So wird das Gehirn regelrecht zur Baustelle, und im neuronalen Netzwerk, das für die gesamten intellektuellen und emotionalen Leistungen verantwortlich ist, finden eingreifende Umstrukturierungen statt. Vor diesem wissenschaftlichen Hintergrund ist es nicht verwunderlich, dass die Reaktionen und Verhaltensmuster eines 13- oder 14-Jährigen oft schlichtweg nicht mehr nachvollziehbar sind. Auch die große Verunsicherung, die schwankenden Gefühle, die Impulsivität und die Aggressionen, die Entscheidungsschwäche sowie die Konzentrationsstörungen und Lernprobleme lassen sich zumindest teilweise auf diesen neuronalen Umbauprozess zurückführen.

Dass »normale« Gespräche mit einem Teenie nicht mehr möglich sind, dass sich seine Antworten auf drei oder vier sparsame Floskeln wie »hä«, »nö«, »weiß nicht« oder »jetzt nerv mich nicht« reduzieren, könnte ebenfalls mit diesen Veränderungen zusammenhängen. Psychologen erklären dieses Phänomen so, dass die Pubertierenden oft wie in einem Kokon leben und gar nicht in der Lage sind, Signale aus der Umwelt richtig aufzunehmen und zu verstehen, eben weil ihr Gehirn die entsprechenden Empfangsstellen dafür nicht bereithält.

Die Neugier auf das andere Geschlecht, gekoppelt mit den ersten sexuellen Regungen, verunsichern die jungen Menschen einerseits, andererseits lösen sie auch Aggressionen und eine Abwehrhaltung aus. Die Pubertierenden wollen jetzt ihrem Umfeld demonstrieren, dass sie keine Kinder mehr sind: Sie lehnen sich gegen alles auf, widersetzen sich den Anweisungen der Erwachsenen, streiten mit ihnen und lassen sich nicht mehr dreinreden. Ihre Opposition drücken die Jugendlichen auch gern durch ein auffallendes Äußeres aus: Sie tragen eigenwillige Frisuren, sprechen ihre eigene Sprache und ihre Kleidung ist unkonventionell und schräg.

## Sehnsucht nach der schwindenden Kindheit

Einerseits streben Teenager also nach Freiheit, Unabhängigkeit und Selbstbestimmtheit, andererseits aber sehnen sie sich insgeheim nach den unbeschwerten Kindertagen zurück, in denen sie sich bei Mutter und Vater gut aufgehoben fühlten. Bei dem Gedanken an die »verlorene Kindheit« überkommt sie immer wieder eine tiefen Melancholie; so werden die nach außen hin rau, frech und schon recht selbstständig scheinenden Kinder plötzlich wieder sehr anlehnungsbedürftig und suchen Geborgenheit in den Armen von Mama und Papa, oder sie flüchten zu den Großeltern, bei denen sie sich Trost und Zuwendung erhoffen.

> Bleiben Sie locker, auch wenn das äußere Erscheinungsbild Ihres Kindes jetzt vielleicht sehr befremdlich ist.

## Pubertät als Eltern meistern

Für viele Eltern ist die Zeit der Pubertät Ihres Kindes eine sehr schwierige Phase. Sie fühlen sich hilflos und fragen sich, wie sie jetzt mit ihrem Nachwuchs umgehen sollen. In seinem sehr humorvollen und teils autobiographischen »Überlebenshandbuch für Eltern« mit dem Titel »Der Pubertist« rät Helmut Schümann, Journalist und leidgeprüfter Vater, tief durchzuatmen und die Nerven zu bewahren.

Für die Heran-
wachsenden sind
positive Vorbil-
der besonders
wichtig.

Manchmal könne Pädagogik helfen, selten Strenge, feine und hintersinnige Tricks würden den einen oder anderen Tag retten. Das Wirksamste sei aber ein gesunder Stoizismus und die Hoffnung, dass die Hormonattacke beim Sprössling irgendwann nachlässt …

In dieser Zeit der Krise und Wandlung sind vor allem Gelassenheit und Verständnis gefragt. Halten Sie sich vor Augen, dass der Übergang von der Kindheit in die Welt der Erwachsenen grundsätzlich von Konflikten begleitet ist und dass diese Konflikte ganz normal, ja sogar wichtig und notwendig für die Entwicklung Ihres Kindes sind. Denn ihre Bewältigung und Überwindung trägt ganz entscheidend zur menschlichen Selbstfindung und zum Entdecken seiner Rolle in der Gesellschaft bei.

**Freiraum und gleichzeitig Halt geben**

Die Umsturzphase der Pubertät setzt einen Reifeprozess in Gang, der die Wandlung zu einer gefestigten und autonomen Persönlichkeit möglich macht. Am besten erinnern Sie sich an Ihre eigene Pubertät, daran, wie Sie sich damals gefühlt haben und welche Probleme Sie mit Ihren Eltern hatten. Das erleichtert Ihnen den Umgang mit Ihrem Teenie bestimmt. Nehmen Sie seine Angriffe nicht persönlich. Hegen Sie keinen Groll, weil Ihre Autorität nun immer mehr schwindet. Bleiben Sie offen für seine Gefühle und Bedürfnisse. Geben Sie ihm sowohl den nötigen Freiraum, aber auch den Halt, den er jetzt doch noch so häufig braucht. Lassen Sie ihn los, aber zeigen Sie ihm, dass Sie immer für ihn da sind. Die folgenden Tipps können Sie darin unterstützen.

**Die besten Tipps für Teenager-Eltern**

➤ *Bleiben Sie im Gespräch*
Auch wenn es schwer ist: Versuchen Sie, mit Ihrem Kind im Gespräch zu bleiben. Kochen Sie ihm sein Lieblingsessen und setzen Sie sich gemütlich zusammen. Aber fragen Sie nicht zu viel und akzeptieren Sie auch kurze Antworten.

### ➤ Akzeptieren Sie schlechte Laune

Ihre Tochter oder Ihr Sohn erlebt im Moment eine hormonelle Berg- und Talfahrt. Thematisieren Sie ihr/sein launisches Verhalten nicht dauernd, akzeptieren Sie es, denn es geht auch wieder vorbei.

### ➤ Bewerten Sie körperliche Veränderungen nicht

Machen Sie nicht den Fehler, dass Sie über Pickel im Gesicht, über ein rasantes Wachsen des Busens oder des Barts spötteln, vielleicht, weil Sie selbst unsicher sind. Das nimmt Ihrem Nachwuchs das Zutrauen zu Ihnen, und er verschließt sich womöglich ganz.

### ➤ Suchen Sie nach Lösungen

Wenn es Probleme gibt, sprechen Sie mit Ihrem Kind. Vermeiden Sie dabei aber Sätze, die mit »wenn du ...«, oder »ich kann dir nur raten ...« beginnen. So etwas ruft allenfalls Trotz hervor. Sagen Sie vielmehr »wenn ich an deiner Stelle wäre, würde ich ...«. Damit signalisieren Sie Ihrem Kind, dass Sie versuchen, sich in seine Situation hineinzuversetzen. Akzeptieren Sie aber auch, dass Ihr Kind seine eigenen Erfahrungen machen möchte und Ihren Rat nicht annimmt.

### ➤ Tolerieren Sie den Modegeschmack

Wenn sich Ihre Tochter oder Ihr Sohn jetzt auffällig und extrem extravagant kleidet, dann gönnen Sie ihr/ihm dieses Vergnügen. Ist die Kleidung jedoch zu freizügig, sollten Sie vorsichtig eingreifen, etwa indem Sie andeuten, dass die Bluse oder der kurze Rock in der Schule auf Lehrer und Mitschüler zu aufreizend und provozierend wirken könnte.

### ➤ Zeigen Sie Interesse

Nehmen Sie teil am Leben Ihres Kindes. Sie müssen deswegen nicht alles akzeptieren, Sie dürfen Ihre Meinung zu Dingen, die Ihnen nicht gefallen, ruhig sagen. Ihr Kind soll wissen, was Sie denken. Wenn Ihnen der neue Freund oder die Freundin nicht gefällt, muss das ja nicht gleich zum Hausverbot führen.

### ➤ Unterstützen Sie Ihr Kind

Es soll freie Auswahl haben, wenn es um Hobbys und sonstige Interessen geht. Sie als Eltern dürfen sich da nicht einmischen, sondern überlassen Sie Ihrem Kind, ob sie/er lieber Fußball spielen, Reiten oder japanisches Bogenschießen lernen möchte. Berücksichtigen Sie dabei immer, dass es das Hobby Ihres Kindes ist und es damit glücklich sein soll.

## Tipp

Lassen Sie Ihrem Teenager so viel Freiraum wie möglich und setzen Sie ihm nur so viele Grenzen wie nötig. Wenn er aggressiv wird, sollten Sie das nicht persönlich nehmen – er steckt mitten in einer Umbruchphase und fühlt sich oft innerlich zerrissen und unsicher.

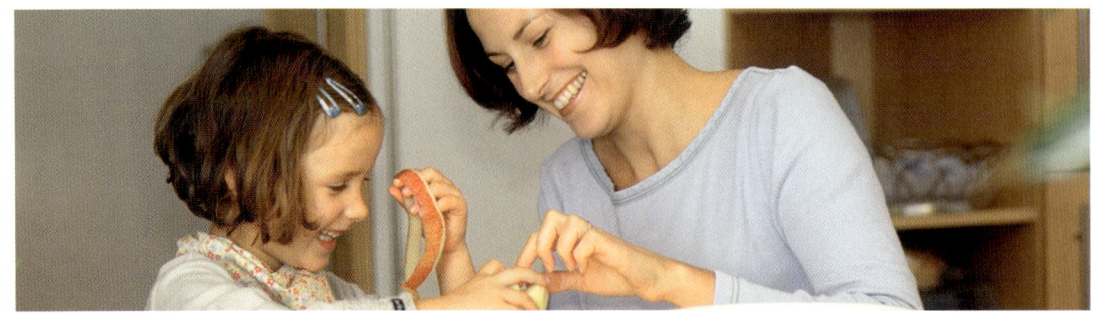

# Spannende Erziehungsfragen

Essen, Schlafen, Sauberwerden,
Regeln einhalten – klassische
Erziehungsthemen, die Mütter
und Väter seit Generationen bis
heute beschäftigen. Wir bieten
praktische Tipps und Lösungen.

# Mein Kind will nicht richtig essen

Dass ein Kind gesund ernährt wird und alle wichtigen Bausteine fürs Wachsen und Gedeihen bekommt, ist ganz entscheidend für seine positive Entwicklung. Richtig und gesund zu essen muss allerdings gelernt werden, und zwar von Anfang an. In punkto Ernährungsverhalten hat das Elternhaus eine prägende Rolle. Aber auch Kindergarten und Schule sind gefordert, wenn es darum geht, das Fundament für eine lebenslang gesunde Ernährungsweise zu legen. Diese im Alltag konsequent umzusetzen, ist jedoch leichter gesagt als getan. Das wissen Sie als Eltern bestimmt aus eigener Erfahrung. Während sich die Ernährung eines Babys meist noch recht unproblematisch gestaltet, wird es ab einem Alter von zwei, drei Jahren schon schwieriger. Nicht nur die typischen Mäkeleien wie »bäh, mag ich nicht«, »ich will Spaghetti!« oder »ess' ich nicht« können die tägliche Ernährung zum Stresserlebnis werden lassen. Auch das Thema Süßigkeiten und Fastfood nimmt heute einen immer größeren Raum ein, da die Kinder von ihren Freunden im Kindergarten, von größeren Geschwistern, beim Einkaufen im Supermarkt und durch die Werbung reichlich inspiriert werden.

Auf der einen Seite gibt es die guten Vorsätze, dem Nachwuchs jeden Tag frische, abwechslungsreiche, vitalstoffhaltige Mahlzeiten zu bieten, auf der anderen Seite lauern überall die Verführer in Form von Schokoriegeln, Gummibärchen, Pommes und Burgern. Viele Kinder weigern sich beharrlich, auch nur ein Salatblatt oder eine Tomatenscheibe zu essen und bestehen dafür umso hartnäckiger auf ihrem Leib- und Magengericht - zumeist Pasta oder Pizza.

## Stress am Tisch muss nicht sein

Wahrscheinlich bleiben auch Ihnen solche Probleme nicht erspart, denn die pflegeleichten Kinder, die brav essen, was auf den Tisch kommt, bilden eher die Ausnahme. Dafür sind die kleinen Nörgler

## Tipp

Dass ein Kind keine Probleme mit dem Essen macht, ist eher die Ausnahme. Aber keine Sorge: Ein gesundes Kind isst, wenn es Hunger hat, und die meisten Schwierigkeiten verlieren sich mit der Zeit von alleine wieder.

und Naschkatzen umso zahlreicher. Aber Sie brauchen nicht zu verzweifeln. Es gibt zwar keine allgemein gültigen Patentrezepte, aber eine ganze Menge Tipps und Tricks, um Ihrem Nachwuchs gesundes Essen schmackhaft zu machen. Auch ein paar frühzeitig eingeübte Verhaltensregeln bei Tisch helfen, das Familienthema »Ernährung« harmonischer und stressfreier abzuhandeln. Oft reichen schon wenige kleine Änderungen der Gewohnheiten im Alltag, eine kleine Umstellung in der Menge, ein paar neue Rezepte, die den Gaumen Ihres Kindes anregen – und auf einmal wird alles besser. Mehr dazu lesen Sie ab Seite 93. Trotzdem sollten Sie sich den per-

sönlichen, nicht ganz so gesunden Wünschen und Vorlieben Ihres Kindes nicht völlig verschließen und ihm auch hin und wieder einen Ausflug ins nächste Fastfood-Restaurant gönnen. Essen Sie dort zusammen, denn solange Sie nicht selbst ausprobiert haben, wie der Cheeseburger oder die Chicken Nuggets schmecken, können Sie nicht wirklich mitreden.

Zwischendurch ein leckerer Burger hat noch keinem Kind geschadet. Es sollte jedoch nicht täglich Fastfood geben.

## Typische Essprobleme: Mein Kind isst zu wenig

Egal was seine Mutter ihm vorsetzt, der fünfjährige Lukas isst immer nur Miniportionen, manchmal lässt er seinen Teller sogar vollkommen unberührt. Selbst mit seinem Lieblingsgericht, Spaghetti mit Tomatensoße, ist er oft nicht zu locken. Entsprechend dünn und schmal kommt er daher, wirkt schmächtig. Trotzdem ist Lukas ein lebhafter, aufgeweckter Junge. Er geht gerne in den Kindergarten, hat keine Schwierigkeiten mit seinen Freunden und spielt und tobt voller Freude mit ihnen herum. Tatsächlich kommt es bei Kindern häufig vor, dass sie nur wie ein Spatz essen: Ein Happen Brot und ein Scheibchen Käse oder Wurst oder eine halbe Kartoffel und ein winziges Stück Fleisch scheinen auszureichen, damit sie satt sind. Eltern solcher Mini-Esser machen sich verständlicherweise Sorgen, Sie fürchten um die gute, altersgerechte Entwicklung ihres Kindes und meinen, sein kleiner Körper bekäme nicht ausreichend Nähr-

und Vitalstoffe, um zu wachsen. Aber: Wenn ein sehr schlankes Kind, das wenig isst, gesund ist, also keine körperlichen Auffälligkeiten zeigt und auch nicht blass oder krank wirkt, brauchen Sie keine Bedenken zu haben. Denn ein gesundes Kind isst, wenn es Hunger hat. Vertrauen Sie einfach der natürlichen Eigenregulation des Körpers von Hunger- und Sättigungsgefühl.

### Ganz individuell: die körperliche Konstitution

Es gibt viele Kinder, die völlig normal essen, aber trotzdem sehr schmächtig sind. Das hat etwas mit ihrer körperlichen Konstitution zu tun. Ihr Gewicht ist von Natur aus festgelegt und lässt sich durch die Essensmenge nur unwesentlich beeinflussen. Oft meinen die Eltern von sehr schlanken Kindern, dass sie zu wenig essen, und sie wollen sie dann zwingen, mehr Nahrung zu sich zu nehmen. Das würde die Situation auch nicht ändern, denn selbst wenn das Kind mehr Kalorien zu sich nimmt, bringt es aufgrund seiner Konstitution trotzdem das gleiche niedrige Gewicht auf die Waage. Durch Zwang zum Essen nimmt man einem Kind die Freude am Genuss und bewirkt eher das Gegenteil von dem, was man sich erhofft: Es hat noch weniger Lust auf Essen und ist zudem frustriert. Außerdem gibt es keine wissenschaftlichen Belege dafür, dass ein niedriges Gewicht, das sich an der unteren Normgrenze bewegt, ein Risiko für die Gesundheit darstellt. Das gilt jedoch nur, wenn ein Kind ausgewogen und vollwertig ernährt wird. Davon deutlich zu unterscheiden sind Ess-Störungen wie Magersucht (Anorexie) und Ess-Brech-Sucht (Bulimie), zwei Krankheitsbilder, die ab Seite 218 genauer beschrieben werden.

**Tipps für Schmalhänschen:**

Motivieren Sie Ihr Kind so geschickt zum Essen, dass es Freude daran bekommt und die gemeinsamen Mahlzeiten als echten Genuss und geselliges Vergnügen ansieht. Kochen Sie mit ihm zusammen leckere, fantasievolle Rezepte. Wenn es beispielsweise an der Zubereitung seines Lieblingsgerichts mitbeteiligt ist, macht es ihm noch mehr Freude, es dann den übrigen Familienmitgliedern zu servieren. Achten Sie außerdem darauf, dass sich Ihr Kind jeden Tag an der frischen Luft bewegt. Wenn es körperlich aktiv war, hat es nämlich mehr Hunger. Außerdem liefern bestimmte, ganz gezielte Nahrungsergänzungen wie etwa Multivitaminpräparate aus der Apotheke und naturreine Multivitaminsäfte dem kleinen Körper wichtige Nähr- und Vitalstoffe und geben ihm Energie.

## Mein Kind isst zu viel

Gegen überschüssige Pfunde kämpfen nicht nur Erwachsene, sondern auch immer mehr Kinder. Jedes sechste Kind im Grundschulalter gilt als übergewichtig, Tendenz steigend. Dabei ist der Speck oft gar nicht nur durch Süßigkeiten und Fastfood angefuttert, die eine große Rolle spielen, wenn es um Fehlernährung von Kindern geht (siehe Seite 87). Viele der dicken Kinder haben, so wie die neunjährige Miriam, einfach zu viel Spaß am Essen, alles schmeckt ihnen und sie wollen gar nicht aufhören zu futtern. Egal was auf den Tisch kommt, Miriam hat immer großen Appetit und genießt alle Mahlzeiten. Außerdem verdrückt sie oft riesige Portionen. Das hat sie sich von ihrer Mutter abgeschaut, die ebenfalls gerne isst, was man ihr deutlich ansieht. Natürlich ist auch Miriam zu dick. Auf der Gewichtskurve liegt sie mindestens sieben Kilo über dem Normalgewicht.

Nur in den seltensten Fällen sind Stoffwechselstörungen an Übergewicht schuld. Stattdessen verbergen sich falsche Lebens- und Ernährungsgewohnheiten dahinter, die häufig – wie auch in Miriams Fall – von den Eltern auf die Kinder übertragen werden. Kein Wunder also, wenn vor allem Kinder aus Haushalten, in denen die modernen ernährungswissenschaftlichen Erkenntnisse noch nicht Einzug gehalten haben, zu viele Kilos auf die Waage bringen. Die Eltern haben in ihrem Ess- und Ernährungsverhalten Vorbildfunktion. Wenn also auf deren Tellern täglich sehr große Portionen dick machender Speisen landen, werden sich auch die Kinder an diesen Nahrungsmitteln satt- oder gar überfuttern.

**Tipp**

Auch wenn Sie selbst nicht gerade schlank sind und meinen, Ihr Kind hätte das Dicksein von Ihnen geerbt, sollten Sie nicht resignieren. Mit gesunder Ernährung und Sport lässt sich nämlich viel verändern.

## Zu wenig Bewegung macht dick

Hinzu kommt oft noch ein Mangel an Bewegung. Anstatt draußen herumzutoben, Fangen und Verstecken zu spielen und dabei reichlich viele Kalorien zu verbrennen, sitzen viele Kinder täglich mehrere Stunden vor dem Fernseher oder Computer.

Die Fachwelt ist sich zwar einig, dass eine gewisse »genetische Disposition«, also eine erbliche Veranlagung, weitgehend darüber entscheidet, ob ein Kind dick oder dünn ist, aber dieses Wissen sollte Ihnen als Eltern nicht den Mut nehmen. Geben Sie nicht auf und sagen Sie keinesfalls, »das ist so, wie es ist, wir können nichts daran ändern«. Das Gewicht Ihres Kindes lässt sich nämlich sehr wohl beeinflussen, auch wenn Sie selbst zu viele Kilos auf die Waage bringen und meinen, diese Veranlagung zum Dicksein Ihrem Kind vererbt zu haben. Je rascher Sie damit beginnen, einen gesunden Ernährungsweg einzuschlagen, desto besser ist das für die Gesundheit Ihres Kindes. Fangen Sie am besten gleich an und essen Sie gezielter und bewusster - Ihrer eigenen Gesundheit und der Ihres Kindes zuliebe! Hierzu können Sie sich in Broschüren und Ratgebern sowie im Internet informieren, beispielsweise bei der Deutschen Gesellschaft für Ernährung (Adresse siehe Anhang),

Regelmäßige Bewegung macht Ihr Kind fit und beugt Übergewicht vor.

**Tipps für kleine Pummelchen:**

Radikaldiäten, Crashkuren oder gar Verbote sind für Kinder, die zu viel und gerne essen, auf keinen Fall das richtige Mittel, um ihr Gewicht zu senken. Nur eine Änderung der Ernährungsgewohnheiten kann dauerhaft zur Regulierung von Übergewicht führen (siehe Seite 93, Goldene Regeln). Am besten zieht die ganze Familie mit, damit das Ganze auch erfolgreich ist. Schließlich sind Sie als Eltern ein wichtiges Vorbild für Ihr Kind, vor allem wenn es noch klein ist, und Sie müssen mit gutem Beispiel vorangehen. Auch regelmäßige Bewegung sollte ab sofort auf dem Programm stehen. Wie jeder weiß, baut der Körper bei sportlicher Aktivität Fett ab und Muskulatur auf. Außerdem wird der Stoffwechsel angekurbelt, was zu einer besseren Verbrennung von Kalorien führt (siehe Seite 95).

## Mein Kind isst zu viel Süßes und zu viel Fastfood

Wieder einmal stochert der siebenjährige Nicolas lustlos im liebevoll zubereiteten Essen herum. »Keinen Hunger, schmeckt nicht«, murmelt er vor sich hin und schiebt den Teller mit einer schön angerichteten Portion Lachsfilet mit Wildreis und Karottengemüse genervt zur Seite. Die Mutter geht davon aus, dass sich ihr Sohn wie schon so oft kurz vor dem Essen mit Süßigkeiten, vielleicht auch noch mit einer Tüte Pommes vom Schulkiosk, vollgestopft und deshalb keinen Hunger mehr hat.

So wie ihr geht es unzähligen Müttern und Vätern, und kaum ein Thema liefert in der Auseinandersetzung zwischen Eltern und Kindern so viel Zündstoff wie der Konsum von Süßigkeiten und Fastfood. Warum klaffen die Ernährungsvorstellungen der Kleinen und Großen so weit auseinander? Warum stehen Hamburger, Pommes, Gummibärchen und Schokoriegel bei Kindern so hoch im Kurs und laufen jedem noch so schön angerichteten Salat- oder Gemüseteller ohne Probleme den Rang ab?

### Fastfood: gesellschaftlich anerkannt

Ein wichtiger Faktor ist die Prägung durch die Umwelt: »Nahrungsmittel haben ein gesellschaftliches Image«, so der Ernährungsexperte Prof. Volker Pudel, und das werde maßgeblich durch die Werbung geprägt, aber auch durch die Freunde in Kindergarten und Schule. Man ist, was man isst. Das gilt für Erwachsene wie für Kinder. So wie wir etwa einen köstlichen Krabbencocktail, ein knusp-

**Tipp**

Sie werden sicher nicht verhindern können, dass Ihr Kind öfter mal nascht. Ein Stück weit können Sie aber den Konsum von Süßem lenken, beispielsweise indem Sie Ihrem Kind gesündere Vollkornkekse oder Müsliriegel als Pausensnack mitgeben.

riges Schnitzel oder einen guten Wein als besonders lecker empfinden, genießen Kinder beispielsweise Cola, Pizza oder Big Mac mit
großer Freude. Diese Nahrungsmittel sind in der Welt der Kleinen
sozial sehr anerkannt, weil sie von der Werbung mit positiven Helden besetzt und in der Gemeinschaft, in Kindergarten und Schule,
sehr »in« sind.

## Gute Vorbilder nützen nur bedingt

Eltern, Großeltern, andere Verwandte und Freunde geben der Nahrung, die sie zu sich nehmen, eine besondere Bedeutung, weil Sie
Kindern als Vorbilder dienen und die Kinder ihre Essgewohnheiten
nachahmen. Doch selbst wenn Eltern sich an die ernährungswissenschaftlichen Empfehlungen halten, wenn sie gesund essen, viel
frisches Gemüse, Obst und Salat zu sich nehmen und nicht mit
Chipstüte und Coladose abends vor dem Fernseher sitzen, ist ihre
Vorbildfunktion eingeschränkt. Denn die Kinder essen nicht nur zu

### Tipps für kleine Naschkatzen:

Der wichtigste Grundsatz für den Umgang mit Fastfood und Süßigkeiten lautet: Sprechen Sie keine Verbote aus! Gewähren Sie
Ihrem Kind stattdessen einen maßvollen Konsum und legen Sie
mit ihm bestimmte Regeln fest. Sprechen Sie mit ihm beispielsweise ab, was in den nächsten Tagen auf den Tisch kommt. Natürlich darf es auch selbst vernünftige Vorschläge einbringen, und
am Wochenende geht es dann zu McDonald's oder Burger King.
Außerdem kann es im Haushalt ruhig eine bestimmte Menge an
Süßigkeiten geben, sodass Ihr Kind sich das, was es besonders
gerne mag, nicht heimlich beschaffen muss. Nach dem Essen darf
es dann eine wohldosierte Menge davon naschen.
Es ist auch nicht schlimm, wenn Ihr Kind zu bestimmten Anlässen,
beispielsweise bei einem Kindergeburtstag, einmal nach Herzens-
lust schlemmt. Und falls es ihm dann schlecht wird, ist das eine
wichtige Erfahrung, die ihm hilft, das nächste Mal besser Maß zu
halten. Ernährungsexperten wie Prof. Pudel nennen diese Vorge-
hensweise »flexible Kontrolle statt rigider Verbote«. Setzen Sie
Süßigkeiten nicht als Belohnung ein. Gerade wenn das in frühem
Kindesalter passiert, birgt das das Risiko, dass Ihr Kind lernt, Süßigkeiten mit positiven Erfahrungen zu verbinden und als Trost-
pflaster bei Kummer oder Stress zu konsumieren. Gehen Sie selbst
außerdem maßvoll mit Süßigkeiten und Fastfood um.

Hause, sondern auch im Kindergarten, in der Schule, bei Freunden und in anderen Familien. Und je älter sie werden, je selbstständiger sie über ihr Taschengeld verfügen können, desto mehr entziehen sie sich der elterlichen Kontrolle und kaufen sich für ihr Taschengeld Chips, Gummibärchen und Schokolade. Mütter und Väter haben kaum eine Chance, dagegen anzukämpfen, denn Verbote oder ständige Hinweise auf den mangelnden Gesundheitswert bewirken meistens das Gegenteil, nämlich dass die Leckereien noch interessanter und verführerischer werden.

## Mein Kind ist ein kleiner Mäkler

Die sechsjährige Eva ist ein ziemlich verwöhntes Einzelkind. Schon im Kindergartenalter war sie recht zimperlich, was das Essen betraf. Seitdem sie in die Schule geht, ist es jedoch noch schlimmer. An allem, was die Mutter auf den Tisch bringt, hat sie etwas auszusetzen. Das Fleisch findet sie zäh, es hat einen ekeligen Fettrand. Einmal mag sie keine Kartoffen, das nächste Mal keinen Reis. Gemüse schmeckt ihr überhaupt nicht, beim Salat findet sie den Essig zu sauer. Der Kakao ist zu heiß, das Ei zu weich, das Brot zu hart. Manchmal geht sie sogar so weit zu behaupten, dass die Lebensmittel verdorben seien, der Käse ganz schimmelig, die Butter ranzig und die Milch schon sauer.

Dass Kinder bei bestimmten Speisen eine Schnute ziehen, ist nichts Ungewöhnliches.

## Tipp

Wenn ein Kind immer nur am Essen herumnörgelt, ist das meist auf einen inkonsequenten Erziehungsstil zurückzuführen. Vor allem die Mütter sind oft viel zu nachgiebig und lassen sich von ihrem Kind auf der Nase herumtanzen. Essen wird zum Druckmittel, welches das Kind beliebig einsetzt, um die Mutter im Griff zu haben oder einfach nur, um sie zu ärgern. Aussagen wie »bei Oma schmeckt es aber viel besser« wirken zusätzlich frustrierend und demotivierend für die Mama. Oft haben die Mütter auch unbewusst Angst, dass sie ihre Kinder nicht gut genug versorgen. Sie reagieren dann überfürsorglich, weil sie der (irrigen) Meinung sind, Füttern und die Nahrungszufuhr seien mit Liebe und Zuwendung gleichzusetzen. Wenn der Nachwuchs am Essen herumnörgelt, weinend am Tisch sitzt und keinen Appetit zeigt, oder wenn beispielsweise der Säugling alles wieder ausspuckt und seinen Kopf wegdreht, dann sind solche Mütter maßlos enttäuscht. Sie deuten die Verweigerung als mangelnden Liebesbeweis und fühlen sich womöglich missachtet. Diese Mütter machen den Fehler, dass sie ihr Selbstwertgefühl über das Essen und den Hunger ihrer Kinder definieren. Sie setzen so auch das Kind unter Druck und provozieren seine Gegenwehr, die in noch mehr Mäkelei besteht.

### Tipps für kleine Mäkler:

Setzen Sie rechtzeitig Grenzen und lassen Sie sich auf keinen Machtkampf bei Tisch ein. Bieten Sie Ihrem Kind gesunde, abwechslungsreiche Mischkost mit viel Salat, Obst und Gemüse an. Überlassen Sie es ihm aber, ob und wie viel es davon isst. Wenn ihm nichts schmeckt, brauchen Sie keine Angst zu haben, es könnte verhungern. Das wird nicht passieren! Denn ein gesundes Kind isst, wenn es Hunger hat. Sie als Eltern können da ganz und gar der Natur vertrauen, der körpereigenen Regulation des kindlichen Körpers über Hunger- und Sättigungsgefühl. Sie funktioniert ganz normal, wenn die Eltern keinen Druck ausüben. Ihr Kind sollte während der gemeinsamen Mahlzeit am Tisch sitzen bleiben, auch wenn es den Teller unberührt lässt. Diskutieren Sie nicht übers Essen. Unterlassen Sie auch kritische Bemerkungen wie »wenn du so wenig isst, wird nichts aus dir«. Geben Sie Ihrem Kind am besten nur kleine Portionen, damit es sich nicht bedrängt fühlt oder lassen Sie es - falls es groß genug dafür ist - selbst das Essen nehmen. Es darf alleine herausfinden, was ihm wirklich schmeckt und welche Menge es bewältigen kann.

Ein kleiner
Zappler kann
den Esstisch
schnell einmal
zum Stresstisch
machen.

## Mein Kind zappelt am Tisch

Das Essen ist fertig, Mutter oder Vater rufen zu Tisch, und es dauert erst einmal eine halbe Ewigkeit, bis das Kind endlich erscheint. Kaum sitzt es auf seinem Platz, geht die Zappelei los: Es wippt auf dem Stuhl, rutscht hin und her, graviert mit der Gabel Muster in die Tischdecke oder rührt in den Speisen herum. Manche Kinder bringen es sogar fertig, während des Essens aufzuspringen und in den Garten oder in ihr Zimmer zu rennen, weil ihnen plötzlich etwas eingefallen ist, dem sie sofort nachgehen müssen. Diese Form der Unruhe und Zappelei ist ein weit verbreitetes Phänomen. Dabei handelt es sich keineswegs immer um ein AD(H)S, ein Aufmerksamkeitsdefizitsyndrom (siehe ab Seite 192), bei dem die Kinder aufgrund einer neuronalen Fehlregulation extrem unruhig, unkonzentriert und zappelig sind. Viel häufiger ist diese Unruhe auf ein grundsätzliches gesellschaftiches Phänomen von Anspannung und Gestresst-Sein zurückzuführen, aber auch auf einen inkonsequenten Erziehungsstil der Eltern, der das Problem noch verstärkt.

## Handeln Sie konsequent

Viele Eltern setzen in diesem Fall zu wenig Grenzen; sie geben keine klaren Regeln und keine Ordnung vor, halten ihr Kind nicht am Tisch, sondern lassen es laufen. Nicht selten sind sie selbst ein negatives Vorbild, beispielsweise indem sie vor dem Fernseher essen und dabei aufmerksam die Nachrichten verfolgen. Oder indem sie quasi im Vorbeigehen einen Happen zu sich nehmen, schnell etwas Wurst

## Tipp

Kleine Zappelphilippe am Tisch müssen nicht gleich das AD(H)S-Syndrom haben. Bereiten Sie die Mahlzeit mit Ihrem Kind zusammen vor, dann hat es mehr Freude und Durchhaltevermögen beim Essen.

und Butter aus dem Kühlschrank holen und das Brötchen nebenbei essen, während sie im Internet surfen oder einen Brief schreiben. Ein richtiges Problem ist, wenn nicht einmal mehr Zeit für gemeinsame Mahlzeiten bleibt. Denn Essen ist ein wichtiges Ritual, es gibt dem Alltag von Kindern Struktur und ist eine der wenigen Gelegenheiten, wo die ganze Familie zusammenkommt.

### Mindestens einmal am Tag gemeinsam essen

Ernährungswissenschaftler sind sich einig, dass das »Essen im Vorbeigehen« für die Gesundheit nicht besonders gut ist, weil man zum einen oft nicht bewusst registriert, wie viel man überhaupt zu sich nimmt, zum anderen ein schneller Imbiss meistens nicht allzu ausgewogen ist. Und wenn es nach dem Geschmack der Kinder ginge, würde die tägliche Nahrung möglicherweise nur noch aus Fastfood und Süßigkeiten bestehen. Das heißt natürlich nicht, dass Sie niemals eine schnelle Zwischenmahlzeit, etwa einen Müsliriegel oder eine kleine Fertigpizza zu sich nehmen dürfen, wenn Ihr Terminkalender oder der der Kinder einmal sehr voll ist. Aber Sie sollten auch an solchen stressigen Tagen wenigstens einmal am Tag - mittags oder abends - versuchen, als Familie zusammenzukommen, um gemeinsam zu essen. Denn das ist oft die einzige Möglichkeit, um sich auszutauschen und wichtige Dinge miteinander zu besprechen. Hier haben Sie als Eltern auch die Chance, sich von Ihren Kindern erzählen zu lassen, wie es ihnen im Kindergarten oder in der Schule ergangen ist und ob sie mit ihren Freunden und ihren Aufgaben zurechtkommen. Auch eine gute Gelegenheit, sich über Erfolge gemeinsam zu freuen!

### Tipps für kleine Zappler:

Es ist ganz wichtig, dass Sie Strukturen schaffen: Erklären Sie Ihrem Kind, dass Ihnen das gemeinsame Essen am Tisch wichtig ist und fordern Sie es freundlich, aber bestimmt auf, an der Familien-Mahlzeit teilzunehmen. Überlegen Sie miteinander, wie Sie ein leckeres Menü zusammenstellen können. Das regt seine Kreativität und Neugier an, und es hat dann umso mehr Lust auf das eigens komponierte Gericht. Ihr Kind lernt so, das gemeinsame Essen am Tisch als wichtiges, schönes Ritual zu sehen. Sie werden sehen, es zappelt dann auch gar nicht mehr so herum und will nicht gleich zum Nachbarsjungen, denn es kann das ruhige Beisammensitzen genießen.

## Die sieben goldenen Regeln für ausgewogenes Essen

Falls das Essen in Ihrer Familie bisher ein Streitpunkt war und Sie nicht wissen, wie Sie alles in geordnete Bahnen lenken sollen, bekommen Sie hier die wichtigsten Empfehlungen an die Hand, die Ihnen helfen können, ein gesundes und ausgewogenes Ernährungskonzept zu entwickeln.

### 1. Regel: Alle Nahrungsmittel sind erlaubt

Verbieten Sie Ihrem Kind keine Süßigkeiten, auch wenn es am liebsten nur naschen würde. Denn alles, was verboten ist, wird umso reizvoller (siehe Seite 87). Schokolade und Bonbons sind in vielen Familien ein Streitpunkt. Versuchen Sie, deren Konsum zu steuern. Wie das funktioniert? Geben Sie Ihrem Kind eine bestimmte Menge an Süßigkeiten und erklären Sie ihm, über welchen Zeitraum sie reichen soll. So hat es die Möglichkeit, sich die Naschration selbst einzuteilen und das Maßhalten zu lernen. Wenn es alles auf einmal isst, bleibt ihm für die restliche Zeit nichts mehr. Sie werden sehen, wie sparsam Ihr Kind mit seinem Süßigkeiten-Vorrat umgehen wird und wie stolz es darauf sein wird, diese kleine Verantwortung schon tragen zu dürfen.

### 2. Regel: Zwingen Sie Ihr Kind nicht zum Essen

Ein Kind isst, wenn es Hunger hat. Dafür sorgt die biologische Selbstregulation seines Organismus. Auch wenn Ihr Sprössling laut Normkurve seinem Alter entsprechend zu wenige Kilos auf die Waage bringt, brauchen Sie sich also keine Sorgen zu machen (siehe Seite 84). Bieten Sie Ihrem Kind regelmäßig gesunde, ausgewogene Nahrung an und halten Sie immer eine breite Palette an vollwertigen, vitamin- und mineralstoffreichen Lebensmitteln bereit, zum Beispiel Milchprodukte wie Kefir, Joghurt, Buttermilch, frische Blattsalate und Sprossen, leckeres Obst und vollwertige Getreideprodukte. Ihr Kind

> Mit frischem Obst lassen sich leckere Desserts zaubern, die nicht nur gut schmecken, sondern auch noch gesund sind.

wird dann ganz automatisch zu dem greifen, was sein Körper braucht. Ein großer Fehler wäre es, Ihr Kind zum Essen zu nötigen. Denn damit erreichen Sie allenfalls das Gegenteil – nämlich eine Essensverweigerung.

### 3. Regel: Feste Essenszeiten einhalten

Bringen Sie Ihrem Kind frühzeitig bei, dass es bestimmte Tischmanieren zu beachten und die Essenszeiten einzuhalten hat. So beugen Sie möglichen Konflikten und kleinen Machtkämpfen am Tisch vor. Etwa ab einem Alter von zwei Jahren ist Ihr Kind in der Lage, sich an Ihre Regeln zu halten. Und wenn Ihrem Knirps oder auch Ihrem größeren Kind die Mahlzeit nicht schmeckt, dann steht er nicht gleich vom Tisch auf. Denn schließlich ist das Essen oft die einzige Möglichkeit, dass die Familie gemeinsam am Tisch sitzt (siehe Seite 92).

### 4. Regel: Bleiben Sie konsequent

Bereiten Sie die Mahlzeiten möglichst liebevoll zu und binden Sie Ihr Kind mit ein. Grundsätzlich bestimmen Sie, was auf den Tisch kommt, aber besondere Essenswünsche sollten Sie immer wieder einmal berücksichtigen. Was und wie viel Ihr Kind dann isst, darf es natürlich selbst entscheiden. Falls es einmal keinen Hunger hat und am Essen herumnörgelt, lässt es die Mahlzeit eben aus. Aber Süßes sollte es dann zwischendurch auch nicht geben, lassen Sie sich da auf keine langen Diskussionen ein. Erst nach der nächsten Mahlzeit, bei der Ihr Sohn oder Ihre Tochter dann bestimmt hungrig ist und gut isst, gibt es einen Nachtisch. Wenn Sie bei diesem Thema immer konsequent sind, leisten Sie kleinen Nörglern auch keinen Vorschub (siehe Seite 89).

### 5. Regel: Kochen Sie kindgerecht

Nichts ist für Kinder so langweilig wie gesundes Essen. Statt Obst, Gemüse und Fisch lieben sie Süßigkeiten und mit Tomatensauce verzierte Burger im Schnellrestaurant. Gönnen Sie Ihrem Kind das ruhig ab und zu, gehen Sie nicht zu dogmatisch an die Ernährungserziehung heran. Aber wenn Sie ihm zu Hause hübsch zurechtgemachte »Kinderteller« servieren, die auch gesunde Nahrungsmittel enthalten, wird es sicher Freude daran haben und sie gerne essen. Es ist auch nicht schlimm, wenn Ihr Kind jeden Tag das Gleiche essen möchte. Erfüllen Sie ihm diesen Wunsch eine Zeit lang, kochen Sie ihm die Nudelsauce aus frischen Tomaten und geben Sie Gemüsestücke hinein. So nimmt es täglich Vitamine zu sich.

## Tipp

Gemeinsame Mahlzeiten sind nicht nur wichtig, um Ihrem Kind ein gutes Ernährungsverhalten zu vermitteln. Sie stärken auch seine soziale Kompetenz, da Ihr Kind lernt, sich in die Gemeinschaft einzufügen und familiäre Rituale zu pflegen.

Kinder wollen immer alles wissen. Nutzen Sie das und analysieren Sie gemeinsam die Nahrungsmittel, beispielsweise beim Einkaufen oder zu Hause beim Zubereiten. So wird Ihr Kind neugierig auf die Zutaten und erweitert nach und nach seinen Speiseplan. Kochen Sie dann mit ihm zusammen witzige, fantasievolle Rezepte (siehe Extra Seite 96), etwa einen Clown-Salat, eine Seeräuber-Fischpfanne oder Teufelsknödel. Erfinden Sie Namen für die Kinder-Gerichte, das macht Ihrem Kind sicher Spaß.

## 6. Regel: Seien Sie ein gutes Vorbild

Was Sie als Eltern Ihrem Kind vorleben, prägt es ein Leben lang. Auch in Sachen Essgewohnheiten sollten Sie ihm ein gutes Vorbild sein. Naschen Sie daher nicht beim Fernsehen und essen Sie selbst regelmäßig zu den Hauptmahlzeiten. Füllen Sie in Ihren Kühlschrank überwiegend gesunde Nahrungsmittel, aber erlauben Sie sich und Ihrem Nachwuchs zwischendurch einmal eine kleine Sünde. Denn Ausnahmen bestätigen ja bekanntlich die Regel. Und wenn Sie selbst nur mit schlechtem Gewissen oder gar heimlich Schokolade oder Eis essen, könnten Sie damit möglicherweise sogar die Grundlage einer Ess-Störung Ihres Kindes legen (siehe ab Seite 218). Daher: Alle Nahrungsmittel sind erlaubt – jedoch in der richtigen Dosierung.

Kaufen Sie Gemüse am besten aus biologischem Anbau, da es mehr Vitalstoffe enthält.

## 7. Regel: Viel Bewegung an der frischen Luft

Bewegung macht hungrig. Sowohl bei Über- als auch bei Untergewicht ist Sport eine wichtige Hilfe, um auf Normalmaß zu kommen: Der Appetit von dünnen Kindern wird gesteigert (siehe Seite 84) und der von dicken reduziert (siehe Seite 87). Vor allem Ausdauersportarten wie Schwimmen, Ballspiele oder Radfahren sind sehr empfehlenswert. Aber es tut Ihrem Kind auch schon gut, einfach mit dem Hund spazieren zu gehen oder auf dem Spielplatz herumzutoben. Ihr Nachwuchs sollte sich regelmäßig mehrmals in der Woche am besten draußen in frischer Luft bewegen. Das stärkt seine Abwehr und gibt ihm neue Power. Wenn ein dickes Kind erlebt, wie die Pfunde purzeln, motiviert das zum Durchhalten, und es wird bestimmt weiterhin regelmäßig aktiv sein. Auch sein Selbstwertgefühl wird dadurch gestärkt. Für Kinder geeignete Sportarten sind beispielsweise Schwimmen, Rad- und Skateboardfahren, Fußballspielen, Balletttanzen oder Leichtathletik.

# Extra: Lecker und trotzdem gesund

Diese Frage stellen sich viele Mütter: »Wie bekommt mein Kind Appetit auf gesunde Lebensmittel?« Die meisten Eltern machen die Erfahrung, dass es gar nicht so leicht ist, ihre kleinen Fastfood-Genießer und Naschkatzen dazu zu bringen, Gemüse, Obst, Salat, Milch- und Vollkornprodukte, Fisch und Fleisch zu essen. Aber es gibt einige Tricks und Tipps, die Ihnen helfen werden:

**Nutzen Sie den Spieltrieb Ihres Kindes:** Um Ihren Nachwuchs auf spielerische Art zum Gemüse-Essen zu bewegen, können Sie verschiedene bunte Gemüsestücke als Rohkost zum Knabbern anbieten und dazu Dips aus verfeinerten Quark- und Joghurtzubereitungen stellen. Kindern macht es Spaß, die Gemüsesnacks in die Saucen einzutauchen. Auch lustig verzierte Gemüse- oder Obststücke, die in einer bestimmten Form angeordnet sind, sprechen Kinder an und können das Essen zum Familienspaß machen.

**Das Auge isst mit:** Gestalten Sie den Kinderteller fantasievoll und bunt. Kreieren Sie beispielsweise aus Brokkoli ein paar hübsche Bäume, formen Sie aus gelben und roten Paprikaschnitzen Wände, Fenster und das Dach eines Häuschens; geben Sie dem Pfannkuchen mit ein paar Spritzern Tomatenketchup für den Mund und zwei Gurkenscheiben für die Augen ein Gesicht; bauen Sie aus frischkäsegefüllten Chicoreeblättern, Karottenschnitzen und Salatblättern hübsche kleine Segelschiffe; drapieren Sie verschiedene Obststücke zu einer farbenfrohen Sommerblume – Ihrer Fantasie sind hier keine Grenzen gesetzt. Ihr Kind hat bestimmt eigene Ideen und gestaltet mit Ihnen zusammen den Gemüse-, Obst- oder Salatteller.

**Abwechslung macht Laune:** Kinder ändern schnell ihren Geschmack, manchmal sogar täglich. Nutzen Sie das und bringen Sie viel Abwechslung auf den Tisch. Sie brauchen nicht einmal bestimmte Gemüse- oder Salatsorten, die Ihr Kind überhaupt nicht mag, vom Speiseplan zu streichen, denn es kann sein, dass es diese Nahrungsmittel auf einmal doch mag. Bereiten Sie sie immer wieder anders zu, variieren Sie mit Gewürzen und verzieren Sie die Speisen abwechslungsreich. Servieren Sie die Tomatensuppe einmal mit knackigen Croutons, ein anderes Mal mit einem Klecks Sahne und etwas gehackter Petersilie. Gemüse lässt sich übrigens gut verstecken, etwa als Püree in der Cremesuppe oder zerkleinert im Hackfleisch. Auch in einem mit Käse überbackenen Kartoffelauflauf lässt sich allerhand Gesundes wie geschälte Zucchini oder Fenchel unterbringen. Auch bei einem Raclette-Essen wird Ihr Kind die mit Käse überbackenen Gemüsestücke sehr lecker finden.

**Lassen Sie Ihr Kind mitwirken:** Wie schon erwähnt, macht es Kindern Spaß, wenn sie beim Einkaufen, Kochen und Anrichten dabei sind. Ihr Kind lernt so Zutaten und verschiedene Geschmacksrichtungen kennen. Das Mithelfen hat außerdem einen erzieherischen Wert: Ihr Kind bekommt viele Informationen über die Themen Nähren, Umsorgen und umsorgt werden. Gleichzeitig bringen Sie ihm auch bei, wie es Ihnen effektiv im Haushalt zur Hand gehen kann, es darf den Tisch hübsch decken und dafür sorgen, dass eine gemütliche Atmosphäre entsteht. Natürlich gehört auch der Abwasch dazu. Gemeinschaftliches Kochen und Ernährungslehre finden als »Projekt« inzwischen auch immer häufiger in Schulen statt, weil erwiesen ist, dass Kinder durch die Praxis am besten lernen, wie sie sich gesund ernähren. Planen Sie öfter mal ein kleines Partyessen Kinder lieben das gesellige Zusammensein mit Freunden. Und zusammen zu essen macht allen besonders Spaß. Vor allem wenn Sie ein Einzelkind haben, sollten Sie sich ab und zu etwas Nettes für Ihr Kind einfallen und es zum Beispiel ein paar Freunde einladen lassen. Tolle Gerichte für eine bunte Kindertafel sind beispielsweise große Ofenpizzas, ein großer Spaghettitopf, Bratwürste und Ofenkartoffeln. Etwas größere Kinder haben auch mit Fondue oder Raclette viel Spaß. Sie können – vorausgesetzt, Ihre Küche bietet genügend Platz – mit den Kids auch einmal gemeinsam kochen und sie beispielsweise die Pizzas unterschiedlich belegen oder die Saucen fürs Fondue zubereiten lassen. Das schult ganz nebenbei auch noch den Gemeinschaftssinn.

# Mein Kind will nicht schlafen

»Mami, mag nicht ins Bett!«, »Flasche haben!«, »Papi, tragen!«.
Es gibt wohl kaum Eltern, die nicht ein Lied von der chronischen
Schlafverweigerung ihrer Kleinen singen können, von strapaziösen
Einschlafritualen, nervtötendem Geschrei, Weinen, Jammern und
durchwachten Nächten. Ein- und Durchschlafstörungen treten bei
Kindern recht häufig auf. Sie sind meistens nicht auf eine organische
Ursache zurückzuführen und zeigen sich für gewöhnlich nur als vorübergehende Erscheinung. Allerdings können die Schlafprobleme
der Kinder die ganze Familie belasten. Bei Babys ist es völlig normal,
dass sie in der Nacht mehrmals aufwachen, denn sie haben einen
anderen Schlafrhythmus als Erwachsene, und dieser muss sich erst
nach und nach anpassen. Kleinkinder werden in der Nacht öfter unruhig und schrecken aus dem Schlaf, wenn sie tagsüber zu vielen
Reizen ausgesetzt waren, die ihr Nervensystem überschwemmen.
Auch bestimmte Ängste, zum Beispiel vor den Anforderungen in der
Schule, vor Klassenarbeiten, Konflikten im Elternhaus, Trennung und
Scheidung können Schlafstörungen bei Kindern verursachen. Nicht
zuletzt lösen Krankheiten, wie beispielsweise Infekte mit Schmerzen
und Fieber, häufig Schlafprobleme aus.

## Tipp

Hinter kindlichen
Schlafproblemen
verbirgt sich nur
selten etwas Erns-
teres, und meist
vergehen sie mit
der Zeit wieder von
selbst.

## Wie ist das Schlafverhalten Ihres Kindes?

Ist es normal, dass mein Kind fast immer quengelt, wenn es ins Bett
gehen soll? Muss ich mir Sorgen machen, wenn es in der Nacht öfter
aufwacht und weint? Verwöhne ich mein Kleines zu sehr, wenn ich
es jeden Abend in meinen Armen wiege, um es zu beruhigen?
Vielleicht stellen Sie sich auch solche und ähnliche Fragen, vielleicht
sind Sie auch unsicher, ob Sie alles richtig machen und ob Ihr Kind
nicht doch möglicherweise ein behandlungsbedürftiges Problem hat.
Auf Seite 109 bekommen Sie eine kleine Orientierungshilfe, wie lange
Ihr Kind schlafen soll. Aber die angegebenen Schlafenszeiten sind

nur ungefähre Richtwerte.
Ob Sie meinen, Ihr Kind hat
echte Schlafstörungen,
hängt ganz von Ihrer Tole-
ranzgrenze ab und auch davon, ob Ihr Familienleben
unter dem Schlafverhalten
Ihres Kindes leidet. Es
kommt also vor allem auf
Ihre eigene Einschätzung
an. Fragen Sie sich, ob Sie
mit den Zubettgeh-, Ein-
und Durchschlafgewohn-
heiten Ihres Kindes wirklich
gut zurechtkommen. Fühlt
sich niemand beeinträch-
tigt? Sind Sie selbst nicht
aus der Ruhe zu bringen?
Maßgeblich ist außerdem,
wie sich Ihr Kind tagsüber
fühlt: Ist es fit und ausgeschlafen? Wirkt es ausge-
glichen und entspannt oder
launisch und nörgelig?

Wenn Ihr Kind untertags allerdings schlecht drauf ist und müde zu
sein scheint, wenn auch Sie selbst erschöpft sind, dann könnte sich
tatsächlich ein Schlafproblem eingeschlichen haben. Meist lässt sich
das durch ein paar kleine Änderungen der Alltags- und Schlafgewohnheiten beheben. Was Sie genau tun können, damit Ihr Kind gut
ein- und durchschläft, erfahren Sie ab Seite 105.

Wenn ihr Kind so
wohlig schlum-
mert, können
auch die Eltern
entspannen.

## Typische Schlafprobleme: Mein Kind schläft nicht ein

Erwachsene finden oft deshalb keinen Schlaf, weil sie nicht abschalten können und ihre Sorgen mit ins Bett nehmen. Das Grübeln und
Kreisen der Gedanken verhindert Entspannung und Ruhe, die nötig
sind, um sanft in Morpheus Schoß zu sinken. Kindliche Einschlaf-
störungen unterscheiden sich von den Problemen der Erwachsenen.
Die Kleinen kommen oft nicht zur Ruhe, weil tagsüber sehr viel
Neues auf sie eingeströmt ist, weil sie viele spannende Dinge erlebt
haben. Am Abend, wenn sie ins Bett gehen sollen, finden sie dann
einfach kein Ende, sie wollen nicht akzeptieren, dass ihre Energien

## Tipp

längst erschöpft und sie »über den Punkt« hinaus sind. So geht es auch dem vierjährigen Maximilian, einem agilen Kindergartenkind, das mit seinem Temperament und seiner Lebhaftigkeit seine gesamte Umgebung in Atem hält. Wenn die Mutter den Jungen nach dem Abendessen ins Bett bringen möchte, geht immer wieder die gleiche Quengelei los: »Nein, will noch nicht schlafen! Bitte, darf ich noch aufbleiben? Liest Du mir was vor? Möchte Musik hören! Ich hab Hunger! Ich hab Durst!« Kaum hat die Mutter das Zimmer verlassen, steht Maximilian senkrecht im Bett, türmt seine Plüschtiere übereinander oder beginnt, sich mit Bauklötzen, Autos und anderem Spielzeug zu beschäftigen. Bei Kindern wie Maximilian müssten Einschlafprobleme also eher Zubettgeh-Probleme heißen. Die Kleinen haben einfach den Wunsch, möglichst lange aufzubleiben und meinen, sie könnten etwas Wichtiges verpassen, während sie in den Kissen liegen. Viele – vor allem sehr lebhafte und neugierige – Kinder haben aber auch einfach nur Sorge, etwas zu verpassen, wenn sie ins Bett müssen. Und noch ein anderer Punkt lässt sie nicht freiwillig ins Bett gehen: die Sorge, sich nun dem Schlaf und der dunklen Nacht überlassen zu müssen und während dieser Zeit von Mutter und Vater getrennt zu sein, ruft bei vielen Kindern allabendlich Ängste hervor.

### Tipps für kleine Zubettgeh-Verweigerer:

Gerade die temperamentvollen, extrovertierten Kinder brauchen einen sanften Übergang vom Tag zur Nacht, damit sie in den nötigen Entspannungszustand kommen und ihnen das Einschlafen auch wirklich gelingt. Lassen Sie den Tag in Ruhe ausklingen, sorgen Sie dafür, dass Computer, CD-Spieler, Radio und TV ausgeschaltet sind. Auch das Telefon sollte Ihr Kind nicht klingeln hören, das würde es ablenken oder wieder aufwecken.
Leiten Sie nach dem Abendessen Ihr Zubettgehritual ein: Ausziehen, Waschen, Zähneputzen, Schlafanzug anziehen, Geschichte vorlesen oder Singen, Spieluhr aufziehen und Ähnliches. So vermitteln Sie Ihrem Kind das Gefühl von Geborgenheit und Schutz, den es nun nicht nur während Ihrer Anwesenheit, sondern auch alleine spüren kann.

### Mein Kind braucht komplizierte Einschlafhilfen

Es ist schon erstaunlich, was Mütter und Väter alles anstellen, um ihren Nachwuchs endlich zur Ruhe zu bringen und um sich selbst nach nervenaufreibendem Gezeter und langem Theater ein bisschen Entspannung zu verschaffen: Sie holen eine Kanne mit lauwarmem Tee, ziehen die Spieluhr auf, schaukeln und wiegen die Kleinen in ihren Bettchen und nehmen sie – nachdem alles vergebens war – schließlich auf den Arm. Sie tragen sie im Zimmer herum, wickeln sie neu und hoffen, dass sie nun endlich einschlafen. Auch Väter, die ihr schreiendes Baby in den Kindersitz des Autos packen und viele Runden mit ihm »um den Block« fahren, bis es endlich süß und friedlich schlummert, sind nicht selten. Mütter gestehen, dass sie sich so manchen Abend neben ihr Kleines ins Kinderbettchen legen, um ihm wieder und wieder den Schnuller in den Mund zu schieben, wenn er herausgefallen ist und das Geschrei wieder losgeht. Vor allem bei Säuglingen und Kleinkindern sind solche aufwendigen Einschlafzeremonien recht häufig.

> Zum Abend hin sollte Ihr Kind nicht mehr viel herumtoben, sonst ist es aufgedreht statt müde.

## Abhängigkeit vom Ritual

Offensichtlich brauchen die Kleinen diese speziellen Rituale, und die hilflosen Eltern sehen keine andere Möglichkeit, als ihren Kindern nachzugeben und diese Rituale durchzuziehen. Das Problem dabei ist, dass sie rasch zur Gewohnheit werden, und ohne Einschlafzeremonie dann irgendwann gar nichts mehr geht. Meist ist ein solches Ritual auch nicht auf Wunsch des Kindes entstanden. Vielmehr hat der Nachwuchs durch die Eltern ein bestimmtes Schlafmuster gelernt, also beispielsweise immer nach dem Stillen an der Brust oder beim Nuckeln am Fläschchen einzuschlafen. Daher ist es ihm dann nicht zu verübeln, dass er irgendwann nur noch nach dem Zelebrieren des Rituals einschlafen kann.

**Tipps für kleine Zeremonien-Meister:**
Es ist ganz wichtig, dass Sie Ihrem Kind die mehr oder weniger komplizierten Einschlafhilfen langsam wieder abgewöhnen – Ihrer eigenen Nachtruhe und der Ihres Kindes zuliebe. Lassen Sie das »Ausschleichen« der Rituale also zur Maßnahme Nummer eins werden! Ihr Kind muss lernen, ohne Nuckelflasche, ohne Wiegen und Schaukeln alleine (!) im Bett einzuschlafen. Das erfordert gerade am Anfang ungeheuer viel Geduld von Ihnen und wird bestimmt zunächst zu Geschrei führen. Bleiben Sie aber trotzdem standhaft, denn das Umlernen braucht seine Zeit und funktioniert nicht von heute auf morgen. Wie die Strategie zum Deprogrammieren unliebsamer Einschlaf-Zeremonien genau aussieht, zeigt Ihnen die 6. Regel auf Seite 107.

## Mein Kind will nicht alleine schlafen

Als alleinerziehende freiberufliche Werbegrafikerin war die Mutter des kleinen Stefan darauf angewiesen, schon drei Wochen nach der Geburt wieder Aufträge anzunehmen, um für den Lebensunterhalt zu sorgen. Damit sie tagsüber einigermaßen fit und ausgeschlafen war, holte sie den Kleinen jede Nacht zu sich ins Bett, um gleich nach dem Stillen weiterschlafen zu können und den Säugling nicht wieder ins Kinderbettchen tragen zu müssen. Als sie ihn mit etwa elf Monaten abgestillt hatte und er jetzt auch fast jede Nacht ohne Unterbrechung durchschlief, dachte sie, dass er nun alleine in seinem Bett-

Alle in einem Bett: Das kann zwar recht kuschelig sein, kann aber auf Dauer das Beziehungsleben der Eltern belasten.

chen schlafen könnte. Doch ihr der Sohn machte ihr einen Strich durch die Rechnung: Der Junge war so an die fortwährende nächtliche Nähe seiner Mutter gewöhnt, dass er sich strikt weigerte, ohne sie zu schlafen. Immer wenn sie versuchte, ihn in sein Himmelbett zu legen, schrie er so lange, bis sie schließlich entnervt aufgab und ihn wieder zu sich holte. Dann gab der Kleine jedes Mal sofort Ruhe und schlief entspannt ein.

Auch dieses Phänomen ist recht verbreitet und kommt in unterschiedlichen Variationen vor: Manche Kinder wollen nur die Hand von Mama oder Papa halten, andere möchten gestreichelt werden oder am Bart von Papa beziehungsweise an den Haaren von Mama nesteln. Diese Kinder scheinen jedenfalls auf intensiven Körperkontakt angewiesen zu sein, um einschlafen zu können. Oft kommen Eltern damit noch etwas besser zurecht als mit dem Herumtragen oder gar Herumfahren des Kindes. Trotzdem kann auch das sehr belastend sein und das Eheleben der Eltern stören, weil immer einer beim Kind »wachen« muss. Besonders schwierig ist es natürlich, wenn das Kind an einen Platz im Elternbett gewöhnt ist. Das kann sogar die Beziehung zwischen den Eltern gefährden.

## Tipps für kleine Team-Schläfer:

Es ist durchaus verständlich, dass Eltern eines Säuglings, so wie die Mutter von Stefan (siehe Seite 102), die Nächte möglichst stressfrei halten wollen und einen praktischen Nutzen darin sehen, das Kind nahe bei sich schlafen zu lassen, wenn es in der Nacht gefüttert werden muss. Auch kann man gut nachvollziehen, dass Vater und Mutter ihr Kind trösten, wenn es Angst vor der Dunkelheit und dem Alleinsein hat. Allerdings sollte das gemeinsame Schlafen nicht zur Dauereinrichtung werden, sondern eher die Ausnahme bleiben. Sonst wird es zur Gewohnheit, zum erlernten Verhaltensmuster, das nur noch schwer umzuprogrammieren ist.

Gehen Sie bei der »Entwöhnung« ganz behutsam vor und ziehen Sie sich nicht plötzlich zurück, wenn Ihr Kind lernen soll, alleine zu schlafen. Lassen Sie ihm Zeit, sich auf die neue Situation einzustellen. Das wird anfangs schwierig sein. Geben Sie Ihrem Kind Hilfen, damit es sich geborgen und sicher weiß, zum Beispiel, indem Sie sich im Nebenraum aufhalten und die Tür zum Kinderzimmer einen Spalt weit offen stehen lassen. Wenn Ihr Kind nach Ihnen ruft, sind Sie da.

## Mein Kind schläft nicht durch

In den ersten Lebensmonaten ist es völlig normal, dass ein Säugling mehrmals in der Nacht aufwacht und nach Zuwendung und Nahrung verlangt. Danach hoffen die Eltern aber, dass sich der Schlafrhythmus langsam anpasst und ihr Kind durchzuschlafen beginnt. Allerdings kommt es recht häufig vor, dass die Kleinen auch weit jenseits des Babyalters in der Nacht plötzlich aufwachen. Wie ausgeprägt sich dieses Durchschlafproblem zeigt und wie lange es anhält, ist individuell verschieden. Manche Kinder schrecken nur für einen kurzen Moment aus dem Schlaf, wimmern vielleicht kurz, um danach gleich wieder tief und ruhig weiterzuschlafen. Andere wiederum werden richtig aus dem Schlaf gerissen, sind hellwach, rufen nach den Eltern und können partout nicht wieder einschlafen. Manchmal dauert diese Phase nur ein paar Tage, sie kann aber auch über mehrere Wochen oder gar Monate anhalten.

Häufig sind es Alpträume, die Kinder nachts aus dem Schlaf reißen. Vorwiegend in der zweiten Nachthälfte verarbeitet das Kind im Traum die Erlebnisse des Tages. Wenn tagsüber viel auf es eingeströmt ist, kann sich das in Angstträumen äußern. Auch Stress oder Wut, zum Beispiel bei Konflikten im Elternhaus, können die jungen Seelen oft nicht anders verarbeiten als in nächtlichen Träumen. Oft drückt sich das durch bedrohliche »Stressgebilde« wie Geister-, Hexen- oder Teufelsgestalten aus, die das Kind erschrecken und plötzlich aufwachen lassen. Manche Kinder reden auch im Schlaf, sie geben dann wirre, unverständliche Wortfetzen von sich.

Manchmal verbergen sich seelische Probleme dahinter, wenn ein Kind nicht schlafen möchte.

**Tipps für kleine Unruhe-Geister:**
Versuchen Sie, gelassen zu bleiben und vertrauen Sie darauf, dass sich die Durchschlafproblematik – wie in den meisten Fällen – von selbst wieder verliert. Sorgen Sie dafür, dass Ihr Nachwuchs schon vor und während des Zubettgehens möglichst entspannt und ausgeglichen ist. Beobachten Sie Ihr Kind, achten Sie darauf, ob eventuelle Sorgen oder Nöte auf seiner Seele lasten, die sich in nächtlichen Albträumen ausdrücken könnten. Sprechen Sie mit ihm vor dem Einschlafen, lassen Sie sich von ihm erzählen, was es am Tag erlebt hat und auch, was es bedrückt. Beruhigen Sie Ihr Kind, wenn es in der Nacht aufwacht und zeigen Sie ihm, dass Sie für ihn oder sie da sind. Wenn Ihr Kind dann merkt, dass die bösen Geister und Schreckgespenster seiner Traumbilder mit der Realität nichts zu tun haben und Sie an seiner Seite sind, fühlt es sich beschützt. Falls die Durchschlafprobleme jedoch länger anhalten und für Ihr Kind und Sie selbst zu einer großen Belastung werden, sollten Sie den Kinderarzt oder einen Kinderpsychologen konsultieren.

## Die sieben goldenen Regeln für einen guten Schlaf

Falls auch Sie zu den zahlreichen Eltern gehören, deren Kind nicht alleine einschlafen kann und will oder nachts nicht durchschläft, weil es unruhig und von Alpträumen geplagt wird, müssen Sie Ihrem Kind zur Seite stehen. Die folgenden Empfehlungen helfen, einen Weg zu seligem Nachtschlummer zu finden:

### 1. Regel: Finden Sie den richtigen Zeitpunkt fürs Zubettgehen

Je älter Ihr Kind wird, desto interessierter und aktiver ist es. Es möchte viel erforschen und alles wissen, es findet den Alltag spannend und ist sehr neugierig. Das Schlafengehen empfindet Ihr Kind dann als eine lästige, langweilige Sache, die es am liebsten lange aufschieben würde, auch wenn ihm vor Müdigkeit die Augen zufallen. Sie als Eltern müssen den richtigen Zeitpunkt abpassen, an dem Ihr Kind »bettreif« ist und ihm dann liebevoll, aber konsequent klarmachen, dass es Zeit ist, ins Bett zu gehen. Versäumen Sie diesen Punkt, ist Ihr Kind womöglich so überdreht, dass es nicht zur Ruhe kommen kann. In manchen Fällen dauert die Schlafverweigerung sogar mehrere Stunden. Welche Schlafzeiten für welches Alter optimal sind, lesen Sie auf Seite 109.

## 2. Regel: Beenden Sie den Tag langsam

Sagen Sie nicht abrupt »jetzt schnell ins Bett!«, sondern lassen Sie den Tag sanft ausklingen. Ihr Kind sollte nach dem Abendessen nicht mehr herumtoben, sondern besser ruhigen Spielen nachgehen, etwa Musikmachen oder ein wenig lesen. Bestimmt macht es Ihrem Kind Freude, wenn Sie ihm vorlesen. Machen Sie es sich dafür mit ihm in seinem Zimmer oder an einem anderen ruhigen Ort gemütlich.

## 3. Regel: Stellen Sie kleine Frühaufsteher langsam um

Viele Eltern sind genervt, weil sie von ihrem Kind vor allem am Wochenende schon sehr früh aufweckt werden. Der Kleine möchte frühstücken und aktiv sein, er plappert und will spielen, was vor allem dann der Fall ist, wenn Sie ihn abends schon sehr zeitig ins Bett bringen. Zögern Sie den Zeitpunkt des Einschlafens daher immer weiter hinaus und verändern Sie auf diese Weise langsam den Schlafrhythmus Ihres Kindes. Halten Sie dabei konsequent die leicht verzögerte Einschlafzeit ein. Nach rund zwei Wochen müsste Ihr Kind umgestellt sein.

Auch wenn Ihr Kind das Frühstück schon recht früh am Morgen verlangt, können Sie die Mahlzeit nach und nach ein wenig später zubereiten, bis der gewünschte Zeitpunkt fürs Familienfrühstück erreicht ist. Eine weitere Möglichkeit ist auch, dass Sie Ihren Sohn oder Ihre Tochter tagsüber nicht mehr so viel schlafen lassen. Achten Sie in diesem Fall aber darauf, dass Ihr Kind seinem Alter entsprechend lange genug schläft (siehe Seite 109). Muss ein Mitglied der Familie – meistens ist es der Vater – jeden Tag besonders früh aufstehen, könnte Ihr Kleines durch mögliche Geräusche gewecket werden. Daher muss sich der Frühaufsteher unbedingt auf leisen Sohlen bewegen und Geräusche wie Geschirrklappen in der Küche nach Möglichkeit vermeiden!

## 4. Regel: Beschützen Sie Ihr Kind

Zeigen Sie Ihrem Nachwuchs, dass Sie immer für ihn da sind, auch nachts, und dass er sich nicht einsam fühlen muss, so ganz alleine in seinem Bettchen. Das heißt nicht, dass Sie, während er schläft, dauernd anwesend sein müssen. Schon kleine Gesten oder Zeichen helfen ihm: Etwa, indem Sie die Tür ein wenig offen und die Nachttischlampe brennen lassen. Sie können auch im Nebenraum sanfte Musik abspielen, die Ihrem Kind signalisiert, dass jemand da ist. Wenn es sich geborgen und sicher fühlt und wenn es weiß, dass Sie auch bei Gefahr schnell bei ihm sind, festigt sich das nötige Urvertrauen, das dafür sorgt, dass Ihr Kind die Nachtruhe angstfrei genießen kann.

## 5. Regel: Nehmen Sie Ihrem Kind die Angst

Wenn Ihr Kind tagsüber viel Spannendes erlebt hat oder wenn Probleme in der Familie bestehen, kann es sein, dass es in der Nacht Angstträume hat (siehe Seite 105, Tipps für kleine Unruhe-Geister). Auch durch Zähneknirschen (Bruxismus) oder wirres Plappern verarbeiten manche Kinder Belastungen und Stress des vorangegangenen Tages. Die Kleinen wissen meist am nächsten Tag gar nichts mehr von ihren nächtlichen Aktivitäten, sogar dann nicht, wenn sie durch einen Albtraum oder ihr eigenes Geplapper aus dem Schlaf geschreckt sind. Wecken Sie Ihr Kind in diesem Fall nicht auf, auch nicht, wenn es weint. Das würde es nur irritieren und vom Weiterschlafen abhalten. Greifen Sie also nicht ein, bleiben Sie aber kurz am seinem Bett und sagen Sie gegebenenfalls mit leiser Stimme ein paar beruhigende Worte, etwa »Es ist alles in Ordnung, du kannst ganz entspannt weiterschlafen«.

## 6. Regel: Deprogrammieren Sie feste Rituale

Wenn Ihr Nachwuchs schon als Säugling gelernt hat, das Einschlafen beispielsweise stets durch eine Nuckelflasche oder das Wiegen im Bettchen einzuleiten, ist es verständlich, dass er auf diese Zeremonie nicht mehr verzichten möchte.

Versuchen Sie, Ihr Kind langsam von einer solchen Programmierung zu entwöhnen. Denn schließlich soll es alleine in seinem Bettchen ein- und durchschlafen können. Dann haben alle, Eltern wie Kind, eine wesentlich entspanntere Nachtruhe.

Zu Beginn der Deprogrammierung müssen Sie wahrscheinlich mit Geschrei rechnen. Es ist wichtig, dass Sie behutsam vorgehen, dass Ihr Kleines nicht von einem Tag auf den anderen ganz alleine ist. Es ist aber auch notwendig, dass Sie konsequent bleiben.

**Tipp**

Geben Sie Ihrem Sprössling das Gefühl, Sie sind in seiner Nähe. Das vermittelt ihm Sicherheit und schenkt ihm einen ruhigen Nachtschlummer. Hilfreich sind auch Steckdosenlampen, zum Beispiel in Tier- oder Gespensterform, als Orientierungshilfe.

Am besten gehen Sie so vor: Bringen Sie Ihr Kind ins Bett, streicheln Sie es noch eine Weile und sprechen Sie ein wenig mit ihm. Geben Sie Ihrem Kind dann einen Gute-Nacht-Kuss und verlassen Sie das Zimmer. Wenn es weint, sollten Sie nach einem festgelegten Zeitplan, etwa alle fünf oder sieben Minuten, immer wieder zu ihm gehen, es trösten und ihm versichern, dass es nicht alleine ist. Diese Prozedur müssen Sie möglicherweise an die zwanzigmal vor dem Einschlafen oder auch in der Nacht wiederholen. Halten Sie sie etwa zwei Wochen lang konsequent durch. Dann haben Sie es wahrscheinlich geschafft und werden für Ihre Mühe damit belohnt, dass Ihr Kind alleine ein- und durchschläft.

> Heilkräutertees, beispielsweise mit Melisse, Hopfen oder Baldrian, fördern auf sanfte Weise den Schlaf.

### 7. Regel: Nutzen Sie natürliche Schlafhilfen

Bestimmte Pflanzen, die schon seit Jahrtausenden gegen Schlafstörungen eingesetzt werden, können auch Kindern helfen. Eine Tasse Melissentee beispielsweise ist ein bewährtes Beruhigungs- und Schlummergetränk für Kindergarten- und Schulkinder. Die ätherischen Öle dieser Pflanze wirken entspannend und schenken einen gesunden Schlaf.

Auch als Badezusatz kann Melisse hilfreich sein. Der herrliche Duft von Lavendelblüten wirkt ebenfalls nervenberuhigend und schlaffördernd. Geben Sie zwei bis drei Tropfen naturreines Lavendelöl in eine Aromalampe, die im Schlafzimmer Ihres Kindes steht. Oder lassen Sie Ihr Kind vor dem Zubettgehen etwa zehn Minuten lang ein Lavendelbad genießen. Weitere Heilkräuter für einen besseren Schlaf sind Baldrian, Hopfen, Orangenblüten und Passionsblume.

## Wie lange soll ein Kind schlafen?

Haben Sie das Gefühl, Ihr Kind schläft zu wenig oder zu viel? Wenn Sie in diesem Punkt unsicher sind, helfen Ihnen wahrscheinlich die folgenden Durchschnittswerte. Sie dienen jedoch lediglich der Orientierung, denn jedes Kind ist anders und jedes hat seine ganz individuellen Bedürfnisse.

### Säuglinge sind Vielschläfer

Befindet es sich noch im Säuglingsalter, ist es also etwa einen oder zwei Monate alt, schläft es durchschnittlich 17 bis 19 Stunden gleichmäßig über den Tag und die Nacht verteilt. Die Schlafenszeit wird lediglich von kurzen Wachphasen, in denen es gestillt oder per Fläschchen gefüttert wird, unterbrochen. Ganz langsam schlummert es dann ein wenig länger in der Nacht, während es tagsüber aktiver wird und für längere Zeit wach ist.

### Regelmäßiger Schlaf-Wach-Rhythmus bei kleinen Kindern

Ab einem Alter von drei Monaten braucht Ihr Kind nur noch ungefähr 16 Stunden Schlaf. Es stellt sich ein fast regelmäßiger Schlaf-Wach-Rhythmus ein. Mit etwa sechs Monaten schläft es zirka 15 Stunden; manche Kinder in diesem Alter begnügen sich sogar mit nur elf Stunden Schlaf, was Ihnen keine Sorgen bereiten muss. Wenn Sie Glück haben, fällt jetzt schon die nächtliche Fütterung weg. Bis etwa zum fünften Lebensjahr bleiben diese elf Stunden Nachtruhe konstant. In dieser Zeit schlummert Ihr Kind auch tagsüber nach und nach immer weniger. Während es ab dem sechsten Lebensmonat noch zweimal täglich schläft, reicht ab einem Alter von zwei Jahren ein kleiner Mittagsschlaf, der dann irgendwann ganz wegfällt.

### Schulkindern reichen oft acht Stunden

Bis es etwa zehn Jahre alt ist, benötigt Ihr Kind rund zehn Stunden Schlaf, danach reichen ihm möglicherweise neun Stunden. Manche Kinder sind auch nach nur acht Stunden am nächsten Tag wieder vollkommen fit. Machen Sie sich bitte keine Sorgen, falls Ihr Kind von diesen Richtwerten abweicht. Schläft es allerdings deutlich weniger oder deutlich mehr, dann sollten Sie versuchen, seine Schlafgewohnheiten zu ändern. Denn Kinder, die nicht ausreichend schlafen, können unausstehlich sein, sie sind lustlos und bringen in der Schule nicht die erforderlichen Leistungen. Kinder, die zu viele Stunden in der Nacht schlafen, bilden eher die Ausnahme. Gehört Ihr Nachwuchs jedoch zu dieser Gruppe und ist er tagsüber lethargisch und antriebsschwach, sollten Sie den Rat Ihres Kinderarztes einholen.

**Tipp**

Vor allem Schulkinder brauchen eine feste Zubettgehzeit, weil sie morgens früh aus dem Bett müssen. Achten Sie also darauf, dass Ihr Kind einen geregelten Schlaf-Wach-Rhythmus hat.

# Schlafen im Elternbett

## Pro

Nicht nur Babys, auch Klein- und Schulkinder genießen es, wenn sie bei Mama und Papa im Bett schlafen dürfen. Viele Eltern, vor allem die Mütter, die mit ihrem Kind eng verbunden sind, finden das ebenfalls angenehm und sehr kuschelig. Gerade im Säuglingsalter, wenn das Kleine in der Nacht Hunger hat und gestillt werden muss, ist es praktisch, wenn die Mutter nicht extra aufstehen und das Baby zum Füttern aus seinem Bettchen nehmen muss. Nach der Nahrungsaufnahme können dann Mutter und Kind gleich wieder einschlafen. Wichtig ist jedoch das Einverständnis des Partners, wenn der Säugling neben Mama schlafen darf. Auch, wenn der Nachwuchs einen Albtraum hatte oder krank ist, kriecht er gerne zu seinen Eltern ins warme Bett, um deren Nähe zu spüren und sich sicher zu fühlen. Übrigens: In anderen Kulturkreisen ist es selbstverständlich, dass alle Familienmitglieder in einem großen Bett schlafen und so das Gefühl der Zusammengehörigkeit genießen.

## Kontra

Mal ganz ehrlich: So schön es ist, das geliebte Kind die ganze Nacht sehr nah bei sich zu haben, aber strampelt das Kleine nicht immer wieder zwischendurch so heftig, dass Sie davon wach werden? Und dreht sich das kleine Kind nicht öfter herum oder nuckelt so laut, dass Sie unweigerlich aufwachen oder gestört werden? Was sagt außerdem Ihr Partner dazu, wenn es aus ist mit der gemütlichen Zweisamkeit, die Sie doch immer so genossen haben, bevor Ihr Kleines sich in Ihrem Bett breit gemacht hat? In der Tat bleibt nicht selten das Sexualleben des Elternpaares auf der Strecke, wenn Mama und Papa es dem Kind erlauben, regelmäßig in ihrem warmen Nest zu schlummern. Oder ist gar das Kind ein Vorwand, um - mehr oder weniger bewusst - eine Distanz zum Partner zu schaffen? Fest steht: Wenn Ihre Nachtruhe durch Ihr Kind gestört wird, sollten Sie ihm auf sanfte, aber liebevolle Weise klarmachen, dass sein Besuch im Elternbett nur vorübergehend und in Ausnahmesituationen erlaubt ist und dass es auch im Kinderbettchen, umgeben von Kuscheltieren, sehr gemütlich sein kann. Zugegeben, die Umstellung aufs eigene Bett fällt den meisten Kindern schwer und bedeutet zunächst einmal Stress für die ganze Familie. Aber wenn es dann endlich geschafft ist, können alle wieder besser schlafen.

# Mein Kind wird nicht sauber

Wie wird mein Kind die Windel los und wann fange ich mit der Sauberkeitserziehung an? Die Frage, wann der richtige Zeitpunkt fürs Töpfchen oder die Toilette gekommen ist, beschäftigt Kleinkind-Eltern seit Generationen. Um sie zu klären, fragen viele Mütter und Väter bei Freunden und Verwandten nach. Auch Großeltern geben häufig ihre mehr oder weniger geschätzte Meinung ab, und viele Freunde und Bekannte geben gut gemeinte, aber oft völlig unterschiedliche Ratschläge oder prahlen mit den Erfolgsstorys ihrer eigenen, so rasch sauber gewordenen Superkinder. Dazu kommt noch, dass das Windel-ade-Thema auch in Expertenkreisen immer wieder kontrovers diskutiert wird. Die Verunsicherung auf Seiten der Eltern ist da verständlicherweise oft sehr groß.

## Sauberkeitserziehung früher mit viel Druck

Fest steht, dass in den letzten Jahrzehnten ein deutlicher Wandel stattgefunden hat, wann und wie Kinder sauber werden sollen. Während es hier in den 1950er- und 1960er-Jahren im Allgemeinen noch sehr streng zuging, sieht man das heute etwas lockerer. Damals setzten Mütter ihre Kinder oft schon vor dem ersten Geburtstag aufs Töpfchen. Es gab häufig regelrechte Dressurakte, das Kind musste sich im Stundentakt auf sein kleines Klosett begeben und so lange darauf sitzen bleiben, bis das Geschäft wirklich erledigt war. Auch Schimpfen und Bestrafen waren an der Tagesordnung, die Kleinen wurden gerügt, wenn doch mal was in die Windel ging.
Heute sehen die meisten Eltern dieses Thema glücklicherweise sehr viel liberaler. Und das ist gut so. Denn Erkenntnisse aus der Entwicklungspsychologie belegen, dass es keinen Sinn macht, ein Kind in Sachen Sauberwerden zeitlich unter Druck zu setzen. Zum einen kann zu großer Zwang, womöglich auch noch mit Bestrafungen, die Ursache für spätere seelische Probleme sein; beispielsweise kommt

**Tipp**

Machen Sie sich keine Sorgen, falls Ihr Kind ein bisschen länger als andere seine Windel behalten möchte. Bleiben Sie auch in punkto Sauberkeitserziehung möglichst gelassen.

es vor, dass dann die Einstellung zum eigenen Körper gestört ist. Zum anderen muss die Motivation zum Sauberwerden vom Kind selbst ausgehen. Außerdem ist eine bestimmte körperliche und geistige Reife nötig, damit das Kind den Entwicklungsschritt überhaupt vollziehen kann. Es ist Fakt, dass ein Kind frühestens mit zwei Jahren den Blasen- und Darmmuskel bewusst kontrollieren kann. Und erst wenn diese wichtigen Körperfunktionen wirklich funktionieren, ist es sinnvoll, das Thema »Töpfchen« ernsthaft anzugehen. Deshalb ist es ratsam, dass Sie gelassen bleiben, Geduld zeigen und sich selbst sowie Ihr Kind nicht stressen.

### Verunsicherung bei den Mamas

Trotzdem ist zu beobachten, dass Mütter um den dritten Geburtstag ihres Kindes ein bisschen nervös werden, wenn es so gar keine Anstalten macht, sich von seinem Windelpaket zumindest zeitweise zu verabschieden. Ohne dass sie es wollen, tauchen häufig solche und ähnliche Fragen auf: Ist mein Kind noch normal? Sollte es nicht schon längst die Toilette benutzen? Was kann ich tun, wenn es in ein paar Monaten immer noch nicht sauber ist?

Viele Mütter beginnen dann, Ihr Kleines mit dem von anderen Müttern zu vergleichen. Sie fragen beispielsweise ängstlich: »War dein Sebastian mit drei auch noch nicht sauber?« oder »Kannst du deinen Thomas auch nicht im Kindergarten anmelden, weil er noch eine Windel trägt, so wie mein Christian?« Wenn dann womöglich die

> Bleiben Sie beim Thema Sauberwerden ganz locker und entspannt, Ihr Kind wird es schon zur rechten Zeit lernen.

Antwort lautet: »Natürlich geht mein Thomas bald in den Kindergarten, er braucht längst keine Windel mehr«, ist der Frust groß und Christians Mutter glaubt, mit ihrem Kind sei etwas nicht in Ordnung. Grundsätzlich ist die Zeit, in der die Kinder in den Kindergarten kommen, die »unsichtbare Schwelle«, der Richtwert, an dem sich Mütter orientieren, wenn es ums Sauberwerden geht. Kann diese Schwelle nicht zur rechten Zeit überschritten werden, fangen die Mütter an, sich Sorgen zu machen und ihr Kind und sich selbst ganz plötzlich unter Druck zu setzen. Meistens geben die Mütter sich selbst die Schuld dafür, dass es mit dem Töpfchen noch nicht klappen will. Sie fragen sich, ob sie nicht zu nachlässig waren und reden sich ein, sich nicht genügend darum bemüht zu haben, dass ihr Nachwuchs sauber wird. Aber gerade das ist falsch in dieser Phase, denn Druck, Stress und Sorgen übertragen sich auf das Kind. Die Kleinen haben sehr feine Antennen und spüren genau, wenn Mama unsicher ist. Sie werden dann ebenfalls ängstlich und wollen alles richtig machen, damit ihre Mutter sich nicht mehr so sehr sorgt. Das belastet die Kleinen und blockiert sie beim Windel-ade-Thema umso mehr, der Teufelskreis schließt sich: Aus einer eigentlich harmlosen Angelegenheit – schließlich hat jedes Kind sein ganz individuelles Entwicklungstempo – kann sich eine echte Störung entwickeln.

### Vertrauen Sie Ihrem Kind

So weit muss es aber nicht kommen. Sie als Eltern können nämlich durchaus positiv auf das Töpfchen-Geschehen einwirken. Setzen Sie ruhig großes Vertrauen in die Fähigkeiten Ihres Kindes.
Sie müssen nur eines berücksichtigen: Ihr Kind ist einzigartig und braucht seinen ganz persönlichen Entwicklungsspielraum, der vom zeitlichen Ablauf her bei jedem Kind unterschiedlich ist. Falls Sie aber unsicher sind und sich zu große Sorgen machen, ob die Fortschritte Ihres Kindes auch wirklich noch im Bereich der Norm liegen, fragen Sie Ihren Kinderarzt. Er kann prüfen, ob eventuell ein organisches Problem hinter der verzögerten Blasen- und/oder Darmkontrolle steckt. Auch das kann ganz harmloser Natur sein.

## Mein Kind nässt plötzlich wieder ein

Es kommt häufig vor, dass ein Kind, das mühelos sauber geworden ist, plötzlich wieder in die Hose macht. Fast immer lässt sich das darauf zurückführen, dass sich in der Lebenssituation des Kindes etwas geändert hat. Oft sind es große Herausforderungen, zum Beispiel der Übertritt in den Kindergarten, die offensichtlich alles durcheinanderbringen und die bereits erlernte Fähigkeit der Blasen-

**Tipp**

Meist verbirgt sich nichts Ernstes dahinter, wenn Ihr Kind plötzlich wieder einnässt. Zu Ihrer eigenen Beruhigung sollten Sie aber in jedem Fall Ihren Kinderarzt darauf ansprechen und gegebenenfalls auch noch einen Kinderpsychologen konsultieren.

und Darmkontrolle zumindest zeitweise außer Kraft setzen. So wie beim vierjährigen Fabian, einem temperamentvollen, neugierigen Jungen, der seit kurzer Zeit die Vorschule besucht. Zu Hause erzählt er immer ganz aufgeregt, was er alles gelernt und erlebt hat. Seine Schilderungen sind ausgesprochen lebhaft, fantasievoll, aber oft auch ein bisschen aufgeregt. Plötzlich bemerkt die Mutter, dass die Hose nass ist. Fabian selbst nimmt das gar nicht wahr.

Es ist eine entwicklungspsychologische Erkenntnis, dass das erneute Einnässen von Kindern, die schon sauber waren, in besonderen Situationen durchaus vorkommen kann, zum Beispiel, wenn die Kinder besonders belastet oder aufgeregt sind, im Positiven wie im Negativen. Plötzlich wird dann die Hose nass, beispielsweise wenn sie heftig erschrecken, wenn sie Angst haben, wenn sie sich - wie im Fall von Fabian - übermäßig freuen und sich geradezu überschlagen, von ihren Abenteuern und Erlebnissen zu erzählen, oder auch während einer sehr spannenden Beschäftigung wie beim gruseligen Geisterspiel oder beim Verstecken.

Manchmal können große Aufregung oder Freude bewirken, dass etwas in die Hose geht.

**Tipps bei Rückfällen:**

Bleiben Sie gelassen, denn es ist völlig normal, dass ein Kind, das eigentlich keine Windel mehr braucht, auch mal Rückfälle erleidet. Wenn Ihr Kind körperlich gesund ist, keinen Blaseninfekt und auch keine Harnröhrenverengung oder andere körperliche Schwierigkeit hat, brauchen Sie das Einnässen nicht als Problem anzusehen. Ihr Kind befindet sich wahrscheinlich in einer emotional besonders sensiblen Phase, vielleicht erfährt es im Augenblick viel Neues und Aufregendes, möglicherweise hat seine junge Seele auch den einen oder anderen Kummer zu verarbeiten. Beobachten Sie Ihr Kind aufmerksam und geben Sie ihm viel Zuwendung. Ein Tagebuch kann hilfreich sein: Notieren Sie darin, was Ihr Nachwuchs auf emotionaler und körperlicher Ebene erlebt hat, beispielsweise ob er Kummer oder Angst hatte, ob er gut gelaunt war und ob das Geschäft in die Toilette, in die Hose, oder ins Bett ging.

## Mein Kind macht nachts ins Bett

Die fünfjährige Andrea braucht schon seit fast anderthalb Jahren keine Windel mehr. Sie geht tagsüber selbstständig auf die Toilette, die einen speziellen Kinderaufsatz hat, um das kleine und große Geschäft zu erledigen; auch das Abputzen des Popos beherrscht sie gut; nachts gibt es ebenfalls keine Probleme, sie bleibt trocken.

Die Geburt eines Geschwisterkindes bringt gravierende Veränderungen mit sich: Das Baby ist anstrengend, die Mutter muss sich intensiv um den Nachwuchs kümmern und ihre Halbtagsstelle aufgeben. Der Vater sorgt ab jetzt alleine für das Familieneinkommen. Er ist viel unterwegs, kommt meistens sehr spät nach Hause und fällt dann todmüde ins Bett, oft ohne seiner größeren Tochter eine gute Nacht zu wünschen, denn sie schläft um diese Zeit schon lange. Auch auf die geliebten Geschichten, die Papa ihr des Öfteren vor dem Einschlafen erzählt hat, muss Andrea nun fast immer verzichten. Eines Morgens merkt die Mutter, dass Andreas Schlafanzug sowie das Bettlaken völlig durchnässt sind. Das kleine Mädchen hatte nachts, ohne es zu merken, ins Bett gemacht. Das passiert in letzter Zeit öfter, manchmal sogar zweimal in der Woche. Die Mutter ist wegen der zusätzlichen Arbeit ziemlich genervt: Sie muss das Bett abziehen, die Bezüge und die Decke waschen und neu beziehen. Andrea selbst fühlt sich deswegen schlecht und meint, sie trage die Schuld am Stress ihrer Mutter. Manchmal ist sie sehr traurig darüber.

Ihr Kind ist jetzt trocken? Darüber freut es sich wahrscheinlich selbst am meisten.

**Tipps für kleine Bettnässer:**
Sie als Eltern müssen wissen, dass das Wechselspiel zwischen »trockenen« und »nassen« Phasen davon abhängt, was Ihr Kind alles erlebt. Das ist wissenschaftlich belegt. Manchmal kann sogar eine sogenannte »Enuresis-Therapie«, eine Verhaltenstherapie mit Klingelhose oder -matte, die das Kind durch einen Signalton aufweckt, nicht helfen. Auch der Versuch, das Problem durch Medikamente, ein spezielles Blasentraining oder durch Aufwecken in der Nacht zu beheben, schlägt oft fehl, weil die positiven sowie negativen Tageserlebnisse einfach einen zu starken Einfluss auf das Kind haben. Das Beste ist daher, Sie schenken Ihrem Nachwuchs viel Aufmerksamkeit und sprechen über möglichen Kummer. Schimpfen Sie Ihr Kind auf keinen Fall, wenn es nachts ins Bett gemacht hat. Vertrauen Sie darauf, dass sich das wieder verliert, vor allem dann, wenn sich die familiäre Situation oder das soziale Umfeld zum Positiven hin ändert, wenn also Belastendes wegfällt. Sollte das Bettnässen jedoch über längere Zeit bestehen und Ihr Kind offensichtlich darunter leiden, vor allem wenn es deshalb Schuldgefühle entwickelt, ist es wichtig, den Kinderarzt und/oder einen Kinderpsychologen zu Rate zu ziehen

### Bitte nicht schimpfen!

Den meisten Kindern passiert solch ein nächtliches Malheur nur ab und zu. Wenn sie einen schönen Tag erlebt haben, wenn sie fröhlich waren, in angenehmer Atmosphäre ruhig und friedlich gespielt haben, dann sind sie auch in der Nacht – bis auf zehn Prozent der Einnäss-Kinder – trocken. Schlechte Erfahrungen oder – wie im Fall von Andrea – einschneidende Veränderungen in der Familie können dazu beitragen, dass einem Kind in der Nacht die Blasenkontrolle auf einmal nicht mehr gelingt beziehungsweise dass es nachts wieder einnässt, nachdem es schon einmal trocken war.

### Mein Kind macht aus Trotz und Wut in die Hose

Der vierjährige Toni wird in letzter Zeit im Kindergarten immer öfter von der ein Jahr älteren Vanessa geärgert. Einmal macht sie sich über sein kariertes Hemd lustig, ein andermal lacht sie ihn aus, weil er die Legosteine zu langsam aufräumt. Aber auch die anderen Kinder ärgern Toni, schubsen ihn und verstecken seine Brotzeit. Eines Tages bemerkt die Kindergärtnerin, dass der Junge eine nasse Hose hat, unmittelbar nach einer Hänselei von Vanessa.

## Tipp

Wenn Sie einen Sohn haben, denken Sie daran: Buben brauchen grundsätzlich länger mit dem Sauberwerden. Es ist wissenschaftlich erwiesen, dass die Kontrolle der Blasen- und Darmfunktion den kleinen Mädchen eher gelingt als den Jungs.

**Tipps für kleine Wut- und Trotznässer:**

Schimpfen ist auch in diesem Fall nicht die richtige Maßnahme, denn es könnte die emotionale Situation des Kindes noch verschlimmern und erst recht trotzigen Widerstand und Wut auf den Plan rufen. Tröstender Zuspruch ist jedoch auch fehl am Platz, weil das Kind dadurch Anerkennung erhält und auf diese Weise nicht lernt, das Einnässen zu unterlassen. Am besten versuchen Sie, eine möglichst neutrale Haltung einzunehmen und nicht besonders auf die Situation einzugehen. Wechseln Sie ohne großes Aufheben seine (Unter-)Hose, bleiben Sie dabei ruhig und gelassen. So begreift Ihr Kind am ehesten, dass es mit seinem Verhalten nichts bewirken kann, also weder negative noch positive Reaktionen hervorruft. Sie werden sehen, nach einiger Zeit ist das Thema »Konfliktnässen« aus der Welt geschafft.

Dieses Phänomen wird als »Konfliktnässen« bezeichnet. Auf Frustrationen, Enttäuschungen und Streitereien mit Freunden oder Geschwistern reagiert das Kind wütend und nutzt das Einnässen oder sehr selten auch Einkoten als Ventil, um Wut und Zorn abzuleiten. Es kann auch aus Trotz passieren, etwa wenn sich ein Kind bestimmten Anordnungen und Geboten im Elternhaus oder im Kindergarten widersetzt oder wenn es für ein Fehlverhalten bestraft wurde. Wenn es eine Strafe nicht akzeptieren will und sich innerlich dagegen auflehnt, drückt es seinen Widerstand und seine Rebellion dadurch aus, dass es in die Hose macht. Das Kind versucht damit unbewusst, seinerseits die Mutter, den Vater oder andere Erziehungspersonen zu bestrafen.

## Mein Kind macht das große Geschäft in die Hose

Mit der Kontrolle der Darmfunktionen haben die meisten Kinder viel weniger Probleme als mit der Kontrolle der Blase. Das liegt vor allem daran, dass sich der Darm mit deutlicheren Zeichen bemerkbar macht und meist noch genügend Zeit bleibt, auf die Toilette zu gehen. Daher ist ein kleines Kind schon bald in der Lage, das große Geschäft in aller Ruhe selbst anzukündigen. Ab einem Alter von etwa drei Jahren, spätestens mit vier haben Kindern ihren Stuhlgang im Allgemeinen unter Kontrolle. Wenn es hier zu Problemen kommt, wird das sowohl von den Eltern als auch von den Kindern meist als sehr viel belastender erlebt als eine nasse Hose. Das ungewollte Einkoten verunsichert und beschämt die Kinder sehr, es ist ihnen pein-

**Tipp**

Die Beherrschung des After- oder Blasenschließmuskels wird von kleinen Kindern gerne mal als Kampfmittel benutzt, um ihren Willen durchzusetzen. Gehen Sie auf dieses Gefecht gar nicht erst ein, bleiben Sie ganz gelassen.

lich löst oft großen Stress aus. Die Eltern wissen meistens nicht, was sie tun sollen: Wäre es nicht doch besser, ihr Kind würde wieder Windeln tragen? Aber wie lange? Und wann hört das endlich auf? Leider stößt dieses Thema auch im sozialen Umfeld, beispielsweise bei den Erzieherinnen im Kindergarten, oft auf wenig Verständnis. Bewusst oder unbewusst geben sie möglicherweise den Eltern die Schuld an den Schwierigkeiten des Kindes und führen es auf mangelnde oder falsche Erziehungsmethoden zurück. Die Grenzen der Toleranz sind hier schnell erreicht und so vergrößert sich das Problem für Eltern und Kinder. In große seelische Not gerät das Kind oft auch, wenn seine Freunde mitbekommen, dass es ein Problem hat. Kinder können an diesem Punkt häufig richtig gnadenlos sein und das betroffene Mädchen oder den Jungen mit Spott und Häme überschütten. Das kann den Druck auf das Kind noch mehr verstärken.

Es ist sehr wichtig, dem Kind in dieser Situation Liebe und Zuwendung zu schenken.

**Tipps zur besseren Darm-Kontrolle:**

Wie beim Einnässen ist es auch bei Schwierigkeiten mit dem großen Geschäft sehr wichtig, nach den Ursachen zu forschen. Oft sind es Darmprobleme, zum Beispiel Stuhlverhalt nach einer Verstopfung, die hinter der sogenannten Enkopresis - das ist der medizinische Fachausdruck für das Einkoten - liegen. Manchmal sind die Nervenfunktionen zur Darmkontrolle noch nicht ausreichend entwickelt oder es liegt eine anatomische Veränderung des Darms vor. Das Problem des Einkotens ist glücklicherweise meist eher harmlos und verliert sich mit der Zeit von selbst, nämlich wenn die auslösende Ursache verschwunden ist. Konsultieren Sie in jedem Fall Ihren Kinderarzt und sprechen Sie ausführlich mit ihm über die Situation. Gegebenenfalls kann er noch andere Spezialisten hinzuziehen, um das Problem abzuklären und, falls nötig, eine entsprechende Behandlung einleiten.

Manche Kinder reagieren auch auf Stress und belastende Situationen mit Einkoten. Der Darm ist ein empfindliches Organ, das die Seele beeinflussen kann. Lassen Sie Ihr Kind mit seinen Sorgen nicht alleine, sondern sprechen Sie mit ihm darüber und schenken Sie ihm viel Zuwendung. Auch eine kinderpsychologische Beratung kann hier eine wirkungsvolle Unterstützung bieten.

## Die sieben goldenen Regeln für stressfreies Sauberwerden

Sind Sie besorgt, weil Ihr Kind der Windel nicht ade sagen will? Unterstützen Sie das Training von Blase und Darm auf spielerische Weise, damit Ihr Kleines schließlich ganz von selbst die lästige Windel über Bord wirft. Wie einfach das geht, zeigen Ihnen die folgenden Ratschläge:

### 1. Regel: Bleiben Sie gelassen und geduldig

Wenn Sie das Sauberwerden bei Ihrem Kind mit aller Macht vorantreiben wollen, bringt das gar nichts. Es ist völlig egal, ob Sie locker mit dem Thema umgehen (was natürlich besser ist) oder ob Sie den Gang aufs Töpfchen beziehungsweise auf die Toilette mit Ihrem Kind regelrecht trainieren. Beschleunigen können Sie die Entwicklung Ihres Kindes nicht, denn normalerweise ergibt sich bei entsprechender Förderung alles wie von selbst. Begleiten Sie Ihr Kleines liebevoll und freuen Sie sich, wenn es sich allmählich dem Töpfchen zuwendet.

## 2. Regel: Üben Sie keinen Druck aus

Vertrauen Sie auf Ihre eigene Intuition, und stellen Sie sich ganz auf die individuelle Wesensart Ihres Kindes ein. Es kommt in seinem eigenen Tempo voran, nicht schneller und nicht langsamer. Das sollten Sie akzeptieren. Lassen Sie sich nicht von anderen Eltern irritieren, falls sich deren Kinder ein wenig rascher entwickeln. Jeder ist anders, und es gibt in allen Bereichen, auch in punkto Sauberwerden, große Unterschiede. Ihr Kleines braucht keiner bestimmten Norm zu entsprechen.

> Ihr Kind darf sich auf dem Töpfchen ruhig Zeit lassen und während des Geschäfts ein Bilderbuch anschauen.

## 3. Regel: Fördern Sie die Eigeninitiative Ihres Kindes

Trauen Sie Ihrem Kind zu, dass es von selbst gerne die einzelnen Schritte des Sauberkeitstrainings macht. Geben Sie ihm vor allem immer wieder einmal die Chance, selbst zu entscheiden, was es tun und lassen möchte. Seien Sie Ihrem Kind ein guter, hilfreicher Begleiter auf dem Weg ins Trockene, unterstützen Sie es in den einzelnen Phasen und stärken Sie dabei seine Selbstwahrnehmung. So entdeckt Ihr Kind ganz allein, was die Signale seines Körpers bedeuten und wie es darauf zu reagieren hat.

## 4. Regel: Üben Sie spielerisch mit Ihrem Kind

Beobachten Sie Ihr Kind. Hat es möglicherweise bereits einen bestimmten Rhythmus für sein »großes Geschäft« gefunden und sendet es vorher bestimmte Signale aus? Widmen Sie Ihrem Kind viel Zeit. Wenn Sie mit ihm spielen, können Sie es beispielsweise eine Puppe füttern und wickeln lassen. Ihre Intuition leitet Sie, wenn Sie ihm ein Gefühl für seine verschiedenen Körperempfindungen vermitteln. Während Sie Ihrem Nachwuchs zu essen geben, sagen Sie »hmmmm, das schmeckt«. Ist er dann satt, streicheln Sie seinen kleinen Bauch. Ihr Kind versteht sehr schnell, ob Sie seinem Handeln zustimmen oder es ablehnen, indem Sie den Kopf schütteln oder nicken. Nehmen Sie seine zarten Signale wahr und geben Sie ihm ein Feedback.

Damit helfen Sie ihm, sich selbst immer besser kennenzulernen und zu verstehen.

### 5. Regel: Finden Sie den optimalen Zeitpunkt

Ihr Kind muss nicht unbedingt an seinem dritten Geburtstag sauber sein! Warten Sie geduldig, bis es die Windel ganz von selbst loswerden möchte. Am besten verlegen Sie das Töpfchen-Training auf den Sommer. Wenn es draußen warm ist, gelingt das Ablegen der Windel viel leichter. Kinder tollen bekanntlich mit großer Freude nackt auf der Wiese herum, bauen Sandburgen, gießen die Blumen und beschäftigen sich auf der Terrasse. Nutzen Sie diese Gelegenheit, denn draußen ist es schließlich nicht so schlimm, wenn mal »was danebengeht«. Das nächste Mal klappt es dann sicher besser und das Geschäft wandert ins Töpfchen.

### 6. Regel: Besorgen Sie die richtigen Hilfsmittel

Natürlich brauchen Sie nicht alles zu kaufen, was der Markt fürs Sauberwerden zu bieten hat. Es müssen nicht unbedingt spezielle Trainingswindeln sein, wenn Sie das Gefühl haben, Ihr Kind schafft den Übergang auch auf andere Weise. Aber manchmal bewirkt ein buntes Töpfchen, vielleicht in Form eines Rennwagens oder eines Tieres, wahre Wunder. Auch ein Toilettenaufsatz hat sich schon vielfach bewährt. Nehmen Sie Ihr Kind mit, wenn Sie eine solche Anschaffung tätigen, denn es soll selbst entscheiden, was ihm gefällt. Bestimmt ist es dann ganz stolz, dass es schon so viel Verantwortung übernehmen darf, und außerdem motiviert der Einkauf Ihr Kind, das Ziel, nämlich sauber zu werden, bald zu erreichen.

### 7. Regel: Belohnen Sie kleine Erfolge

Es gibt viele Möglichkeiten, wie Sie Ihr Kleines auf dem Windel-ade-Weg belohnen können. Intensive Zuwendung und aufmunternde Worte sind immer ein guter Ansporn. Auch Mini-Geschenke wie Murmeln oder Abziehbildchen sind als Belohnung geeignet. Vielleicht haben Sie Lust, einen kleinen Überraschungskalender für »trockene« Tage und Nächte zu basteln? Sicher macht das auch Ihrem Kind viel Spaß und hilft ihm, die Windel bald abzulegen. Sorgen Sie außerdem dafür, dass das emotionale Umfeld Ihres Kindes auf dem Weg zum Sauberwerden genauso von Zuneigung und Fürsorge geprägt ist wie in der Zeit davor, damit es auf keinen Fall das Gefühl bekommt, es würde ihm etwas fehlen. Da der intensive Kontakt zwischen Ihnen und Ihrem Kind während der Wickel-Prozedur jetzt wegfällt, sollten Sie ihm auf andere Weise viel Zuwendung geben.

**Tipp**

Freuen Sie sich, wenn Ihr Kind schon so reif ist, sein Geschäft ins Töpfchen zu machen. Loben Sie Ihren Nachwuchs gebührend für seine »Leistungen«, das spornt ihn an. Auch kleine Geschenke wie beispielsweise Abziehbildchen, die Ihr Kind aufs Töpfchen kleben darf, sind motivierend.

# Mein Kind missachtet alle Regeln

»Da will ich aber nicht hin!«, »wann sind wir denn endlich daaaa?«, »Igitt – Spinat!« »Hab keinen Bock auf Hausaufgaben« »Ich räum nicht auf!« ... Ob es der Besuch bei der Oma, die Fahrt in den Urlaub, das Mittagessen oder der Kinobesuch ist, ob es um die pünktliche Erledigung der Hausaufgaben oder ums Zimmeraufräumen geht, der Nachwuchs ist einfach ständig nörgelig, motzig und trotzig. Er hält sich an keine Vereinbarungen, hat an allem etwas auszusetzen, und wenn man ihm etwas sagt, tut er so, als sei er völlig taub. Der kleine Nörgler und Trotzkopf findet es »gemein«, dass er mit zur Oma soll, die Fahrt dauert »ätzend lange«, das Essen schmeckt »ekelhaft«, und der Film ist »doof«. Das Zimmer ist auch nach zahlreichen Ermahnungen noch nicht aufgeräumt, im Schulranzen herrscht ein heilloses Durcheinander, und die Frage nach den Hausaufgaben entlockt ihm nur ein gleichgültiges Achselzucken. Wer Kinder hat, erlebt solche Situationen immer wieder. Die lieben Kleinen sind keineswegs immer nur Engelchen, sondern können einem ganz schön auf die Nerven gehen und richtige Bengelchen sein.

## Die klassischen Elternfehler

Kinder schaffen es nur allzu oft, sich mit einem erstaunlichen Stoizismus allen Regeln und Strukturen zu widersetzen, die ihre Eltern mühsam im Alltag zu etablieren versuchen. Wenn die Väter und Mütter dann nicht konsequent dagegenhalten und sich nicht tagtäglich aufs Neue mit ihrem Kind auseinandersetzen, kann es passieren, dass es die Grenzen seines eigenen kleinen Reiches immer weiter ausweitet, seinen Willen immer stärker durchsetzt und die Wünsche, Forderungen und Grenzen seiner Eltern immer weniger beachtet. Bezüglich der klassischen Elternfehler in der Erziehungsarbeit lassen sich zwei Kategorien unterscheiden: Da gibt es auf der einen Seite die Eltern, die zu nachlässig sind, alles locker sehen und die Regeln

**Tipp**

Sie als Eltern sollten in Ihrer Erziehung nicht alles auf die leichte Schulter nehmen. Aber auch das Gegenteil, zu große Härte und Strenge, tun Ihrem Kind nicht gut.

wachsweich formulieren. Sie greifen zu wenig ein und überlassen ihrem Kind viel zu viel selbst. Auf der anderen Seite sind da die Eltern, die alles zu ernst nehmen und zu streng mit ihrem Kind umgehen. Sie maßregeln es wegen jeder Kleinigkeit oder wollen es gar mit drastischen Strafen zur Vernunft bringen. Weder zu große Nachlässigkeit und Lockerheit noch zu große Strenge und Härte der Eltern sind gut für Kinder. Am besten sollten Sie bei der Erziehung Ihres Nachwuchses den goldenen Mittelweg finden. Wie das geht, erfahren Sie im Folgenden. Wir zeigen Ihnen, wo die häufigsten Probleme liegen und wie Sie diese vermeiden können:

## Die typischen Probleme mit den Regeln: Eltern sprechen keine klaren Worte

Unklare Anweisungen und ungenaue Formulierungen zählen zu den häufigsten Schwierigkeiten in der Kommunikation zwischen Eltern und Kindern. Sie provozieren Missverständnisse und führen bei den Kleinen zu Fehlverhalten, da sie nicht nachvollziehen können, was Vater oder Mutter wirklich meinen. So erklärt beispielsweise eine Mutter ihrem achtjährigen Sohn Dominik, dass es sehr unvernünftig ist, unmittelbar vor dem Essen noch etwas zu naschen. Süßigkeiten seien zum einen schlecht für die Zähne, zum anderen vergehe dann der Appetit aufs Essen. Diese Aussage ist deshalb für Dominik unverständlich, weil er der Formulierung »unvernünftig« nicht entnehmen kann, dass die Mutter es nicht gestattet, vor der Mahlzeit noch

Wenn Eltern zu wenig Richtlinien vorgeben, werden Kinder häufig bockig und wollen immer ihren Kopf durchsetzen.

etwas Süßes zu essen. Zudem vermittelt sie ihrem Sohn gleich zwei Botschaften in einem Satz, nämlich dass Süßigkeiten schlecht für die Zähne sind und den Appetit verderben. Damit ist der Junge allerdings überfordert, er versteht seine Mutter nicht richtig. Wie Sie es besser machen, lesen Sie auf Seite 129.

### Eltern finden nicht den richtigen Ton

Eltern machen häufig zweierlei Fehler in der Kommunikation mit ihren Kindern; zum einem bei dem, was sie sagen, zum andern in der Art, wie sie es sagen: Die elterlichen Aufforderungen werden oft in einem zu sanften, bittenden Ton vorgebracht oder sie arten - im Gegenteil dazu - gleich in Geschrei aus. Vor allem Mütter haben oft nicht genügend Selbstbewusstsein in der Erziehung ihrer Kinder. Sie vermitteln nicht deutlich genug, was sie wollen. Vor allem bei Söhnen, die in der Flegelphase stecken, aber auch ganz allgemein bei pubertierenden Jungen und Mädchen ist das häufig der Fall. Die Heranwachsenden verhalten sich in dieser Zeit vor allem den Eltern gegenüber bekanntlich besonders renitent, trotzig und ablehnend. Wenn die Eltern dann gleich losbrüllen - was Vätern eher passiert als Müttern -, ist das ein deutliches Zeichen für Überforderung. Die Eltern können sich nicht sachlich mit ihrem Kind auseinandersetzen. Wenn Mama oder Papa brüllen, stehen sie stark unter Stress und innerem Druck. Sie können nicht gelassen bleiben und haben womöglich Angst, in der Erziehung versagt zu haben. Besonders Väter ver-

Schreien Sie Ihr Kind nicht an, sondern sprechen Sie in einem ruhigen, aber bestimmten Ton.

langen mehr Respekt von ihren Kindern, indem sie anfangen, laut zu werden. Allerdings funktioniert das nicht, Brüllen und Schreien erzeugen nur noch mehr Anspannung bei allen Familienmitgliedern und lösen Trotz, Widerstand und Rückzug beim Kind aus.

## Eltern lassen sich auf Diskussionen ein

»Angelika, wir hatten ausgemacht, dass du heute Nachmittag dein Zimmer aufräumst.« »Jetzt nicht, Mama, ich muss erst mit Karin telefonieren und dann noch meine Hausaufgaben zu Ende machen.« »Jetzt erst, du hattest doch über zwei Stunden Zeit dafür?! Außerdem hattest du vorgestern schon versprochen, Ordnung zu schaffen!« »Mom, jetzt mach' doch keinen Stress, ich mach' ja schon, später ...« »Das sagst du immer, und dann passiert doch nichts.« »Ja, ist ja schon gut ...« »So geht das nicht weiter, warum hältst du dich nie an unsere Vereinbarungen, warum machst du nicht einfach das, was ich dir sage ...?« »...«

Endlose Diskussionen und Fragen wie »Warum tust du dies nicht, warum tust du das nicht« haben keinerlei erzieherischen Effekt, sondern zeugen vielmehr von einer gewissen Hilflosigkeit und Ohnmacht des Erziehenden. Kinder spüren ganz genau, wenn die Eltern nicht felsenfest hinter dem stehen, was sie sagen und wenn sie nicht die Durchsetzungsfähigkeit besitzen, ihr Ziel zu erreichen, nämlich dass das Kind die Anweisungen auch befolgt.

## Eltern lassen den Worten keine Taten folgen

»Wenn du jetzt nicht augenblicklich dein Fahrrad in den Schuppen stellst und deine schmutzigen Gummistiefel abwäschst, dann ...« (passiert gar nichts). Einer der häufigsten Erziehungsfehler ist die Inkonsequenz der Eltern. Sie achten nicht streng darauf, dass die Kids ihren Anweisungen auch wirklich folgen. Zwar merken die Eltern, dass die Kinder ihren Forderungen nicht nachkommen, aber sie reagieren nicht richtig darauf: Sie schimpfen vielleicht, machen ihrem Kind Vorwürfe oder drohen mit einer Strafe. Und dann ... passiert nichts. Schließlich stellt die Mutter das Fahrrad selbst in den Schuppen, sie reinigt selbst die Gummistiefel ihres Sohnes. Zwar ist sie zunächst wütend darüber, lässt das Thema aber schnell wieder fallen. Denn es wäre ziemlich anstrengend, ständig hinter dem Kind her zu sein und es immer wieder konsequent zu ermahnen, seine Pflichten zu erfüllen.

Kinder spielen unbewusst immer wieder ihre Macht aus, sie wollen sehen, wie weit sie gehen können und wo die Grenze der elterlichen Toleranz liegt. Sie versuchen, die Regeln zu sprengen oder sie ein-

**Tipp**

Geben Sie Ihrem Kind Spielraum zur freien Entfaltung, um seine Fähigkeiten zu entwickeln und selbstständiges Denken und Handeln zu lernen sowie die Verantwortung dafür zu übernehmen. Lassen Sie es in gewissen Bereichen und innerhalb eines bestimmten Rahmens gewähren, bleiben Sie aber trotzdem standhaft, wenn es um Dinge geht, die Sie selbst fordern.

fach nicht zu beachten. Und falls Kinder dann die Erfahrung machen, dass ihnen das gelingt, wenn sie nur hartnäckig genug bleiben und wenn sie sich einfach lange genug den Anweisungen widersetzen, dann haben sie ein großes Terrain gewonnen, das sie stets weiter ausbauen wollen. Die Eltern stehen dann vor immer größer werdenden Problemen in der Erziehung. Die Kinder machen irgendwann nur noch das, wozu sie gerade Lust haben. Manch ein Kind wird auf diese Weise zum kleinen Tyrannen und tanzt seinen Eltern ständig auf der Nase herum.

### Eltern drohen mit harten Strafen

»Tausendmal haben wir dir gesagt, dass du hier nicht Fußball spielen sollst. Dafür, dass du die Fensterscheibe eingeschlagen hast, bekommst du eine Woche Hausarrest und einen Monat kein Taschengeld!« So oder ähnlich reagieren verständlicherweise viele Eltern. Noch vor wenigen Jahrzehnten galten drakonische Strafen –wie eine Tracht Prügel, eine Ohrfeige oder ein paar Stockschläge auf die Finger – als legitimes Mittel, um Kinder zu Ordnung, Sauberkeit, Disziplin und Gehorsam zu zwingen.

»Eine Woche Hausarrest!« – keine gute Erziehungsmethode.

Nach erziehungswissenschaftlichen Erkenntnissen sind solche Maßnahmen völlig fehl am Platz und in hohem Maße kontraproduktiv, das heißt, der Erziehung des Kindes zu einem offenen, toleranten, selbstbewussten und selbstverantwortlichen Menschen vollkommen abträglich. Strafen oder gar Schläge führen keinesfalls zum Erfolg, sondern schaden dem Kind eher, weil sie es einschüchtern, frustrieren und verängstigen.

## Schläge machen alles noch schlimmer

Wenn ein Kind sehr oft hart bestraft wird, etwa mit Prügeln oder Hausarrest, ihm also die sozialen Kontakte entzogen werden, verschließt es sich. Es fühlt sich klein, hilflos und als Versager. Die Eltern sind in seiner Vorstellung stark, ja sogar übermächtig; möglicherweise versucht das Kind auch, vor der Härte von Vater und Mutter zu fliehen. Sobald es in die Pubertät kommt, rastet es dann nicht selten aus. Der Jugendliche möchte seinen eigenen Weg gehen. Allerdings fehlt ihm dazu die nötige Reife und Selbstständigkeit, es kommt zu großen Schwierigkeiten. Auch später, als Erwachsener, muss ein Mensch, der mit unerbittlicher Strenge und Lieblosigkeit erzogen wurde, mit dieser Prägung umgehen. Möglicherweise verfährt er dann mit den eigenen Kindern ebenso unnachgiebig – oder er lässt das Pendel auf die andere Seite schlagen und seinem Nachwuchs alles durchgehen. Beide Extreme sind bei der Kindererziehung jedoch unbedingt zu vermeiden.

## Dürfen Kinder »demokratisch« mitentscheiden?

Dass Kinder heute wesentlich liberaler erzogen werden, bringt ihnen viele Vorteile für ihre Entwicklung. Denn sie haben mehr Freiräume, können ihre Persönlichkeit besser entwickeln und haben wesentlich mehr Chancen, sich ihren ganz individuellen Begabungen und Interessen gemäß zu entfalten. Allerdings hat die liberale Erziehung auch ihre Grenzen, und zwar dort, wo sich die »Kompetenzbereiche« von Eltern und Kindern verwischen und nicht mehr klar ist, wer welche Position hat. So darf es in einer Eltern-Kind-Beziehung auch keine Demokratie geben. Der dänische Familientherapeut Jesper Juul formuliert es so: »Eltern und Kinder sind nicht gleichberechtigt, aber sie verfügen als Menschen über die gleiche Würde. Erwachsene müssen sich jederzeit so verhalten, dass sie die Würde des Kindes nicht verletzen. Aber gleichberechtigt ist das Kind deswegen nicht.« Gleichberechtigung heißt, dass auch die Pflichten und die Verantwortung gemeinsam übernommen werden müssen. Ein Kind kann das aber noch nicht.

**Tipp**

Schläge sind tabu, da sie sich als Erziehungsmaßnahme erwiesenermaßen nicht eignen. Sollte Ihnen doch einmal die Hand ausrutschen, entschuldigen Sie sich auf jeden Fall bei Ihrem Kind!

Ein Dreijähriger und auch ein Fünfzehnjähriger ist sicher überfordert damit, genauso viel Verantwortung zu tragen wie ein Erwachsener. Kinder können erst in kleinen Schritten lernen, gewisse Dinge zu entscheiden und dann auch dafür zu stehen. Ein Fünfjähriger ist etwa schon in der Lage, eine Packung Gummibärchen gerecht zwischen sich und seiner kleinen Schwester aufzuteilen. Aber vom Bäcker genügend Kuchen für die ganze Familie zu besorgen, würde ihn überfordern, er wüsste nicht, welche Menge er kaufen soll. Lassen Sie Ihren Kindern also die Möglichkeit, ganz langsam erwachsen zu werden. Bestimmte Entscheidungen treffen Sie, die Eltern, noch lange alleine!

## Vorsicht vor Überbehütung

Das Pendel darf allerdings auch nicht in die andere Richtung ausschlagen, dergestalt, dass Eltern ihren Kindern alles abnehmen, alles kontrollieren und ihnen keine Möglichkeit zur Selbstständigkeit und zur freien Entfaltung geben. Das geschieht heute zumeist nicht mehr - wie früher - aus einer unangebrachten Strenge und einer überzogenen Forderung nach unbedingtem Gehorsam, sondern viel mehr aus der Sorge der Eltern, ihrem Kind könnte etwas zustoßen oder es könnte Fehler machen. Diese Sorge um ein Kind ist eine ganz natürliche Elterreaktion, sie darf aber nicht zu mächtig werden, denn sonst wird sie zur so genannten »Overprotection« (Überbehütung). Es ist auch nicht möglich, ein Kind vor allem und jedem zu beschützen. Bei der heute recht häufig anzutreffenden Überbehütung passen die Eltern ständig auf die Kinder auf. Sie haben Angst, das Kind könnte hinfallen oder sich verletzen und vieles mehr. Schließlich können Eltern nicht permanent anwesend sein und es gehört wohl auch zum Leben dazu, sich ab und zu weh zu tun oder in ein Fettnäpfchen zu treten. Greifen Eltern immer schon vorzeitig ein, dann lernen Kinder nicht, mit Gefahren umzugehen. Die Kinder sollen Konflikte aber auch unter sich austragen. Vorsicht ist erst dann geboten, wenn es wirklich gefährlich wird, die Kleinen beispielsweise mit scharfen Gegenständen wie Messern oder Scheren hantieren. Zu viele Verbote unterbinden außerdem einen wichtigen Lernprozess. Ist fast alles untersagt, beispielsweise das Fahren ohne Stützräder, die Fenster alleine putzen oder eine Milch aufwärmen, wird die Entwicklung Ihres Kindes behindert. Wägen Sie immer von Fall zu Fall ab, was Sie Ihrem Kind überlassen und was nicht. Trauen Sie ihm ruhig auch einmal etwas zu! Die Tendenz des Überbehütens liegt nämlich gerade darin, dass Dinge verboten werden, die das Kind eigentlich seinem Alter entsprechend schon meistern könnte. Sagen

Sie Ihrem Kind, dass es aufpassen soll, aber bleiben Sie dennoch gelassen. Denn Kinder haben im Allgemeinen ja auch einen guten Schutzengel! Wenn Sie zu ängstlich sind, sollten Sie das besser verbergen, damit Ihr Kind nicht verunsichert wird.

## Die sieben goldenen Regeln für konsequente Erziehung

Wenn Sie das Gefühl haben, bei der Erziehung Ihres Kindes gerät Ihnen langsam alles aus dem Ruder, werden Ihnen die folgenden Ratschläge, die sich leicht in die Tat umsetzen lassen, sicher eine gute Hilfe sein:

### 1. Regel: Formulieren Sie klare Aussagen

Dominiks Mutter aus dem Beispiel von Seite 123 hätte Ihrem Sohn beispielsweise sagen können: »Wir essen in einer Viertelstunde zu Abend, deshalb darfst du jetzt keine Süßigkeiten naschen. Du kannst aber hinterher einen Nachtisch bekommen, etwa ein paar Stückchen Schokolade, wenn du darauf noch Appetit hast.« Wenn Sie sich so klar ausdrücken, weiß Ihr Kind, dass Naschen vor dem Essen verboten ist. Danach ist es (in Maßen) erlaubt. Am besten erklären Sie ihm auch mit ein paar Worten, warum Sie das so wollen und nicht anders. Machen Sie ihm verständlich, dass man keinen Hunger mehr hat, wenn man vor der Mahlzeit schon etwas anderes gegessen hat. Wahrscheinlich weiß es das längst, aber wiederholen Sie es trotzdem noch einmal.

> Ein herzlicher und liebevoller Umgang stärkt das Vertrauen Ihres Kindes und macht es Ihnen leichter, in Konfliktsituationen Regeln durchzusetzen.

### 2. Regel: Sprechen Sie mit fester Stimme

Achten Sie bei der Kommunikation mit Ihrem Kind auf den richtigen Tonfall. Sie sollten warmherzig, aber gleichzeitig auch bestimmt klingen. Ihr Kind soll merken, dass Sie selbst von dem überzeugt sind, was Sie sagen. Rückversichern Sie sich, dass Ihre Aussagen genau aufgenommen und verstanden werden. Wenn Sie beispielsweise erklären: »Ich möchte, dass du vor

dem Schlafengehen noch dein Zimmer aufräumst«, dann vergewissern Sie sich, dass Ihr Kind auch wirklich zugehört hat. Fragen Sie noch einmal freundlich nach: »Hast du mich gehört?« Wiederholen Sie gegebenenfalls Ihre Anweisung und lassen Sie sich nicht auf Diskussionen ein!

### 3. Regel: Achten Sie auf Ihre Körpersprache und Ihre Gesten

Gehen Sie möglichst immer zu Ihrem Kind hin, wenn Sie etwas von ihm wollen; sprechen Sie es direkt an, schauen Sie ihm dabei in die Augen. Rufen Sie ihm nicht etwas aus einem anderen Raum zu, denn das könnte es überhören. Geben Sie Ihrem Kind in Momenten, in denen es sehr beschäftigt ist, besser keine Anweisungen. Auch Sie sollten kurz innehalten und sich Zeit nehmen, wenn Sie mit Ihrem Kind reden, damit es spürt, dass Ihre Worte wichtig sind. Zeigen Sie außerdem durch Ihre Haltung, dass Sie Ihrem Nachwuchs zugewandt sind: Sprechen Sie nicht von oben herab, sondern beugen Sie sich zu ihm herunter, falls er noch sehr klein ist. So befinden Sie sich beide auf einer Ebene und können Blickkontakt halten. Oder Sie nehmen Ihr Kind – je nach Alter – bei der Hand, um Ihren Worten Nachdruck zu verleihen. Bitte keine drängelnden oder gar drohenden Gesten wie etwa Schubsen. Heben Sie auch nicht den Zeigefinger!

### 4. Regel: Setzen Sie Grenzen

Versuchen Sie, Ihrem Kind gegenüber so selbstsicher wie möglich aufzutreten und bleiben Sie vor allem gelassen, wenn es Sie provozieren will. Reagieren Sie auf seine Angriffe ruhig, ist das ein Zeichen von »Ichstärke«. Schon allein durch Ihr Auftreten und Ihre Körperhaltung muss Ihr Sprössling spüren, dass Sie der »Steuermann« sind und dass Sie es sind, die/der in der Familie die Regeln festsetzen. Der Nachwuchs hat sich danach zu richten. Sie äußern nicht etwa Bitten gegenüber Ihrem Kind, über die man diskutieren könnte, nein, Sie haben klare Forderungen, geben klare Anweisungen und stellen klare Aufgaben. Da gibt es kein Feilschen und kein Verhandeln. Sie bringen Ihre eigene Klarheit dann zum Ausdruck, wenn Sie als Eltern von der Gültigkeit Ihrer eigenen Regeln überzeugt sind, denn dann strahlen Sie das auch aus. Sie werden sehen, Ihr Kind wird Ihnen sogar dankbar dafür sein. Natürlich fliegen bei einem Streit auch mal die Fetzen. Ihr Kind muss dabei aber immer merken, dass Sie es ernst meinen und nicht locker lassen. Es spürt so, dass Sie es sicher führen, und ist dann manchmal sogar besonders nett und liebenswert. Vielleicht haben Sie das auch schon erlebt: Wenn die »Luft wieder rein« ist, folgt der Satz: »Ach Mami, ich hab' dich ja soooo lieb!«

## Tipp

Sie müssen Ihr Kind nicht gleich bestrafen, wenn es etwas falsch gemacht hat. Oft sind deutliche Anweisungen und Erklärungen effektiver, zum Beispiel: »Du hast heimlich die Schokolade genascht. Das ist nicht weiter schlimm, aber Du musst wissen, dass es in dieser Woche keine Süßigkeiten mehr gibt, weil dir das sonst schadet.«

## 5. Regel: Schaffen Sie Strukturen

Achten Sie auf Regelmäßigkeit und Gleichmäßigkeit in den Abläufen des Alltags. Das gibt Ihrem Nachwuchs Sicherheit und Orientierung. Schon bei den kleinen Dingen geht es los: die Schuhe ausziehen, den Mantel oder die Jacke aufhängen, vor dem Essen die Hände waschen, am Abend die Zähne gründlich putzen. Ganz besonders wichtig ist das Einhalten regelmäßiger, gemeinsamer Mahlzeiten; auch Unternehmungen zusammen mit der Familie gehören dazu, meistens am Wochenende, oder Familienfeste, zum Beispiel bei den Großeltern, mit Tante und Onkel, Cousins, Cousinen und entfernten Verwandten. All das lässt Ihr Kind den Zusammenhalt in der Familie spüren.

## 6. Regel: Handeln Sie konsequent

Nur einmal durchgreifen und nur einmal die Grenzen aufzeigen reicht natürlich nicht. Handeln Sie von jetzt an **immer** konsequent! Dazu gehört, dass Sie die Ausführung Ihrer Anweisungen auch kontrollieren. Sollte Ihr Kind sich weigern, dann müssen Sie ihm erklären, was das bedeutet. Bleiben Sie dabei ruhig und sagen Sie beispielsweise: »Du weißt, dass ich dir vorhin gesagt habe, du sollst deine Kleider aufräumen. Es ist wichtig, dass wir alle auf eine gewisse Ordnung

Mit dem Phänomen »Chaos im Kinderzimmer« müssen sich fast alle Eltern in der Erziehung auseinandersetzen.

achten. Außerdem ist es auch für dich viel angenehmer, wenn nicht alle Sachen irgendwo in deinem Zimmer verteilt sind, sondern wenn sie ihren Platz im Schrank haben.« Sie können Ihrem Kind vorschlagen, ihm ein bisschen zu helfen, indem Sie ihm zum Beispiel zeigen, wie man Pullis und T-Shirts richtig zusammenlegt. Machen Sie ihm aber auch deutlich, dass es diese Aufgabe das nächste Mal alleine erledigen muss. Wenn Sie das nicht tun, wird Ihr Kind wahrscheinlich versuchen, alles auf Sie abzuwälzen.

Reagiert Ihr Kind nach Ihrer Erklärung immer noch nicht, dann sagen Sie ihm, dass sein Verhalten Folgen haben wird. Welche das sind, sollten Sie sich schon vorher überlegt haben, damit Sie gleich handeln können. Es gibt keine Diskussionen und kein Jammern. Vielleicht sagen Sie Ihrem Kind, dass Sie dann auch seine frisch gewaschene Wäsche nicht mehr einräumen werden und dass es das in Zukunft selbst tun muss. Schließlich kommen Sie wegen der Unordnung nicht mehr an seinen Kleiderschrank heran. Wichtig ist die Einsicht Ihres Kindes, dass sein (Fehl-)Verhalten sich nicht auszahlt, dass es angenehmer und vorteilhafter ist, die Anweisungen der Eltern zu befolgen.

## 7. Regel: Motivieren und belohnen Sie Ihr Kind

Viel besser als Strafen oder zumindest deren Androhung (die ja oft nicht umgesetzt werden muss) ist es, Ihr Kind zu motivieren, die Regeln und Strukturen des Alltags freiwillig einzuhalten. Erzieherisch besonders wirksam sind hier kleine Belohnungen. Damit erreichen Sie nicht nur, dass Ihr Kind sich sehr gut entfaltet, es lernt auch noch, gewisse Pflichten zu übernehmen, die positiv besetzt sind. Das Negative jedoch, die Strafe, bleibt ihm erspart. So wird es positiv geprägt und hat gelernt, bestimmte Ziele anzustreben und zu erreichen. Das wird ihm im ganzen Leben helfen, zunächst im Kindergarten, dann in der Schule, während der Ausbildung und im Beruf. Denn Ihr Kind weiß, was es heißt, Pflichten zu übernehmen. Die Regel von Motivation und Belohnung können Sie erzieherisch im Alltag immer wieder nutzen: »Natürlich darfst du am Nachmittag draußen spielen, wenn du vorher alle Hausaufgaben erledigt hast.« Dann erklären Sie Ihrem Kind, dass es draußen wesentlich unbeschwerter und fröhlicher sein kann, wenn es wirklich »frei« hat und nicht noch abends lernen muss, wenn es eigentlich müde ist. Eine kleine Belohnung könnte sein, dass die Familie mit ihm am Wochenende zu einem mittelalterlichen Markt geht oder dass Papa mit ihm eine Runde Fußball spielt.

Oder: »Deine Freundin/dein Freund darf zu Besuch kommen, wenn dein Zimmer aufgeräumt ist.« Bitte beachten Sie: Es sind nicht unbedingt die »großen« Dinge, die Ihrem Kind als Belohnung für erledigte Pflichten Freude bringen. Oft reicht schon eine Kleinigkeit, auch eine Geste, die eher eine symbolische Bedeutung für »gut gemacht« hat. Ein »Sternchen«, beispielsweise für die erledigten Hausaufgaben, ein Sticker oder Abziehbildchen fürs aufgeräumte Zimmer oder eine Murmel fürs gründliche Zähneputzen motivieren Ihr Kind bestimmt, dass es weitermacht.

## Erziehung: Teamarbeit von Eltern (und Großeltern)

Eigentlich sollten Vater und Mutter sowie die Großeltern in Sachen Kindererziehung an einem Strang ziehen, sich gegenseitig unterstützen und ergänzen. Kurz: Sie sollten als Team auftreten. In der Realität sieht das aber oft ganz anders aus: Der Vater verbietet beispielsweise etwas, das die Mutter dann aber doch erlaubt oder umgekehrt. Meist kommt es zu unterschiedlichen Vorgaben, weil sich die Eltern nicht abgesprochen und nicht auf verbindliche Regeln geeinigt haben. Wenn die Erziehungsversuche des Partners derart durchkreuzt werden, hängt schnell der Haussegen schief – immerhin ist die Frau dem Mann in den Rücken gefallen (oder umgekehrt). Und das bleibt dem Kind natürlich nicht verborgen. Es wird bald genau wissen, wie es Vater und Mutter gegeneinander ausspielen kann, um zu erreichen was es will. Kinder bekommen nämlich schnell mit, wenn Vater und Mutter nicht einer Meinung sind. Und diese

Uneinigkeit verstehen Kinder sehr gut zu ihrem eigenen Vorteil zu nutzen. Eltern sollten aber nicht nur deshalb klare Absprachen in Erziehungsfragen treffen, um sich nicht gegeneinander ausspielen zu lassen, sondern auch, damit das Kind nicht zwischen zwei Stühle gerät und sich für Vater oder Mutter entscheiden muss: Auf wen höre ich? Wessen Wort hat mehr Gewicht? Das verunsichert und überfordert ein Kind hochgradig. Ein deutliches »Nein« ist daher allemal besser als ein »Jein« oder heimliches »Ja« («aber verrat es nicht dem Papa«). Übrigens: Entscheidungen der Eltern können begründet sein, sie müssen aber nicht diskutiert werden – mit kleinen Kindern ohnehin nicht.

## Warum die Erziehungsarbeit oft ungleich verteilt ist

In vielen Familien ist es immer noch so, dass die Haupterziehungsarbeit an einem Elternteil, in der Regel der Mutter, hängt. Sie verbringt die meiste Zeit mit den Kindern, fährt sie zum Sportverein, kontrolliert die Hausaufgaben, geht zum Elternabend, zum Lehrergespräch und vieles mehr. Das ist oft auch dann noch so, wenn beide Eltern berufstätig sind. Nicht wenige Frauen überkommt hin und wieder das Gefühl, trotz Partner alleinerziehend zu sein. Während sich die Mama also mit den Alltagsproblemen und Erziehungsfragen herumschlagen muss, hält sich der Papa weitgehend aus der Erziehung heraus. Von Zeit zu Zeit mischt er sich dann aber doch ein. So gelten beispielsweise am Wochenende plötzlich »seine« Erziehungskriterien, oder aber er pickt sich die Rosinen heraus und tobt mit den Kindern herum; er verkörpert den prima Kumpel, während die Mutter die Strenge, die Spielverderberin ist. Manche Väter halten sich aber auch aus Unsicherheit von der Erziehungsarbeit fern. Die Frau hat durch die viele Zeit, die sie mit den Kindern verbringt, gegenüber ihrem Mann einen Erziehungsvorteil: Sie kennt die Bedürfnisse und »Macken« der Kinder besser als er, weil sie mehr Erfahrung im Umgang mit ihnen hat. So erweckt sie leicht den Eindruck, dass sie immer alles besser weiß, während ihr Mann ohnehin alles falsch macht. Frustrierend für ihn kommt hinzu: Der Nachwuchs läuft jedes Mal, wenn er sich wehgetan hat, sofort zur Mama, obwohl er gerade noch mit Papa gespielt hat.

## Wichtig: Absprachen zwischen den Eltern

Wenn die Erziehungsarbeit sehr unterschiedlich verteilt ist, dann sind Absprachen und Verständnis für den Partner besonders wichtig. Abhilfe schaffen offene Gespräche und Versuche, den Partner mehr in die Erziehung einzubinden, zum Beispiel indem er öfter mal alleine Zeit mit den Kindern verbringt, ohne dass sich die Mutter einmischt. Falls zwei unterschiedliche Erziehungsstile aufeinanderprallen, müssen Kompromisse erarbeitet werden. Wenn es Kritik hagelt wie »Du lässt dir von den Kindern auf der Nase herumtanzen!« oder »Du bist nicht streng genug!«, sollte das keinesfalls vor den Kindern geschehen. Überhaupt sind solche Pauschalierungen kontraproduktiv, provozieren sie doch eher ein »dann mach's doch besser!« statt echtes Teamwork. Und es sollte auch keiner immer derjenige sein, der unpopuläre Entscheidungen bei den Kindern durchsetzen muss, denn so wird er schnell zum Buhmann. Wenn ein Paar gemeinsam entschieden hat, dann muss es die Entscheidung auch gemeinsam tragen. Elternteamwork bedeutet dennoch nicht, dass beide immer einer Meinung sein müssen. Das würde beim Kind nur den Eindruck erwecken »zwei gegen einen, das ist unfair«. Zudem würde dem Kind das Bild einer Elternidylle vermittelt, die doch recht unrealistisch ist. Der Nachwuchs darf also ruhig mitkriegen, dass die Eltern diskutieren und dann einen Kompromiss finden. Dadurch lernt er, dass es verschiedene Ansichten und Einstellungen im Leben gibt und man Wege finden kann, trotzdem miteinander auszukommen. Nebenbei schult das seine eigene Fähigkeit, Kompromisse zu finden, wenn Partner unterschiedlicher Meinung sind.

**Tipp**

Sie als Eltern sollten vereinbaren, wer wofür zuständig ist. »Gehst du oder soll ich gehen?« Der Nichtzuständige sollte sich dann aber auch nicht einmischen, sondern die kurze Verschnaufpause von der Erziehungsarbeit genießen.

# Den Nachwuchs nicht

Kinder brauchen Regeln, ihr Alltag sollte zudem strukturiert sein, damit sie eine gewisse Ordnung erleben, an der sie sich orientieren können. Das heißt aber nicht, dass Kinder nur Pflichten haben sollen und nicht auch mal so richtig verwöhnt werden dürfen. Jedoch sollte sich das alles in Maßen halten und die Kinder müssen trotzdem zur Selbstständigkeit erzogen werden. Vor allem bei Kindern wohlhabender Eltern und bei Einzelkindern besteht ein gewisses Risiko, dass Väter und Mütter ihren Sprösslingen immer alles abnehmen, alles leicht machen und all ihre Wünsche erfüllen. Diese Kinder tun sich dann möglicherweise später schwer, sich für ein Ziel anzustrengen und eigene Kräfte zu entwickeln. Sie machen nicht die wichtige Erfahrung, dass man eigene Bedürfnisse durch eigene Bemühungen erfüllen kann. Wenn Kinder so in Watte gepackt werden und keine Pflichten kennenlernen, können sie sich später schwer behaupten und sind auch dem üblichen Leistungsdruck nicht gewachsen. »Kinder bekommen zu wenig von dem, was sie brauchen, wenn sie zu viel von dem bekommen, was sie wollen«, so

der Kinder- und Jugendforscher Prof. Klaus Hurrelmann von der Fakultät für Gesundheitswissenschaften an der Universität Bielefeld. Natürlich sollen Sie als Eltern Ihr Kind über alles lieben, ihm viel zärtliche Zuwendung geben und ihm das Leben schön machen. Das muss aber in einem gewissen Rahmen bleiben. Ihr Kind soll ja schließlich einmal stark und selbstständig werden und sich als Erwachsener durchsetzen können!

Verwöhnen im positiven Sinne ist in manchen Situationen angebracht und sinnvoll, zum Beispiel wenn besondere Anlässe oder Festtage anstehen, im Urlaub oder wenn Ihr Kind krank ist. Auch für gute Leistungen darf es belohnt werden, etwa mit einem schönen Wochenendausflug oder einem besonders leckeren Abendessen in der Familie; auch ein Kino-, Theater- oder Konzertbesuch macht vielen Kindern Spaß. Verwöhnen im Sinne von Entspannung ist für Kinder ebenfalls wichtig: Viele haben heute ja schon im Kindergarten- und Grundschulalter so volle Terminkalender wie Manager! Auch die Pflichten und

Leistungsansprüche in der Schule, insbesondere im Gymnasium mit G8, stellen für Jugendliche eine große Herausforderung dar. Sich dann auch einmal richtig verwöhnen zu lassen, beispielsweise durch eine schöne Massage, tut jedem Kind gut.

Vorsicht jedoch vor maßlosem Verwöhnen! Lesen Sie Ihrem Nachwuchs nicht gleich jeden Wunsch von den Augen ab. Er darf nicht unendlich viele Süßigkeiten oder unkontrollierte Geldzuwendungen und Geschenke bekommen. Auch mit einem Internet-Zugang für Ihr Kind sollten Sie sorgsam umgehen. Seine schulischen Pflichten kann es weitgehend alleine erledigen, wobei kleine Hilfestellungen natürlich erlaubt sind. Aber wenn Sie ihm alles abnehmen, tun Sie ihm damit ganz und gar keinen Gefallen. Bestimmte Aufgaben und häuslichen Pflichten, die seine Eigenständigkeit fördern, sollte Ihr Kind auf jeden Fall übernehmen. Durch grenzenloses Verwöhnen verhindern Sie, dass es Selbstvertrauen bekommt. Auch Fleiß, Engagement und Eigeninitiative kann Ihr Kind nicht entwickeln, wenn es keine Auf-

# zu sehr verwöhnen

gaben zu erfüllen hat. Dann wird es ihm auch im späteren Leben Probleme machen, für sich und andere Initiative und Verantwortung, zum Beispiel für seine eigene Familie, zu übernehmen. Überhaupt wer-den der Prinz oder die Prinzessin große Schwierigkeiten haben, soziale Kompetenz zu entwickeln.

Das verwöhnte Kind will immer im Mittelpunkt stehen, sodass es lernt, sich aus-schließlich mit sich selbst zu beschäftigen. Für andere Menschen und deren Bedürfnisse ist in dieser Welt kein Platz. Alle anderen haben sich dem »Ego« des kleinen Narzissten unterzuordnen.

## Die Großeltern unbedingt mit einbeziehen

Nicht nur zwischen den Eltern sollten klare Absprachen in Erziehungsfragen herrschen, die wichtigsten Punkte müssen auch mit den Großeltern abgestimmt werden, vor allem dann, wenn das Kind öfter bei Oma und Opa ist. Das heißt, in den wirklich wichtigen Belangen sollten verbindliche Regeln aufgestellt werden. Beispielsweise wird abgesprochen, dass es höchstens eine Süßigkeit am Tag gibt und danach das Zähneputzen nicht vergessen wird. Weitere Vereinbarungen sind: lediglich eine halbe Stunde Fernsehen am Tag, und nur Kindersendungen; um acht Uhr muss er oder sie im Bett liegen. Die Eltern sollten sich überlegen, was sie tolerieren können und was sie auf keinen Fall wünschen. Allerdings darf man auch großzügig sein und konzentriert sich am bestens wirklich auf die Dinge, die dem eigenen Kind schaden.

Diese Regeln werden dann mit den Großeltern freundlich, aber bestimmt durchgesprochen. Ansonsten dürfen die Großeltern den Enkel aber auch ruhig ein bisschen verwöhnen und ihnen Zugeständnisse machen, wie etwa häufiger das Lieblingsessen kochen, die zu Hause vielleicht schon aus Zeitgründen oft nicht möglich sind oder nicht täglich erlaubt werden können. Beide Seiten, Enkel und Großeltern, sollten schließlich Freude miteinander und aneinander haben. Keine Angst – ein Besuch bei Oma und Opa macht nicht gleich die ganze elterliche Erziehungsarbeit zunichte. Kinder können nämlich schon recht früh zwischen Ausnahmen und ansonsten verbindlichen Alltagsregeln unterscheiden und wissen, wo jeweils die Grenzen liegen.

Großeltern haben in der Beziehung zu ihren Enkeln eine wichtige Rolle.

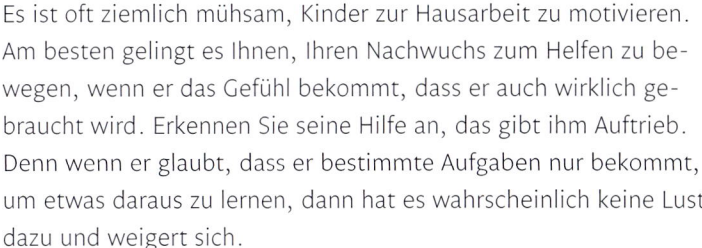

# Das Leben zu Hause

Es ist oft ziemlich mühsam, Kinder zur Hausarbeit zu motivieren. Am besten gelingt es Ihnen, Ihren Nachwuchs zum Helfen zu bewegen, wenn er das Gefühl bekommt, dass er auch wirklich gebraucht wird. Erkennen Sie seine Hilfe an, das gibt ihm Auftrieb. Denn wenn er glaubt, dass er bestimmte Aufgaben nur bekommt, um etwas daraus zu lernen, dann hat es wahrscheinlich keine Lust dazu und weigert sich.

Ihre eigene Einstellung zur Hausarbeit ist zudem ganz entscheidend. Wenn Sie selbst die Hausarbeit als unangenehm empfinden und das womöglich noch betonen, ist es kein Wunder, wenn auch Ihr Kind diese Einstellung übernimmt. Sie dürfen dann nicht erwarten, dass es die Pflichten im Haushalt mit Enthusiasmus erfüllt. Leben Sie Ihrer Tochter oder Ihrem Sohn vor, dass Sie Ihren Haushalt mit viel Geduld, Engagement und einer Prise Humor erledigen. So sind sie ein gutes Vorbild und können Ihr Kind vielleicht zum Helfen animieren.

## Häusliche Pflichten – sinnvoll für Ihr Kind

Durch Hausarbeit in Maßen und kleine Pflichten können Sie Kindern ganz nebenbei folgende Fähigkeiten vermitteln:

➤ **Die Zeit einteilen:** Ihr Kind sollte nicht alles an einem Tag erledigen, denn die Schule und Freizeitaktivitäten dürfen keinesfalls zu kurz kommen.

➤ **Lerneffekt:** Tätigkeiten wie Fenster putzen, Staub saugen, die Blumen und den Garten pflegen, die Tiere versorgen und Ähnliches werden unter Anleitung der Eltern allmählich gelernt.

➤ **Pflichtbewusstsein:** Wenn das Kind schon kleine Verantwortungen übertragen bekommt, zum Beispiel für die Pflege der Blumen im eigenen Zimmer, lernt es schon frühzeitig ein gewisses Pflichtbewusstsein.

Loben Sie Ihre Kinder immer wieder, wenn sie kleine Pflichten im Haushalt übernehmen. Dann helfen sie gerne beispielsweise bei dem Einräumen der Spülmaschine.

Achtung! Bezahlen sollten Sie Ihr Kind für Tätigkeiten im Haushalt auf keinen Fall, denn das bringt ihm eine falsche Botschaft. So erfährt es, dass gute Taten, die eigentlich selbstverständlich sind, finanziell entlohnt werden. Ihr Spross lernt fälschlicherweise, dass seine Hilfe nur dann wertvoll ist, wenn es Geld dafür gibt. Aber eine Anerkennung, beispielsweise in Form eines schönen Ausflugs oder eines leckeren Essens, ist sicher angebracht – und vor allem viel Lob!

## Chaos im Kinderzimmer?

Sehr viele Eltern haben ihre liebe Not, die Kinder zum Ordnung halten zu motivieren. Manchmal prallen hier sehr unterschiedliche Meinungen aufeinander: Vater und Mutter brauchen eine bestimmte Ordnung, die Kinder finden das nicht notwendig. Meist ist also die Vorstellung der Eltern, wie gut ein Kinderzimmer aufgeräumt sein soll, mit der des Kindes nicht vereinbar.

## Kreatives Chaos und Schlamperei

Seien Sie hier nicht zu kleinlich: Manche Kinder brauchen ein gewisses Chaos, um ihre Kreativität entwickeln zu können. Vielleicht ist das bei Ihrem Sohn oder Ihrer Tochter auch der Fall. Außerdem ist es wichtig, dass Ihr Kind seinem Spiel ungestört nachgehen kann, damit es mit Ausdauer und Konzentration bei einer Sache bleibt. Schlimm wird es erst, wenn die Unordnung in echte Schlamperei und Faulheit ausartet. Das merken Sie dann, wenn Ihr Kind seine Sachen nicht findet, in der Schule beispielsweise seine Hefte nicht dabei hat und immer nur taten- und lustlos herumhängt.

Andere Kinder wiederum (ebenso wie Erwachsene übrigens) haben ihr eigenes Chaos vollkommen im Griff. Auch wenn nach außen hin alles unordentlich aussieht, wissen sie genau, wo sie ihre Sachen finden können. Der Begriff »Ordnung« ist also sehr subjektiv. Wenn Sie merken, dass Ihr Kind sich im eigenen Chaos nicht zurechtfindet, was sich auf seine ganze Lebensweise im Alltag überträgt, müssen Sie ihm helfen, seinen Alltag zu strukturieren und auch Hinweise geben, wie es in sein Zimmer eine gewisse Ordnung bringt. Ganz wichtig ist hier auch Ihre Vorbildfunktion. Ihr Sinn für Ordnung und Prinzipien übt bekanntlich einen großen Einfluss auf Ihr Kind aus.

## Strategien gegen die Unordnung

Lösungswege gegen das Chaos können sein:

➤ **Eigene Ordnungsvorstellungen:** Wie viel Ordnung Sie selbst brauchen, um sich wohl zu fühlen, leben Sie Ihrem Kind täglich vor. Das ist möglicherweise die beste Methode, um Ihrem Kind das Chaos abzugewöhnen.

➤ **Gelassenheit und Toleranz:** Meinen Sie, Ihre Vorstellung von Ordnung ist die einzig richtige? Es existieren viele Arten von Ordnung! Der eine fühlt sich im Chaos wohl, der andere braucht ein bestimmtes System, um den Überblick zu behalten. Bleiben Sie gelassen und nehmen Sie Ihr Kind so an, wie es ist – auch wenn es sich im Chaos wohl fühlt.

➤ **Ermahnen und Schimpfen helfen nicht:** Permanente Zurechtweisungen blockieren den Tatendrang von Kindern. Sie müssen sich frei bewegen dürfen, um richtig glücklich zu sein und ihre kreativen Kräfte ausleben zu können. Dazu gehört für viele auch eine gewisse Portion an Unordnung.

➤ **Erziehungsziele:** Früher war Ordnung ein sehr wichtiges Erziehungsziel. Heutzutage wünschen sich Vater und Mutter meist ganz andere Tugenden von ihren Kindern, zum Beispiel Selbstständigkeit, Kreativität und gute Leistungen in der Schule. Das sollten Sie

Im Kinderzimmer darf es auch einmal chaotisch zugehen, denn Ihre Kinder sollen nach Lust und Laune spielen dürfen.

bedenken, wenn Sie sich gerade einmal wieder über das »unordentliche Kinderzimmer« aufregen. Setzten Sie Prioritäten!

➤ **Ausnahmen sind erlaubt:** Nehmen Sie Rücksicht auf die Art und Weise, wie Ihr Kind spielt. Natürlich darf der mit viel Mühe erbaute Turm ein paar Tage stehen bleiben, bevor er wieder eingerissen wird. Auch die Lego-Bauwerke sind viel zu schade und wertvoll, um gleich danach wieder, in Einzelteile zerlegt, in der Spielkiste zu landen. Hier sollten Sie tolerant sein, solche »Kunstwerke« dürfen einige Tage stehen bleiben – sonst nehmen Sie Ihrem Kind die Lust am Bauen und Probieren.

➤ **Balsam für die Seele:** »Aufräumen tut der Seele gut«, meinen Psychologen. Chaos verbreitet schlechte Stimmung, denn man schiebt die zu erledigende Arbeit ständig vor sich her. Das verhindert, dass man entspannen kann. Ihr Kind darf also ruhig einmal die Erfahrung machen, dass es unangenehm ist, sich in einem Zimmer zu bewegen, in dem es fast nirgendwo hintreten kann.

➤ **Aufgabenteilung:** Jeder in der Familie bekommt ein Gebiet zuge-
teilt, für das er verantwortlich ist, der eine beispielsweise für den
Müll, der andere für das Tischdecken, ein Dritter für das Aufräumen des Wohnzimmers. Natürlich wird das jede Woche gewech-
selt, damit sich niemand benachteiligt fühlt. So bringen Sie syste-
matisch Ordnung und Strukturen ins Haus.

➤ **Weitere kunterbunte Aufräum-Tipps:** Spielkisten im Kinderzimmer erleichtern das Aufräumen erheblich; wenn Schachteln und
Boxen beschriftet sind, finden Sie und Ihr Kind sich leichter zurecht; Lob nach gelungenem Aufräumen spornt zum Weiterma-
chen an; Freunde, die zu Besuch kommen, sollen nach dem
Spielen die Unordnung, die sie mit verursacht haben, selbstverständlich auch wieder mit beseitigen; regelmäßiges Aufräumen
lässt gar nicht erst das große Chaos ausbrechen; flotte Musik steigert die Motivation beim Aufräumen; zu viel Spielzeug erhöht die
Gefahr von Unordnung; eine Chaoskiste, wo alles hineinkommt,
was herumliegt, beseitigt Unordnung schnell – und nicht vergessen: einmal in der Woche ausleeren!

## Im eigenen Reich herrschen

Letztendlich geht es darum, dass Ihr Kind sich in seinem eigenen
Reich wohl fühlt; dazu gehört auch, dass es bis zu einem gewissen
Grad im Kinderzimmer seine eigenen Ordnungsregeln bestimmen
darf, die vielleicht nicht ganz den Ihren entsprechen. Was Sie als
»heilloses Durcheinander« bezeichnen, ist für Ihr Kind wahrscheinlich gemütlich und ganz einfach ein Ort, an dem ihm viel Neues einfällt. Es ist ja sehr wichtig, dass sein Umfeld viele Anregungen für
schöpferische Aktivitäten bietet.

## Soll mein Kind ein Tier bekommen?

Fast jedes Kind bedrängt seine Eltern früher oder später mit dem
Wunsch, ein Haustier zu bekommen. Auf die Frage, wer sich darum
kümmert, antworten die Kinder mit Überzeugung: »Ich natürlich,
immer nach der Schule!«

### Tiere bedeuten Verantwortung

Aber die Realität sieht meist ganz anders aus. Die Arbeit bleibt in
fast allen Fällen an der Mutter hängen, die sich neben Beruf, Haushalt und Kindern auch noch mit dem Hund oder der Katze beschäftigen muss. Können Sie sich vorstellen, dass Ihre Tochter bei Wind
und Wetter mit dem Hund um die Häuser geht?
Die Anschaffung eines Haustieres muss daher gut überlegt werden.

Auch wenn Sie ein anderes Tier wählen, beispielsweise einen Hamster oder eine Schildkröte, ist das mit täglicher Arbeit verbunden. Lesen Sie in Ratgebern vor der Anschaffung eines Haustieres erst einmal alles über seine Haltung und Pflege. Wenn Sie ihm gute Lebensbedingungen bieten und auch genügend Zeit aufbringen können, dann steht dem nichts im Weg. Aber Tiere sind kein Spielzeug, das man nach kurzer Zeit achtlos in die Ecke wirft, sondern eine Aufgabe über viele Jahre hinweg, das müssen Sie bedenken!

### Tiere sind Seelentröster

Dass ein geliebtes Haustier Balsam für die Seele Ihres Kindes sein kann, belegen sogar Studien. »Volksschulkinder, die mit einem Heimtier aufwachsen, entwickeln sich häufig in ihrer ganzen Persönlichkeit positiver als ihre Altersgenossen ohne Tiere!« stellt Professor Reinhold Bergler, Vorsitzender des Forschungskreises Heimtiere aus Hamburg, fest. Und Professor R. Poresky von der Kansas State University meint sogar: »Kinder, die mit einem Haustier aufwachsen, sind um einiges intelligenter als tierlose Altersgenossen!« Jedenfalls sind Kinder, die sich um ein Haustier kümmern müssen, wesentlich aktiver; sie leiden weniger unter Einsamkeit oder Isolation und lernen ganz nebenbei, Verantwortung zu übernehmen. Problemkinder werden meist ruhiger und ausgeglichener. Mit dem Hund Gassi gehen ist in jedem Fall gesünder als vor dem Computer zu sitzen. Falls Sie in einer Großstadt wohnen, ist ein Haustier möglicherweise der einzige Bezug zur Natur und Tierwelt. Ihr Kind lernt schnell, auf die Bedürfnisse seines Tieres einzugehen und erweitert dadurch seine soziale Kompetenz, die auch im menschlichen Zusammenleben letztendlich positiv zum Tragen kommt.

Ab welchem Alter Ihr Kind in der Lage ist, selbstständig für das Haustier zu sorgen, kommt ganz auf seine Reife und seinen Charakter an. Ein Kindergartenkind ist zweifellos mit der Pflege eines Haustieres noch überfordert, aber mit etwa acht Jahren kann es durchaus schon den Großteil der Arbeit übernehmen. Mit ungefähr zwölf Jahren erst sind Kinder fähig, sich verantwortungsvoll um einen Hund oder eine Katze zu kümmern.

## Worauf sollten Sie achten?

Bevor Sie ein Haustier anschaffen, klären Sie die folgenden Punkte:

➤ Beraten Sie sich gemeinsam, welches Tier am besten geeignet wäre und lesen Sie in Büchern über seine Haltung und Bedürfnisse.

➤ Erkundigen Sie sich, ob die Haltung eines Haustiers in Ihrer Wohnung laut Mietvertrag erlaubt ist.

➤ Auch die Größe Ihrer Wohnung spielt eine wichtige Rolle. Ist sie überhaupt groß genug, um das gewünschte Tier darin artgerecht halten zu können? Welcher Teil würde sich als Schlafplatz eignen?

➤ Wie viel Zeit haben Sie für das gewünschte Tier übrig? Bei einem Hund geht es nicht nur ums Gassi gehen, sondern auch um die Pflege. Mit gelegentlichem Streicheln ist es nicht getan!

➤ Wie steht es um die Kosten? Erkundigen Sie sich nicht nur über den Anschaffungspreis, sondern auch, welche Kosten für Nahrung, Tierarztbesuche, eventuell Hundesteuer und anderes auf Sie zukommen würden.

➤ Wo kann das Tier untergebracht werden, wenn Sie in den Urlaub fahren? Sind Verwandte oder Freunde zur Stelle, die sich darum kümmern würden?

➤ Wie lange wollen Sie sich an ein Tier binden? Kleintiere werden oft nur zwischen 1 und 4 Jahre alt; Schildkröten können bei artgerechter Haltung, je nach Art, steinalt werden. Bedenken Sie auch, dass Sie als Eltern sich möglicherweise auch dann noch um das Tier kümmern müssen, wenn Ihr Kind längst flügge ist und nicht mehr mit im Haus wohnt.

# Freizeit: Computer und Fernseher

Orthopäden beklagen Haltungsschäden, Koordinationsstörungen, ja sogar Bandscheibenvorfälle schon bei Teenies ab zwölf Jahren; Deutschlehrer erleben, dass immer mehr Schüler weder richtig sprechen, noch korrekt lesen und schreiben können; Sportlehrer müssen feststellen, dass die Kinder nicht in der Lage sind auf einem Bein zu stehen oder auf dem Barren zu balancieren; Kinderpsychologen erfahren in ihren Praxen eine sprunghafte Zunahme von Verhaltensauffälligkeiten wie Konzentrations- und Lernstörungen, Aggressivität und Hyperaktivität. Woran liegt das? Eine Ursache ist das veränderte Freizeitverhalten der Kinder, das immer stärker von Gameboys, Spielekonsolen, Computer und Fernsehen beherrscht wird.

Schuld hat hier sicher auch der dramatische gesellschaftliche Wandel: Die Scheidungsraten steigen kontinuierlich, dadurch fallen viele Familien auseinander, immer mehr Mütter und auch Väter erziehen ihren Nachwuchs alleine. Während die Kinder früher in Großfamilien aufwuchsen (siehe Seite 27) und meistens jemand Zeit hatte, sich mit ihnen ausgiebig zu beschäftigen – die Oma, die Tante, der Onkel –, sind Kinder heute häufig sich selbst und ihren elektronischen »Freunden« überlassen. Statt draußen herumzutoben, auf Bäume zu klettern, gemeinsam mit Freunden zu spielen, statt Musik zu machen, zu lesen, zu basteln und zu malen hängen viele Kinder Stunden über Stunden vor dem Fernseher oder über Gameboy-Spielen. Mehrere Studien, vor allem aus den USA, belegen, dass Fernsehen für viele Kinder und Jugendliche die wichtigste Freizeitbeschäftigung ist. Alarmierende Zahlen: Vielseher schauen durchschnittlich über drei Stunden täglich in die Glotze, Wenigseher immerhin über eine Stunde. Fernsehen, im Übermaß und unkritisch konsumiert, ist jedoch Gift für Kinder. Es kann zu vielfältigen körperlichen und seelischen Problemen führen wie zum Beispiel zu Kopfschmerzen, Schlafstörungen, Unruhe, Nervosität und Aggressivität.

**Tipp**

Unterstützen Sie Ihren Nachwuchs am Computer altersgemäß, treffen Sie mit ihm gemeinsam eine Auswahl an sinnvollen Computerspielen und suchen Sie zusammen geeignete Fernsehfilme aus.

## Die typischen Probleme durch zu viel Fernsehen und Computerspielen

Natürlich gehören Computer und Fernsehen zum Alltag dazu, jedoch nur in der richtigen Dosierung, ansonsten treten unweigerlich Schwierigkeiten auf.

### TV- und PC-Kids haben weniger Fantasie

Im Fernsehen erleben die Kinder – bis auf die wenigen Ausnahmen guter Kindersendungen, die Wissen vermitteln oder die Kreativität fördernd – nur Vorgekautes. Je länger sie vorm TV sitzen, desto mehr verlieren sie die Fähigkeit, eigene Erfahrungen zu sammeln und sich die Welt aufgrund eigener Erkenntnisse und Beobachtungen zu erschließen. Und es fehlt die Zeit, um mit Freunden zusammenzusein, um gemeinsam zu spielen oder die Natur zu erleben. Außerdem verringern Filme mit vorgegebenem Bildmaterial die Fähigkeit, eigene Bilder im Kopf entstehen zu lassen, also das Reich der Fantasie auszugestalten. Während das mit Büchern hervorragend möglich ist, weil die gedruckten Texte viel Spielraum für individuelle Vorstellungen lassen, nimmt das Fernsehen Kindern diesen wichtigen Part intellektueller Entwicklung und Persönlichkeitsreifung weg. So ist es auch nicht verwunderlich, dass vielen Kindern der Ideenreichtum völlig abhanden gekommen ist, dass ihnen, wenn sie aufgefordert werden, ein Bild zu malen, nichts anderes einfällt als beispielsweise plumpe Pokemon-Figuren, die sie aus dem Fernsehen, von Spielkarten und ihrem Gameboy kennen.

Kinder, die viel Fernsehen, sind oft sehr unruhig. Das ist meist eine Folge der schnellen Wechsel von Bildern und der lauten Geräusche, vor allem bei Zeichentrickfilmen.

### TV- und PC-Kids lernen schlechter Sprechen

Dramatische Auswirkungen hat der übermäßige Konsum von Fernsehen und elektronischen Medien auch auf die Sprachentwicklung. Damit ein Kind gut Sprechen, Lesen und Schreiben lernt, braucht es gezielte Impulse, die im Gehirn die Sprachzentren anregen. Ein besonders wichtiger Reiz ist die sogenannte »Face-to-face-Kommunikation«, der Direkt-Dialog von Mensch zu Mensch. Diese Form der Kommunikation ist unersetzlich, um mit Sprache lebendig und differenziert umgehen zu können. Doch genau dieser Direktdialog ist in heutigen Familien Mangelware, weshalb Sprachstörungen bei Kindern so dramatisch zunehmen. Durchschnittlich bleiben einer Mutter neben Job, Haushalt und Freizeitaktivitäten pro Tag nur etwa zwölf Minuten, um mit ihrem Kind ein richtiges Gespräch zu führen. Auch der Austausch der Kinder untereinander beschränkt sich häufig auf sparsame Floskeln und comicartige Wortfragmente. Ihr Erfahrungshorizont und ihre Erlebnisfähigkeit werden dadurch zwangsläufig extrem eingeengt. Die TV-Kids betrachten zwar eine Rose im Fernseher, riechen aber nicht ihren wunderbaren Duft und können die Blume auch nicht anfassen. Sie spielen auf ihrem Heimcomputer eine Verfolgungsjagd, bewegen sich selbst jedoch keinen Millimeter dabei. Ihre Sinnesorgane, Motorik und Sprachbildung bekommen zu wenig Impulse. In der Schule tun sich die Kinder folglich beim Lernen schwer, sie schreiben schlechtere Noten und bleiben in den Leistungen, vor allem im Fach Deutsch, zurück.

### TV- und PC-Kids bewegen sich weniger

Babys und Kleinkinder haben noch einen ganz natürlichen Bewegungsdrang, sie führen die Bewegungsformen instinktiv vollkommen richtig aus. Wenn sie dann aber – oft schon im Alter von drei, vier Jahren – über lange Strecken dem Fernseher überlassen werden, kommt ihre motorische Entwicklung ins Stocken, denn auch ihr Körper befindet sich im Leerlauf. Grundschullehrer beobachten mit Schrecken eine wachsende Zahl von Erstklässlern, die nicht Fahrrad fahren können, auf dem Spielplatz die Sprossenwand noch nie hinaufgeklettert sind, geschweige denn einmal eine längere Wanderung unternommen haben. Entsprechend miserabel sehen ihre Leistungen im Sportunterricht aus: Häufig beherrschen die Sechs- und Siebenjährigen nicht einmal einfachste Übungen wie den Purzelbaum. Auch Koordinationsfähigkeit und Geschicklichkeit bleiben auf der Strecke. In einfachen Koordinationstests, die Orthopäden mit Kindern durchführen, erzielen die Kleinen oft katastrophale Ergebnisse und schaffen simple Übungen nicht. So ziehen das unzureichende Training für

## Tipp

Der durchschnittliche Fernsehkonsum aller drei- bis 13-jährigen Kinder in Deutschland liegt bei rund 100 Minuten am Tag, und oft läuft der Fernseher ununterbrochen nebenbei. Sie als Eltern haben es in der Hand: Schalten Sie die Glotze aus und unternehmen Sie etwas mit Ihrem Kind!

Knochen und Muskeln sowie die mangelhafte Schulung der motorischen Fähigkeiten im Gehirn gravierende Haltungsfehler nach sich, die sich später nur noch schwer korrigieren lassen.

## TV- und PC-Kids sind unausgeglichener

Die einseitige Körperhaltung am Elektronikgerät, das allgemeine Bewegungsdefizit sowie der Mangel an differenzierten Impulsen fürs Gehirn wirken sich nicht nur körperlich und geistig negativ aus, sondern sie bringen auch die seelische Verfassung aus dem Gleichgewicht. Diese Kinder sind oft launisch, nörgelig, unkonzentriert, hyperaktiv und gereizt. Außerdem schlafen sie schlechter, weil ihnen die spannenden Computerspiele oder Fernsehfilme nicht aus dem Kopf gehen und ihnen die ausgleichende Bewegung an frischer Luft fehlt, die sie tagsüber fordert und abends müde ins Bett sinken lässt. Studien aus der Hirnforschung zeigen, dass bei Kindern und Jugendlichen, die Gewalt verherrlichende Spiele auf dem PC spielen oder Gewaltfilme im Fernsehen anschauen, Veränderungen im Gehirn stattfinden. Kinder, die häufig Bilder von Brutalität und Grausamkeit aufnehmen, werden mit der Zeit aggressiv; sie können ihre Triebimpulse nicht mehr kontrollieren und entwickeln selbst eine höhere Gewaltbereitschaft, beispielsweise Lehrern, Klassenkameraden und auch den eigenen Eltern gegenüber.

Gemeinsam stark und fit: Gehen Sie zum Spielen an die frische Luft.

## Die sieben goldenen Regeln für sinnvolle Freizeitgestaltung

Nicht nur Computer und Fernseher bringen Kindern außerhalb von Kindergarten und Schule Spaß und Abwechslung. Es gibt viel entspannendere, angenehmere Möglichkeiten, um die freie Zeit zu gestalten. Für größere und kleinere Kinder sind im Folgenden einige zusammengestellt:

### 1. Regel: Nehmen Sie sich Zeit für Ihr Kind

Zuwendung und Zeit der Eltern sind ein wichtiger Bestandteil einer gelungenen Erziehung. Hören Sie Ihrem Kind zu, kommunizieren Sie immer wieder miteinander, spielen Sie zusammen und gehen Sie anderen gemeinsamen Beschäftigungen nach wie basteln oder malen. Ihr Nachwuchs profitiert von Ihrer Zuwendung in hohem Maße, die seine Entwicklung positiv beeinflusst: Er spürt, dass Sie für ihn da sind, er fühlt sich von Ihnen angenommen und beachtet. So schaffen Sie eine Atmosphäre voller Vertrauen und Geborgenheit. Außerdem tragen Sie durch Ihre aktive Zuwendung, durch Ihre Unterstützung und Ihr Teilhaben an seinem Spielen und seinen Erlebnissen in Kindergarten und Schule sowie an seinen Lernerfolgen intensiv dazu bei, dass Ihr Kind ein starkes Selbstwertgefühl aufbauen kann. Dieses Selbstvertrauen ist getragen von den zahlreichen positiven Erfahrungen, die Ihr Kind sammeln durfte und die sein Leben lang als wertvolle Kindheitserinnerungen in seinem Gedächtnis verankert bleiben werden.

### Unvergessliche Kindheit

Erinnern wir uns nicht alle gerne an schöne Tage aus der Kindheit zurück? Etwa an das gemeinsame Plätzchenbacken an Weihnachten, die Eiersuche im Garten an Ostern, die gemeinsamen Ausflüge im Schnee, die Puppenküche, welche die Mutter zusammen mit ihrer Tochter ausgestattet hat, den selbst gebastelten Drachen, den man im Herbst hat steigen lassen und vieles mehr. Solche Erlebnisse bleiben vor allem deshalb unvergesslich, weil sie mit der intensiven Nähe der Eltern, Großeltern, Geschwister oder anderen Verwandten verbunden sind, die uns lieb und teuer sind. Schenken Sie Ihrem Kind daher möglichst viel Aufmerksamkeit! Widmen Sie ihm reichlich Zeit, und zwar ganz bewusst und intensiv.

### Konzentrieren Sie sich ganz auf Ihren Nachwuchs

Machen Sie während der Beschäftigung mit Ihrem Kind nicht noch etwas anderes, beispielsweise nebenbei schnell das Mittagessen zubereiten, ein Telefonat führen, die Wäsche bügeln oder Ihre Akten sortieren. Zugegeben, in unserer hektischen Zeit mit oft starkem Termindruck, der besonders auf den Müttern und Vätern lastet, die Job, Familie, Kindererziehung und Haushalt unter einen Hut bringen müssen, ist es ausgesprochen verlockend, »Multitasking« zu praktizieren. Das heißt, viele Eltern tun mehrere Dinge gleichzeitig. Für Ihr Kind ist es aber wichtig, dass es Ihre ungeteilte Aufmerksamkeit erhält, dass Sie wirklich ganz bei ihm sind, wenn Sie sich mit ihm beschäftigen. Nehmen Sie sich dafür viel Ruhe, seien Sie möglichst nicht zerstreut, hektisch oder nervös. Die Stunden oder Minuten mit Ihrem Kind sollten wirklich nur ihm allein gehören. Sie werden spüren, wie gut das Ihnen beiden tut. Oft reicht schon eine halbe Stunde, am besten mehrmals am Tag. Setzen Sie sich einfach zu Ihrem Sohn oder Ihrer Tochter, schauen Sie ihm oder ihr beim Spielen zu und lassen Sie sich mit einbeziehen. Wenn Ihr Kind noch kleiner ist, dann nehmen Sie es zwischendurch in den Arm, streicheln und liebkosen Sie es.

> Kinder lieben es, zusammen mit Mama und Papa draußen herumzutoben.

## 2. Regel: Zeigen Sie Ihrem Sprössling altersgerechte Spiele

»Und wir spielten und spielten und spielten. Ich wundere mich heute noch, dass wir uns nicht tot gespielt haben.« Das schrieb die berühmte Kinderbuchautorin Astrid Lindgren in ihrem autobiographischen Buch »Das entschwundene Land« über ihre Kindheit. Tatsächlich spielen Kinder in den ersten sechs Lebensjahren ungefähr 15.000 Stunden. Jede dieser Stunden ist für ihre Entwicklung ungeheuer wertvoll. Denn Spielen heißt Lernen. Schritt für Schritt erobern sich Kinder im Spiel ihre Welt. Sie sind voller Neugierde, sammeln Erfahrungen, lernen Eigenschaften kennen und gewinnen Einsichten.

### Spielen fördert die Entwicklung

Spielen fördert nicht nur Fantasie und Geschicklichkeit, sondern es dient auch ganz besonders der sozialen Entwick-

## Tipp

Kinder hören nicht
nur gerne Märchen,
Sagen und Geschich-
ten, sie lieben
auch Ausflüge in
diese Welten, etwa
zu Schlössern oder
auf Burgen, wo es
alte Ritterrüstun-
gen zu bestaunen
gibt.

lung eines Kindes. Denn in der Regel bedarf es zum Spielen eines Partners. Bei der Interaktion mit anderen, mit Kindern oder Erwachsenen lernt es, die Bedürfnisse, Wünsche und auch die Grenzen anderer zu respektieren. Spielen ist ein ständiges Geben und Nehmen, manchmal ein Wettbewerb zwischen den Partnern. Die Spielregeln einzuhalten braucht Geduld, Zeit und Aufmerksamkeit. Schon ein Baby nimmt spielerisch Kontakt mit seinem Körper und dann mit seiner Umgebung auf.

Im Spiel und im spielerischen Nachahmen lernt ein Kind Geduld, Einfühlung und Aufmerksamkeit, die es dringend braucht, um später einmal ein eigenständiges Leben führen zu können. Diese Lerneffekte sind sehr bedeutsam, sie können durch das teuerste Spielzeug nicht ersetzt werden. Deshalb ist es wichtig, dass schon die Jüngsten die richtige Anleitung und natürlich auch das richtige Spielzeug (Bauklötze, Puppen, Plüschtiere, Kinderbücher ...) bekommen, damit sie sich auch, wenn sie größer sind, sinnvoll beschäftigen und nicht nur immerzu vor dem Computer sitzen. Sie als Eltern tragen hier eine große Verantwortung.

### 3. Regel: Lesen verbessert die sprachlichen Fähigkeiten

Lesen ist eine der sinnvollsten Freizeitbeschäftigungen für ein Kind, egal welchen Alters. Denn Geschichten aller Art, ob sie nun von den Eltern vorgelesen werden oder ob sie das Kind selbst liest, vermitteln nicht nur Spannung und Freude, sie erweitern auch den intellektuellen Horizont. Geschichten fördern zudem die Kommunikationsfähigkeit und vertiefen die Beziehungen zwischen Eltern und Kindern. Sie schaffen Bindungen und stärken das emotionale Erleben der Kinder, weil sie durch Märchen, Sagen und andere Geschichten ungeheuer viel über die Welt der Gefühle erfahren. Wenn Sie Ihrem Kind etwas vorlesen oder wenn es selbst liest, wird seine Konzentrationsfähigkeit verbessert, denn der kleine Zuhörer oder Leser muss sich dabei ganz und gar auf die Geschehnisse einlassen. Nicht zuletzt nimmt die sprachliche Fähigkeit mit jeder neuen Geschichte und jedem neuen Wort zu.

### *Leseratten schreiben bessere Aufsätze*

Schulpsychologische Untersuchungen haben gezeigt, dass Kinder, die viel lesen und schon in jungen Jahren oft vorgelesen bekommen haben, anderen gegenüber deutlich im Vorteil sind. Sie legen ein gutes Sprachgefühl an den Tag und haben Freude an schönen Geschichten. Deutschlehrer erkennen an den Aufsätzen, ob ein Kind viel liest oder nicht. Sie können also gar nichts Besseres tun, als

Ihrem Nachwuchs – solange er noch klein ist – regelmäßig Geschichten zu erzählen und vorzulesen. Wenn er dann selbst lesen kann, schenken Sie ihm gute Bücher oder leihen diese in der Bibliothek aus. Die gemeinsame Beschäftigung mit interessantem Lesestoff, seien es nun Wissensbücher, Märchen, Sagen, Abenteuer- oder Tiergeschichten, intensiviert auch die emotionale Beziehung zwischen Ihnen und Ihrem Kind (siehe Seite 40). Es lernt, Geschichten mit

schönen Gefühlen zu verbinden, und diese Gefühle kann es dann beim selbstständigen Lesen wieder aufrufen. Wenn Sie Ihrem Kind schon in ganz jungen Jahren täglich zehn Minuten vorlesen, ist das die beste Basis dafür, dass es motiviert wird, selbst einmal zu einer richtigen Leseratte zu werden und diese Freude dann auch später an seine eigenen Kinder weiterzugeben. Legen Sie also den Grundstein für einen lebenslang anhaltenden Lesespaß Ihres Kindes.

> Kinder, die viel lesen, schreiben bessere Aufsätze.

## 4. Regel: Musik machen fördert die Intelligenz

Wissenschaftliche Studien im Bereich der Gehirnforschung und der Entwicklungspsychologie haben gezeigt: Je vielfältiger und früher die unterschiedlichen Gehirnregionen eines Kindes angeregt werden, desto mehr Neuronen und Synapsen werden ausgebildet, das heißt eine umso größere Intelligenz entwickelt das Kind. Selbst Musik zu machen wirkt sich dabei ganz hervorragend auf die kindliche Entwicklung aus, weil sich über Sprache, Melodie und Rhythmus gleich mehrere Gebiete des noch prägbaren Gehirns miteinander verknüpfen. Musik anhören, ein Instrument spielen sowie Singen fördern also die Vernetzung im Gehirn und sorgen für ein vermehrtes Wachstum von Neuronen und Synapsen. Für Melodieerkennung und -verarbeitung wird eher die rechte Gehirnhälfte aktiviert, für Rhythmus die linke. Bei Musikern ist deshalb die Verbindung zwischen beiden Hirnhälften, das sogenannte Corpus callosum, breiter und dichter ausgebildet als bei Nicht-Musikern.

*Musik stärkt den Gemeinschaftssinn*

Ein früher Umgang mit Musik beeinflusst also die Gesamtentwicklung von Kindern positiv. Schon mit neun Monaten reagieren sie auf eine geringfügige Veränderung von Tempo und Tonhöhe und lehnen Dissonanzen ab. Ab dem dritten Lebensjahr entwickelt sich schließlich das Gedächtnis für Tonfolgen sowie ein Gefühl für Rhythmus. Dieses Alter ist auch geeignet, um Ihr Kind in einer Schule für musikalische Früherziehung anzumelden. Dort wird es spielerisch mit Musik in Berührung gebracht, zum Beispiel durch rhythmische Übungen, durch Bewegungsspiele, Singen oder das Spielen auf Orff-Instrumenten wie Triangel und Xylophon. Dadurch werden seine Sinne sensibilisiert sowie die Grob- und Feinmotorik gefördert. Kinder lernen beim gemeinsamen Musizieren außerdem, aufeinander zu hören. Sie erfinden zusammen Musikstücke, was die Konzentrationsfähigkeit und das Sozialverhalten enorm fördert. (Siehe auch S. 40 und S. 57)

## 5. Regel: Malen, Basteln und Gestalten öffnen neue Welten

Zeigen Sie Ihrem Kind, welche Farben man miteinander mischen kann.

Es ist einfach ein Riesenspaß, wenn Ihr Kind begeistert seine Fingerchen in bunte Farbtöpfe taucht und ein großes weißes Blatt mit seinen Kreationen verziert. Dann, etwas später, bekommt es seine ersten Buntstifte und malt Häuser, Bäume, eine Sonne und viele Blumen. Auch Wachsmalkreiden und Wasserfarben sind hervorragende Utensilien, damit sich die kleinen Künstler schöpferisch austoben können. Unterstützen Sie Ihr Kind, lassen Sie es schon früh viel malen und zeichnen, das beflügelt seine Fantasie; das Experimentieren mit Farben, Stiften und Pinseln bereichert sein junges Leben und öffnet ihm neue Welten voller bunter Bilder und Gefühle. Ihr Kind blickt bewusster in seine Umgebung, es möchte sie abmalen und sich einprägen; dadurch wird seine räumliche Vorstellungskraft gestärkt. (Siehe auch S. 40 und 58)

*Stellen Sie viele Materialien zur Verfügung*

Auch Basteln, Werken und Modellieren fördern die Fantasie und Kreativität Ihres Kindes. Darüber hinaus werden dabei (fein)motorische Geschicklichkeit, Konzentration und Durchhaltevermögen ausgiebig trainiert. Kinder, die schon im frühen Kindergartenalter angeleitet wurden, viel zu basteln und zu werken, zeigen später meistens mehr handwerkliches Geschick und verfügen über mehr Ideenreichtum. Statt vorgefertigter Festtagsgeschenke oder Grußkarten erhalten Sie dann von Ihrem Kind öfter etwas Selbstgebasteltes, das Ihnen sicher mehr bedeutet als etwas Gekauftes. Stellen Sie Ihrem Kind also möglichst viele unterschiedliche Materialien zur Verfügung, die verarbeitet werden können. Lassen Sie es mit Filz, Holz, Stroh, Knetmasse und Naturmaterialien wie Steinen, Zapfen, Kastanien und Blättern experimentieren. Sie werden sehen, es macht bestimmt etwas Großartiges daraus.

## 6. Regel: Bewegung an frischer Luft

Mindestens ebenso wichtig wie die Förderung der geistigen und seelischen Fähigkeiten durch sinnvolle Freizeitbeschäftigungen ist regelmäßige körperliche Bewegung, am besten an frischer Luft. Gehen Sie mit Ihrem Kind möglichst jeden Tag nach draußen, etwa auf den Spielplatz oder zum Badesee, fahren Sie mit ihm Rad oder wandern Sie gemeinsam durch den Wald, wo Sie Tannenzapfen zum Basteln suchen können. All das wird es später, wenn es größer und selbstständiger ist, dann immer noch gerne tun. Vielleicht möchte Ihr Kind auch eine Sportart lernen, eventuell in einem Verein, in dem es zusammen mit anderen trainiert?

Lassen Sie Ihr Kind am besten verschiedene Sportarten ausprobieren, um herauszufinden, welche ihm am meisten liegt und Spaß macht. Das kann natürlich etwas anstrengend werden, denn Sie müssen Ihren Nachwuchs eventuell von der Turnhalle zum Fußballplatz fahren, von dort zum Schwimmbad, zum Tennisclub und dann zum Ballettstudio. Aber denken Sie daran: Regelmäßige körperliche Bewegung tut Ihrer Tochter oder Ihrem Sohn sehr gut, sie schult die motorischen Fähigkeiten und ist wichtig für den Gleichgewichtssinn sowie für das Koordinationsvermögen. Erkundigen Sie sich in Ihrem örtlichen Sportverein oder in der Schule, welche Programme dort angeboten werden und lassen Sie Ihr Kind selbst entscheiden, was es davon testen möchte. Vielleicht mag Ihr Sohn oder Ihre Tochter Fußball spielen? Oder lieber zum Geräteturnen, zum Tennisspielen, zum Schwimmen, Reiten, zum Schifahren, zum Tanzen oder zum Judo gehen?

**Tipp**

Kinder im Kindergartenalter basteln gern mit Moosgummi: Mit dem weichen Material lassen sich beispielsweise Blütenbilder oder Türschilder herstellen. Sie brauchen dazu Moosgummiplatten, vorgefertigte bunte Figuren und Formen, Kleber, Schere und einen Bildaufhänger, die es im Bastelladen oder Kaufhaus gibt.

## 7. Regel: Unternehmen Sie öfter etwas zusammen

Planen Sie in Ihrer Freizeit regelmäßig Aktivitäten ein, die etwas Besonderes für Ihr Kind sind und die Sie nach Möglichkeit als Familie gemeinsam genießen können. Ein Kinoabend, bei dem Sie einen spannenden oder einen lustigen Film sehen, ist Kindern immer willkommen. Auch ein Bummel über den Jahrmarkt, ein Spaziergang durch den botanischen Garten oder den Zoo machen Ihrem Kind sicher Spaß und sind wahrscheinlich auch für Sie eine schöne Abwechslung. Besonderen pädagogischen Wert haben natürlich Besuche kultureller Einrichtungen wie beispielsweise Museen oder Ausstellungen. Hier erlebt Ihr Kind nicht nur viel Neues und Spannendes, es kann auch einiges lernen und seinen intellektuellen Horizont erweitern. Achten Sie aber darauf, dass Sie Ihr Kind nicht überfordern, denn das würde ihm den Spaß nehmen und womöglich zu Frustrationen führen.

Wichtig bei allen Unternehmungen ist, dass Sie sie zusammen erleben. Auch später werden Sie sich über den einen oder anderen Ausflug noch unterhalten. Sie sammeln gemeinsame Erfahrungen, was die Bindung zwischen Ihnen und Ihrem Kind noch verstärkt. Auch zu Hause sollten Sie auf Gemeinsamkeiten achten. Das fördert die soziale Kompetenz und schult Teamgeist, Verantwortungsgefühl sowie Pflichtbewusstsein.

## So lernt Ihr Kind den richtigen Umgang mit dem Computer

Der PC gehört mittlerweile genauso zum Inventar der meisten Haushalte wie der Herd und die Waschmaschine. Die Kinder wachsen ganz natürlich in die Computerwelt hinein und bewegen sich im digitalen Raum genauso leicht und unverkrampft wie sie mit ihren Puppen, Plastikautos und Plüschtieren umgehen. Berührungsängste kennen die Kinder und Jugendlichen von heute schon lange nicht mehr. Selbst die Kleinsten gehen – kaum den Windeln entwachsen – mit Maus und Monitor vollkommen sicher und selbstverständlich um. Sie klicken sich durch ihre Spielprogramme, bewegen Figuren, fertigen Grafiken, malen Bilder und tummeln sich routiniert auf Websites und in Internet-Chatrooms. Doch wie viel Computer ist gut?, fragen sich viele Eltern voller Sorge. Kann das Spielen am PC süchtig machen? Wie sieht der sinnvolle Umgang mit diesem Kommunikationsmedium aus? Und ist es nicht vielleicht besser, den PC gar nicht erst im Kinderzimmer Einzug nehmen zu lassen? Fest steht, dass Kinder Anleitung brauchen, um sich im Netz sicher zu bewegen und nicht auf Abwege zu geraten.

## Ohne Computer geht heute gar nichts

Der Umgang mit digitaler Technik ist in der modernen »Informationsgesellschaft« unerlässlich. Wer mithalten und in Schule sowie Beruf die gleichen Chancen haben will, muss schon als Kind technisches Know-how entwickeln und am Computer trainieren. Fest steht aber auch, dass die digitale Zauberbox nicht das ganze Denken und Fühlen eines Kindes beherrschen darf. Wenn ein junger Mensch Stunden über Stunden vor dem Monitor verbringt, droht die normale zwischenmenschliche Kommunikation zu versiegen, ist seine seelische wie auch körperliche Entwicklung in Gefahr. Damit der Computer nützt statt schadet, müssen Sie als Eltern sich gezielt mit dem Medium auseinandersetzen und Ihr Kind zum bewussten Umgang mit dem PC erziehen.

## So nutzt Ihr Nachwuchs den Computer sinnvoll

Die folgenden Ratschläge können Sie bei der Computererziehung unterstützen:

➤ Kinder brauchen viel Bewegung, sie müssen zudem genügend Zeit haben, sich mit Gleichaltrigen austauschen – und zwar nicht nur über den Computer. Sie sollten die Dinge um sich herum räumlich sehen, um sie auch wirklich begreifen zu können. Daher muss sich der PC-Gebrauch in den normalen Tagesablauf des Kindes einfügen und ist, je nach Alter und Tätigkeit am Computer, ganz individuell zeitlich zu begrenzen.

➤ Was motiviert Ihr Kind, am Computer zu spielen? Wenn der Computer als Flucht benutzt wird, ist selbst die kürzeste Zeit zu lang.

Nutzen Sie als Eltern selbst den Computer? Dann sind Sie auch ein guter Ansprechpartner für Ihr Kind, wenn es um die neuen Medien geht.

Falls Ihr Kind immerzu vor dem Bildschirm sitzt, kann das nämlich ein Hilferuf sein. Flucht in die virtuelle Welt und die damit verbundene Isolation können auf eine unbefriedigende Lebenssituation des Kindes, auf Konflikte mit den Eltern oder Schulprobleme hinweisen. In diesem Fall kann ein Psychologe helfen.

➤ Berücksichtigen Sie das Alter Ihres Kindes: Ist es erst sechs Jahre alt, braucht es engere Grenzen als mit zehn. Je älter Ihr Kind ist, desto mehr Mitspracherecht sollte es haben und desto mehr Verantwortung kann es selbst übernehmen, auch für seine Freizeitgestaltung.

»Parken« Sie Ihr Kind nicht nur vor dem Rechner, sondern begleiten Sie es am Bildschirm.

➤ Falls Ihnen die Spielinhalte nicht gefallen, sagen Sie das auch. Vermeiden Sie dabei allerdings Moralpredigten, versuchen Sie, Ihr Kind auf freundliche Weise zur Einsicht zu bringen. Sprechen Sie dabei in Ich-Form: »Ich möchte das nicht« ist besser als »Dieses Spiel ist echter Mist«.

➤ Lassen Sie sich von Fachleuten über die Qualität der einzelnen Spiel- und Lernprogramme informieren. Bringen Sie Ihrem Kind den Computer auch mit Lernsoftware näher. Diese sollte dem Alter Ihres Kindes entsprechen und stufenweises Lernen ermöglichen, also mehrere Schwierigkeitsgrade enthalten.

➤ Setzen Sie den Computer nicht als Belohnung ein und strafen Sie auch nicht mit Computerentzug. Dadurch gewinnt das Gerät noch mehr Bedeutung und wird noch faszinierender.

➤ Lassen Sie Ihrem Kind genügend Zeit, um sich in ein Computerspiel einzufinden. Beharren Sie dabei jedoch darauf, dass die vereinbarten zeitlichen Grenzen konsequent eingehalten werden!

## So lernt Ihr Kind den richtigen Umgang mit dem Fernseher

Keine Frage, das Thema »Fernsehkonsum« ist in vielen Familien einer der größten Erziehung-Knackpunkte mit viel Zündstoff für Streit und heftige Diskussionen. Was passiert, wenn die Flimmerkiste Herrschaft über die Kinder gewinnt und überforderte Eltern dem nichts entgegensetzen, haben wir auf den Seiten 147 bis 149 bereits ausführlich beschrieben. Allerdings wäre es auch falsch, den Fernseher ganz und gar zu verteufeln und als Sündenbock für alles, was schief läuft, verantwortlich zu machen. Die Kunst ist also, das Fernsehen – genauso wie den Computer – so zu nutzen, dass die Kinder davon profitieren, dass der Konsum also nicht in eine Sucht nach passiver Berieselung ausartet, sondern dem Nachwuchs Wissenswertes über unsere Welt näher bringt, beispielsweise in Nachrichtensendungen für Kinder.

## So nutzt Ihr Kind den Fernseher sinnvoll

Hier die wichtigsten Tipps, wie der Umgang mit dem TV Ihrem Kind mehr Gewinn als Schaden bringt:

➤ Verfügt Ihr Gerät über eine Kindersicherung? Damit können Sie die Fernsehzeiten Ihres Kindes gut kontrollieren. Lassen Sie sich aber nicht zur Herausgabe des Codes überreden. Nur Sie, die Eltern oder andere Erziehungsberechtigte, schalten den Fernseher ein, nicht Ihr Kind.

➤ Verschaffen Sie sich einen Überblick über die Sendungen im Kinderprogramm. Auch wenn es am Anfang etwas Zeit kostet, ist es wichtig, damit Sie kritisch beurteilen können, was Ihr Kind dort zu Sehen bekommt.

➤ Vereinbaren Sie feste Fernseh-Zeiten. Wenn die Sendung aus ist, wird der Fernseher wieder abgeschaltet. Bleiben Sie dabei konsequent, auch wenn Ihr Kind heftig protestiert und mit noch so großer Vehemenz durchsetzen möchte, dass es weiter schauen kann. Erinnern Sie es an die vorher getroffenen Vereinbarungen und stellen Sie ihm in Aussicht, dass es an einem anderen Tag wieder fernsehen darf.

**Tipp**

Vorschulkinder sollten täglich nicht länger als eine halbe Stunde, Grundschulkinder nicht länger als eine Stunde fernsehen. Über diese Zeitmarke sind sich Pädagogen und Hirnforscher einig. Wichtig ist, dass Sie als Eltern bei einem Kind in diesem Alter dabei sind, damit es mit Ihnen über die Sendung sprechen kann, wenn es Lust dazu hat.

Zu viel Fernsehkonsum überfordert Kinder.

➤ Gehen Sie mit Ihrem Kind regelmäßig das Fernsehprogramm durch und fragen Sie es nach seinen aktuellen Lieblingssendungen. Das kann ein Comic, ein Abenteuerfilm, eine Dokumentation über Tiere, eine Seifenoper oder eine Science-fiction-Serie sein. Diese Sendungen markieren Sie dann in der Programmzeitschrift rot. So wird die Menge der Filme bereits eingeschränkt. Sehen Sie sich die eine oder andere ausgewählte Sendung dann möglichst mit an und sprechen Sie hinterher mit Ihrem Kind darüber. Natürlich wird so manche Sendung, die Ihrem Kind gefällt, nicht unbedingt Ihren Vorstellungen entsprechen. Akzeptieren Sie, wenn beispielsweise die Ihrer Meinung nach pädagogisch wertvolle Tier-Dokumentation nicht auf der Hitliste steht, dafür eine sogenannte Telenovela oder Quizsendung. Wichtig ist, dass Sie ein paar objektive Qualitätskriterien berücksichtigen. Achten Sie zum Beispiel darauf, ob in der Sendung versteckte oder offene Gewalt auftaucht. Wenn ja, streichen Sie sie. Erklären Sie Ihrem Kind, warum Sie so entschieden haben, damit es Ihre Handlung nachvollziehen kann.

➤ Sollte gar kein Übereinkommen zwischen Ihnen und Ihrem Kind möglich sein, bleibt immer noch der DVD-Player: Sicher besitzen Sie zahlreiche DVDs, die kindgerecht sind. Hier darf Ihr Nachwuchs dann wählen, was ihm Freude macht, und Sie müssen keine Angst haben, dass er einen Film ansieht, der nicht Ihren Vorstellungen entspricht.

# Handy & Co:
# Was braucht ein Kind?

Der Überfluss unserer Konsumgesellschaft zeigt sich auch in vielen Kinderzimmern. Dort türmt sich das Spielzeug meterhoch; Puppen, Autos, Plüschtiere, Baukästen, Elektronikspielsachen übersäen den Fußboden und füllen die Kisten; viele Dinge sind doppelt und dreifach vorhanden. Und an den Festtagen, besonders zum Geburtstag und an Weihnachten, regnet es wieder Geschenke – von den Eltern, Großeltern, Tanten, Onkeln, Geschwistern und Freunden. Oft bekommen Kinder so viel, dass sie die Dinge gar nicht mehr wertschätzen können. Da kann es durchaus passieren, dass die Geschenke, die unter dem Christbaum liegen, nur hastig aufgerissen werden und nach kurzer Begeisterung in der Ecke landen, um nicht mehr weiter beachtet zu werden. Oder dass ein Kind trotz des Überflusses immer unzufrieden ist und seine Ansprüche stets weiter wachsen. Viele Eltern sehen sich dann auch mit Wunschzetteln konfrontiert, auf denen sündhaft teure Dinge stehen – Stereoanlagen, MP3-Player, Computer, Handys und Designerkleidung. Natürlich ist es schwer, einem Kind klarzumachen, dass es bescheiden sein soll, wenn die Eltern selbst über großen

materiellen Besitz verfügen und sich an Festtagen aufwendig beschenken. Oft wird aber der Anspruch auch durch Freunde und Kameraden in der Schule geweckt, und es ist allzu verständlich, dass ein Kind ebenfalls das neueste Handy oder die teuren Markenschuhe haben möchte, wenn die Freunde sie bereits besitzen. Das Problem dabei ist, dass die luxuriösen Geschenkwünsche der Kinder die finanziellen Möglichkeiten vieler Eltern hoffnungslos übersteigen.

> Für Kinder gehört es heute zum Alltag dazu, das Handy zu nutzen.

## Wann ist ein Handy sinnvoll?

Wie gehen Sie am besten damit um? Will Ihr Kind beispielsweise ein Handy haben, dann ist grundsätzlich nichts dagegen zu sagen. Denn es spricht einiges dafür, dem Nachwuchs möglichst früh einen verantwortungsbewussten Umgang mit den modernen Kommunikationsmedien zu vermitteln. Andererseits müssen sie aber in der Lage sein, mit der Technik umzugehen und sie zu verstehen. Im Kindergarten- und frühen Grundschulalter ist es daher – so die Expertenmeinung – nicht sinnvoll, das Kind mit einem Handy auszustatten. Ab etwa einem Alter von acht bis zehn Jahren erweist sich ein Mobiltelefon jedoch oft als nützlich, vor allem wenn Ihr Kind jetzt häufiger alleine unterwegs ist oder längere Strecken zur Schule, zum Sportverein oder zum Musikunterricht zurücklegen muss. Bei Verspätungen

oder in Notsituationen kann Ihr Kind Sie oder andere Vertrauenspersonen dann schnell benachrichtigen. Bei der Anschaffung des Handys sollten Sie allerdings darauf achten, dass Ihr Kind nicht das
teuerste Gerät aussucht. Auf diese Weise vermitteln Sie ihm, eine
vernünftige Kosten-Nutzen-Relation zu wahren und die Ansprüche
nicht zu hoch zu schrauben. Auch sollten Sie klare Regeln für die
Handybenutzung festlegen – beispielsweise, welche Telefonnum-
mern angerufen werden dürfen, welche nicht (etwa teure 0900-
Dienste), und selbst einen Überblick über die Kosten haben. Am
Anfang bieten oft Prepaid-Angebote eine gute Möglichkeit, Kinder
und Jugendliche zu lehren, mit ihrem Budget zu haushalten.

## Markenklamotten – ja oder nein?

Vor allem wenn Kinder ins Teenageralter bekommen, wächst ihr
Modebewusstsein rasant, und sie haben oft nichts anderes mehr im
Kopf als Klamotten. In dieser Phase entwickeln sie oft auch eine
Liebe zu Designerkleidung, -schuhen und -accessoires. Das Label
auf der Sonnenbrille oder dem Polo-Shirt gewinnt eine ungeheure
Bedeutung, und viele Teenies definieren sich nur noch über die
Marke, die sie am Körper tragen. Wer hier nicht mithalten kann, ist
schnell »out«, denn die meisten Marken stehen für Geld, Wohlstand,
Unabhängigkeit, Souveränität und – so suggeriert es die Werbung –
erhöhen den Selbstwert enorm. Kein Wunder, dass in den Augen
vieler Kinder ein Turnschuh nur dann wirklich ein Turnschuh ist,
wenn ihn eine Wildkatze oder drei Streifen zieren. Auch hier stellt
sich für viele Eltern das Problem, die exklusiven Modewünsche ihrer
Sprösslinge nicht erfüllen zu können oder zu wollen. Entweder fehlt
das nötige Einkommen, oder die Eltern lehnen es aus Überzeugung
ab, den teuren Trend zu finanzieren. Oft müssen sie dann aber erleben, dass ihr Kind in eine Außenseiterrolle gerät, denn der Gruppen-
zwang ist gerade in der Zeit der Pubertät sehr stark.
Ein Kompromiss könnte sein, dem Kind klarzumachen, dass es die
No-Name-Jeans genauso tut, vorausgesetzt die Stoffqualität ist gut,
dass es aber zu besonderen Anlässen, etwa zum Geburtstag, einen
Markenartikel geschenkt bekommen kann. Sollten die ersehnten
Schuhe, das Kleidungsstück, der Gürtel oder die Sonnenbrille sehr
teuer sein, dann können die Eltern sich mit anderen, zum Beispiel
den Großeltern, Onkel oder Tanten, zusammentun und gemeinsam
den Wunsch erfüllen. Das Kind hat dann aber zu akzeptieren, dass es
nur ein und nicht mehrere Geschenke bekommt. Eine Alternative ist,
das Kind selbst einen Teil beisteuern zu lassen, zum Beispiel vom
angesparten Taschengeld oder durch kleine Nebenjobs.

# So nutzt Ihr Kind sein Taschengeld sinnvoll

Was Hänschen nicht lernt, lernt Hans nimmermehr. Dieser Spruch gilt ganz besonders für den richtigen Umgang mit Geld. Darum ist es auch so wichtig, dass Kinder frühzeitig und vor allem regelmäßig Taschengeld bekommen. Die Erfahrungen, die sie jetzt mit ihrem eigenen Geld machen, prägen auch ihren späteren Umgang mit größeren Geldbeträgen. Sie lernen, eigenverantwortlich zu handeln und finanzielle Prioritäten zu setzen. Kurzum: Das Taschengeld ist für das Kind ein wichtiger Schritt in Richtung Selbstständigkeit.

## Ein Gefühl für Geld entwickeln

Anhand des Taschengeldes lernen Kinder nicht nur die Münzen und Geldscheine kennen, sie merken auch, wie viel manche Dinge kosten. So können viele Kinder anfangs kaum glauben, dass ein 50-Cent-Stück mehr wert ist, als zehn einzelne Cent-Stücke. Die Kinder müssen jetzt ihre eigenen Erfahrungen machen und lernen, was es bedeutet, wenn das ganze Geld verbraucht ist. Wer zum Beispiel gleich am ersten Tag sein gesamtes Taschengeld für Süßigkeiten oder Spielzeug ausgibt, das ihn nach zwei Tagen nicht mehr interessiert, kann dann erleben, wie es ist, sich für den Rest des Monats nichts mehr leisten zu können. Für Eltern gilt jetzt: Wenn Ihr Kind all sein Geld auf einmal verprasst, dürfen Sie ihm nicht nachträglich etwas zustecken. Sonst lernt das Kind weder, richtig zu haushalten, noch zu sparen, um sich dann irgendwann einen etwas größeren Wunsch zu erfüllen. Vorwürfe sind aber ebenso fehl am Platz, denn pleite zu sein, ist schon Strafe genug für Ihr Kind. Das nächste Mal wird es sich sicher genau überlegen, wofür es sein Taschengeld ausgibt.

## Ihr Kind entscheidet weitgehend selbst

Was sich Ihr Kind von seinem Taschengeld kauft, sollte ihm überlassen bleiben. Eine Ausnahme bilden Anschaffungen, die gesundheits-

**Tipp**

Durch den Umgang mit dem eigenen Taschengeld lernt Ihr Kind Geduld beim Sparen, um sich irgendwann einmal einen kleinen oder auch größeren Wunsch zu erfüllen. Es ist nun auch in der Lage, jemand anderem etwas vom Ersparten zu schenken und ihm damit eine Freude zu machen.

schädlich oder gefährlich sind, etwa Alkohol, Zigaretten und Drogen (siehe ab Seite 230). Eltern dürfen Tipps geben, sie sollten sich aber nicht einmischen, wenn ihr Kind das Taschengeld für scheinbar sinnlosen Krimskrams ausgibt. Es ist sinnvoll, wenn Kinder frei über ihr Taschengeld verfügen dürfen. Schulsachen, Grundnahrungsmittel oder dringend benötigte Kleidung sollten davon nicht gekauft werden müssen. Einzige Ausnahme: Will Ihr Kind unbedingt Marken-Klamotten, dann ist es durchaus angemessen, dass es den Mehrbetrag zum No-Name-Produkt aus der Taschengeldkasse bezahlt (Siehe auch S. 162).

Teenager lieben Markenklamotten, die natürlich ihren Preis haben.

### Taschengeld ist kein Erziehungsmittel

Machen Sie die Höhe des Taschengeldes nicht davon abhängig, ob Ihr Kind brav war oder nicht. Also keine Taschengeldminderung zur Strafe und auch keine Taschengelderhöhung als Belohnung, etwa für gute Schulnoten! Außerdem sollte die Höhe des Taschengeldes nicht von sonstigen (Geld-)Geschenken, beispielsweise von den Großeltern, zum Geburtstag oder zu Weihnachten, aber auch nicht von selbst dazuverdientem Geld beeinflusst werden. Lassen Sie Ihr Kind nicht ums Taschengeld betteln, sondern denken Sie immer von sich aus daran, pünktlich und ohne Murren zu zahlen. Schließlich soll Ihr Kind ja nicht zum Bittsteller erzogen werden!

### Ständig pleite – welche Tipps können Sie Ihrem Kind geben?

Wenn Ihr Nachwuchs mit seinem Taschengeld partout nicht haushalten kann, dann regen Sie doch an, eine Wunschliste zu schreiben. Den meisten Kindern fällt es leichter, auf ein konkret formuliertes Ziel hin zu sparen. Eine gute Möglichkeit, um herauszufinden, wofür der Großteil des Taschengeldes jeden Monat ausgegeben wird, ist, Buch zu führen und alle Ausgaben festzuhalten. Häufig sind es nämlich gerade die kleineren Anschaffungen, die ins Geld gehen und die

Börse schnell leeren. Führen Sie Ihrem Kind auch vor Augen, dass man gerade Spontankäufe oft schnell bereut. Meist lohnt es sich also, erstmal eine Nacht darüber zu schlafen, ehe man das Taschengeld verpulvert. Ermutigen Sie Ihr Kind dazu, sich durch kleine Jobs zusätzlich Geld zu verdienen. Vielleicht hat es die Möglichkeit, den Nachbargarten zu gießen, den Hund einer alten Dame auszuführen, Zeitungen auszutragen oder Ähnliches. Eine derartige Nebenbeschäftigung sollte Ihr Kind aber nur annehmen, wenn es zeitlich und körperlich dazu in der Lage ist, sie es nicht überfordert und seine schulischen Leistungen dadurch nicht beeinträchtigt werden.

## Wie hoch darf das Taschengeld sein?

Natürlich ist die Höhe des Taschengeldes vom Alter des Kindes und vom Einkommen der Eltern abhängig. Grundsätzlich gilt aber: Zahlen Sie nicht zu wenig, Ihr Kind braucht schon einen gewissen Spielraum, sonst hat es nicht die Möglichkeit, etwas zu sparen. Geben Sie ihm aber auch nicht so viel, dass es sich jeden Wunsch sofort erfüllen kann. Zum einen übt es sich auf diese Art nicht im realistischen Umgang mit Geld – als Erwachsener wird es wahrscheinlich auch nicht aus dem Vollen schöpfen können –, zum anderen lernt Ihr Kind sonst nicht, Prioritäten zu setzen und zwischen wirklichen Herzenswünschen und spontaner Lust auf irgendetwas zu unterscheiden. Hören Sie sich in punkto Taschengeld aber auch im Freundes- und Bekanntenkreis um. Wenn zum Beispiel alle anderen sehr viel mehr Taschengeld bekommen als Ihr eigenes Kind, dann sollten Sie das Taschengeld entweder erhöhen, sodass Ihr Kind im Vergleich mit seinen Freunden besser bestehen kann oder ihm erklären, warum Sie ihm nicht mehr zahlen können oder wollen.

## Wie viel Taschengeld in welchem Alter?

Die Jugendämter empfehlen je nach Alter des Kindes in etwa folgende Taschengeldhöhe (Richtwerte):

| Alter | Taschengeld |
| --- | --- |
| unter 6 Jahren | bis 0,50 € wöchentlich |
| 6-7 Jahre | 1,50-2,00 € wöchentlich |
| 8-9 Jahre | 2,00-2,50 € wöchentlich |
| 10-11 Jahre | 13,00-14,00 € monatlich |
| 12-13 Jahre | 15,00-17,00 € monatlich |
| 14-15 Jahre | 18,00-20,00 € monatlich |
| 16-17 Jahre | 30,00-40,00 € monatlich |

## Tipp

Spätestens wenn Ihr Kind in die Schule kommt, sollte es sein erstes Taschengeld erhalten. Jetzt kann es schon ein wenig rechnen und bestimmten Dingen einen Wert zuordnen. Höhere Geldbeträge, die Ihr Nachwuchs von der Oma oder vom Onkel bekommt, sollten auf sein Sparkonto eingezahlt werden.

# Wie Kinder teilen lernen

Kleine Kinder, deren Lieblingswort »meins« zu sein scheint, sind nicht bewusst »unsozial«. Stark ausgeprägter Egoismus ist im Kleinkindalter ganz normal – das Kind ist Mittelpunkt seiner Welt, dementsprechend glaubt es, dass ihm alles gehört, womit es spielt. Mehr noch: Am Anfang der Ich-Entwicklung glauben Kleinkinder, dass zum Beispiel das Spielzeug zu ihnen gehört, also quasi ein Teil von ihnen ist. Kein Wunder also, dass ein Kind schreit wie am Spieß, wenn einer seiner Freunde sein Spielzeug nehmen und womöglich auch noch benutzen möchte. Erst ab einem Alter von drei bis vier Jahren können Kinder wirklich zwischen »mein« und »dein« unterscheiden (siehe Seite 52) und fangen auch an zu verstehen, was es bedeutet, wenn einem selbst ein Spielzeug weggenommen wird. Die Kleinen beginnen also ganz langsam die Fähigkeit zu entwickeln, sich in andere hineinzuversetzen.

Warum ist eigentlich immer das Spielzeug interessant, mit dem gerade jemand anderes spielt? Wer Kinder beim Spielen beobachtet, der bemerkt auch, dass für ein kleines Kind immer genau *das* Spielzeug zum »Objekt der Begierde« wird – auch wenn es sonst unbeachtet in der Ecke liegt –, mit dem gerade ein anderes Kind spielt. Der Grund: Kleine Kinder müssen erst noch lernen, sich in der Welt zurechtzufinden. Um sich besser orientieren zu können, versuchen sie herauszubekommen, was wichtig ist und was nicht. Wenn sich also ein anderes Kind mehr für das rote Feuerwehrauto als für das grüne Polizeiauto interessiert, dann scheint Ersteres wichtiger zu sein. Und dementsprechend möchte plötzlich auch das andere Kind unbedingt mit dem Feuerwehrauto spielen. Der Streit ist also vorprogrammiert.

## Den Wert von Eigentum vermitteln

Bevor ein Kind teilen lernen kann, sollte es erst einmal besitzen dürfen. Das heißt, es sollte Spielzeug und andere Dinge geben, die nur ihm alleine, aber auch Spielsachen, die allen in der Familie – also auch den Geschwistern – gehören.

Wenn Ihre Kinder nicht einsehen wollen, weshalb bestimmte Spielsachen Allgemeingut sind, dann erklären Sie ihnen, dass ansonsten
die Spielzeugauswahl deutlich geringer wäre, weil ja alles doppelt
oder dreifach angeschafft werden müsste.

Jeder darf also abwechselnd, oder gemeinsam, damit spielen. Ansonsten gilt die Regel: Bevor jemand das Spielzeug eines anderen
benutzen darf, wird gefragt. Und natürlich ist der Besitz des Geschwisterkindes pfleglich zu behandeln – das heißt, wer das Spielzeug des anderen (mutwillig) kaputt macht, muss für einen Ersatz
sorgen und beispielsweise etwas aus der eigenen Spielzeugkiste
dafür hergeben.

## Wie lässt sich Streit im Kinderzimmer vermeiden?

Um »böses Blut« zu vermeiden, empfiehlt es sich, dass das Kind
seine Lieblingsspielsachen – die es keinesfalls mit anderen teilen
möchte – wegräumt, ehe Spielkameraden zu Besuch kommen. Weil
kleine Kinder, wie gesagt, meist mit dem Teil spielen wollen, welches der andere gerade hat und sie sich nicht selten darüber laut-
stark in die Haare kriegen, sind die Eltern als Vermittler gefragt. Sie
müssen Spielregeln aufstellen, zum Beispiel, dass sich die Kinder
abwechseln – erst darf das eine Kind eine Zeitlang (notfalls den
Kurzzeitwecker stellen) mit dem begehrten Spielzeug spielen, danach ist das andere Kind an der Reihe. Wenn sich die kleinen Streit-
hähne partout nicht einigen oder beruhigen wollen, dann wird eben
das begehrte Spielzeug aus dem Rennen genommen.

Generell gilt: Mischen Sie sich möglichst wenig in Streitigkeiten um
Spielsachen ein. Streiten ist für die kindliche Entwicklung nämlich

> Wenn sich die
> beiden nicht
> einigen, kommt
> das Auto eben
> in den Schrank.

ungemein wichtig, denn im
Streit lernen sie, mit Aggressionen umzugehen,
nachzugeben und Kompro-
misse einzugehen – also
auch zu teilen – und zu verlieren. Und noch ein Tipp:
Wenn es darum geht, dass
Geschwisterkinder ein
Stück Kuchen oder den Rest
Eiscreme gerecht unterei-
nander aufteilen sollen, bewährt sich immer noch die
alte Regel: »Der eine teilt,
der andere sucht aus«.

# Die häufigsten Alltagsprobleme

Die Entwicklung Ihres Kindes wird nicht immer reibungslos ablaufen. Vor allem wenn die Familienharmonie erheblich gestört wird, benötigen Sie Hilfe. Wir zeigen Ihnen, wie Sie mögliche Schwierigkeiten überwinden können.

# Trotz und Ungehorsam

Dass Kinder immer eitel Sonnenschein bringen, kennen wir nur aus der Werbung. Die Praxis sieht meist nämlich ganz anders aus. Und das ist auch gut so, denn Reibungspunkte darf und muss es geben. Manchmal braucht ein Kind auch handfeste Auseinandersetzungen. Es muss lernen, Hindernisse zu überwinden, damit seine Persönlichkeit stark wird. Es sollte in der Lage sein, Schwierigkeiten anzunehmen und auch zu meistern, sich durchzusetzen und seinen ganz individuellen Charakter positiv zur Geltung zu bringen. Allerdings passiert es immer wieder, dass die individuelle Wesensentfaltung Ihres Kindes ihre Grenzen erreicht. Spätestens dann, wenn jegliche Familienharmonie schwindet, wenn der Alltag zum Dauerstress wird und das Beziehungsgefüge in eine echte Krise zu geraten droht. Aber auch in solchen Härtezeiten brauchen Sie nicht zu verzagen: Es gibt immer Möglichkeiten der Unterstützung, es gibt immer Rat und gegebenenfalls auch fachlichen Beistand durch Kinderärzte, Kinderpsychologen und Pädagogen.

Scheinbar grundlose Weinkrämpfe und Wutanfälle gehören bei temperamentvollen Kinder phasenweise dazu.

## Trotzanfälle gehören dazu

»Nein, das mach' ich nicht!«, »Ich will nicht!« ... Wenn sich Kinder
vehement gegen alles sträuben, was die Eltern von ihnen wollen und
dieser Verweigerung auch körperlich Ausdruck verleihen, zum Beispiel indem sie mit den Fäusten an die Wand trommeln, weinen,
schreien, beißen, mit den Füßen aufstampfen oder sich auf den Boden werfen, dann wissen die gestressten Eltern: Aha, mein Kind hat
einen Trotzanfall. Diese Reaktionen sind zweifelsohne anstrengend
und oft kaum auszuhalten, vor allem wenn sie sich in der Öffentlichkeit abspielen und fremde Menschen Zeugen der peinlichen Szenen
werden. In einem gewissen Rahmen sind Ausbrüche von Trotz allerdings nichts Ungewöhnliches, sondern sie gehören sogar ein Stück
weit zur kindlichen Entwicklung dazu. So lotet beispielsweise ein
Zwei- bis Dreijähriger in der ersten Trotzphase erstmals seine Grenzen aus und versucht, seinen Willen gegen den der Eltern zu setzen
(siehe Seite 54). Aber auch später können Eltern immer wieder mit
dem Trotz und Ungehorsam ihres Kindes konfrontiert werden, insbesondere wenn sie es versäumt haben, konsequent bestimmte Regeln
und Gebote durchzusetzen (siehe ab Seite 24).

## Wann liegt eine Verhaltensauffälligkeit vor?

Wo befinden sich aber die Grenzen? Wann sind Trotzreaktionen noch
als normal zu bezeichnen, wann als Verhaltensstörung, die behandlungsbedürftig ist? Eine pauschale Antwort ist hier schwierig, denn
Anfälle von Trotz und Ungehorsam äußern sich sehr unterschiedlich.
Je nach eigenem Temperament, aber auch nach erlernten Verhal-
tensmechanismen in der Familie reagiert jedes Kind in anderer Weise
trotzig. Die einen bekommen Zornesausbrüche und Wutanfälle, die
anderen nörgeln, weinen und jammern, wieder andere ziehen sich
einfach ganz still zurück und meiden den Kontakt zu den Eltern oder
Geschwistern.

Außerdem weisen Trotzphasen und -anfälle ganz unterschiedliche
Intensitätsgrade auf: Bei einigen Kindern halten sie nur kurz an und
sind auch nicht besonders heftig, bei anderen dagegen haben die
Eltern und Verwandten den Eindruck, dass sich das aufsässige Verhalten geradezu verselbstständigt hat, wie ein Automatismus abläuft
und die Kinder kaum noch anders reagieren können. Für die Entscheidung, ab wann Rat und Unterstützung, etwa durch einen Kinderpsychologen, Not tut, ist die Schmerzgrenze der Eltern entscheidend. Wenn Sie als Mutter oder Vater mit der Situation gar nicht
mehr zurechtkommen, wenn Sie das Gefühl haben, Ihr Kind tanzt
Ihnen nur noch auf der Nase herum und entwickelt sich langsam

### Tipp

Lassen Sie sich von
einem Zornesaus-
bruch Ihres Kindes
nicht in Angst und
Schrecken verset-
zen, auch dann
nicht, wenn es
schon älter ist.
Ganz wichtig ist,
dass Sie gelassen
bleiben, ihm etwas
Zeit geben, um sich
abzureagieren und
dann mit ihm in ru-
higem, sachlichem
Ton sprechen.

aber sicher zum kleinen Tyrannen, wenn die Familienharmonie gestört wird oder gar Ihre partnerschaftliche Beziehung in eine Krise zu rutschen droht, sollten Sie handeln. Zögern Sie nicht zu lange, sich fachliche Unterstützung zu holen. Sprechen Sie beispielsweise Ihren Kinderarzt auf die Situation an oder suchen Sie eine Familienberatungsstelle auf. Aber auch die folgenden Ratschläge können Ihnen helfen, besser mit kleinen Nörglern, Mimosen, Prinzen und Primadonnen umzugehen.

> Zeigen Sie keine Wut, wenn Ihr Kind an allem herummäkelt.

## Wenn Ihr Kind ein Nörgler ist

Einen kleinen Nörgler und Miesepeter in der Familie zu haben, kann sehr anstrengend sein. Nichts passt dem Kind, nichts ist ihm recht zu machen. Das Bilderbuch, das die Mutter gekauft hat, ist in seinen

Augen fad; das Essen schmeckt langweilig; die Knetmasse ist zu klebrig und zu fest; das Badewasser fühlt sich zu kalt an; der neue Pullover kratzt; die Schuhe sind zu groß, das Fahrrad ist zu klein, die Schier findet er zu kurz … Wenn sich ein Kind derart renitent gibt, ist das für seine Eltern eine ziemlich große Herausforderung, und sie haben oft Mühe, nicht »aus der Haut zu fahren«. So schwer es fällt, Sie sollten dennoch auf die ständige Nörgelei Ihres Sprösslings in gar keinem Fall wütend reagieren. Wut ist nämlich eine Form der Aufmerksamkeit, und wenn Ihr Kind merkt, dass sein Verhalten Sie zornig macht, dann erkennt es auch, dass es dadurch in gewisser Weise Macht über Sie ausübt und Sie dominieren kann.

### Klein beigeben ist nicht der richtige Weg

Nachgeben, wenn Ihr Kind nörgelig ist, stellt auch keine gute Lösung dar. Dadurch würden Sie es als Eltern nur darin bestärken, dass Quengeln und Motzen eine adäquate Verhaltensweise ist, um das zu bekommen, was es will. Das bedeutet also: Wenn Ihr Kind nörgelt und quengelt, dann dürfen Sie ihm nicht mehr Aufmerksamkeit schenken als wenn es artig ist. Umgekehrt sollten Sie sich dafür sensibilisieren, erwünschtes Verhalten zu loben, zum Beispiel indem Sie Ihrem gerade nicht quengelnden Kind sagen, dass es ungemein Spaß macht, mit ihm zu spielen, zu malen oder Ähnliches.

### Gelassenheit – die beste Lösung

Wenn Ihr Kind also wieder einen »Motzanfall« hat, dann bleiben Sie ruhig. Bestrafen Sie es nicht für seinen Zornesausbruch, denn es soll merken, dass es völlig in Ordnung ist, mal missgestimmt oder frustriert zu sein. Alle Gefühle sind erlaubt, allerdings kommt es darauf an, wie man mit ihnen umgeht – und genau das müssen Kinder lernen. Darum sollten Eltern freundlich, aber bestimmt bleiben und ihrem Sprössling klar machen, dass sie ihm zuhören und ein offenes Ohr für seine Wünsche und Befindlichkeiten haben, wenn er in einem anständigen Ton mit ihnen spricht. Erklären Sie Ihrem Kind, dass er anstatt »Mist, immer ist nur so ein ekliger Saft da!« besser sagen sollte: »Mama, ich würde so gern Ananassaft trinken, kannst du nächstes Mal bitte einen kaufen?«. Wenn Ihr Kind darauf nicht eingeht, dann können Sie guten Gewissens das Gespräch mit dem Verweis auf eine spätere Fortsetzung – nämlich dann, wenn es sich beruhigt hat – beenden.

## Warum quengelt und nörgelt mein Kind ständig?

Wenn Ihr Kind plötzlich an allem etwas auszusetzen hat und man ihm nichts recht machen kann, kann das zum einen daran liegen, dass es mit seinen Gedanken ganz woanders ist, dass ihn irgendetwas sehr beschäftigt. Zum anderen ist ein möglicher Grund, dass es, wie bereits oben erwähnt, gelernt hat, mit seiner motzigen Art zum Erfolg zu kommen. Kinder, die regelrechte Nörgler sind, fühlen sich in ihren Wünschen und Bedürfnissen oft nicht ernst genommen oder übergangen. Sie glauben, die meiste Zeit fremdbestimmt zu sein. Das heißt, ihrer Meinung nach wird ohnehin alles über ihren Kopf hinweg entschieden, ohne dass sie ein Wörtchen mitzureden hätten. Als langfristige Maßnahme empfiehlt es sich daher, das Kind an Entscheidungen öfter teilhaben zu lassen. Fragen Sie zum Beispiel, was es am Wochenende gerne machen möchte, worauf es Lust

Ein Wochenend-
ausflug mit der
ganzen Familie
bringt oft auch
dem kleinen Mie-
sepeter die gute
Laune zurück.

oder Appetit hat und finden Sie Kompromisse. »Wir besuchen die Oma und danach gehen wir Eis essen, wenn du Lust dazu hast. Möchtest du dann abends Pizza machen und danach dein Lieblings-video ansehen? Lass uns noch deine Geschwister fragen, was sie gerne tun wollen.« Das Kind soll lernen, dass seine Wünsche durch-aus respektiert werden, aber eben alle Familienmitglieder diverse Bedürfnisse haben und man darum einen Kompromiss finden muss, damit alle zufrieden sind. Ein Kind muss ebenfalls lernen, dass es ein Stück weit selbst für sein Wohlbefinden verantwortlich ist. Wenn ihm zum Beispiel der selbst ausgesuchte Zoobesuch nicht gefällt und es auch dabei quengelt, können sich die Eltern mit Fug und Recht da-rauf berufen, dass es der ausdrückliche Wunsch des Kindes war, dorthin zu gehen.

## Wenn Ihr Kind eine kleine Mimose ist

Die 6-jährige Alina ist immer sehr schnell beleidigt. Wieder einmal sitzt sie schmollend in der Ecke ihres Zimmers. Der Grund: Ihr gro-ßer Bruder hat sie »Pappnase« genannt. Er weiß genau, was er sagen oder tun muss, um die kleine Schwester zu ärgern. Sehr schnell ist sie dann eingeschnappt. Aber nicht nur wenn ihr Bruder sie neckt, ärgert sie sich und zieht sich zurück. Auch wenn ihre Mutter bei der Durchsicht der Hausaufgaben einen kleinen Fehler findet und sie darauf aufmerksam macht, ist Alina sauer. Aus lauter Trotz will sie den Fehler dann nicht korrigieren, obwohl sie eigentlich großen Wert darauf legt, im Schreiben und Rechnen möglichst gut zu sein.

## Auch ohne Grund immer gleich beleidigt

Ein Kind mit einem mimosenhaften Wesen ist bei jeder Kleinigkeit, auch wenn sie noch so unbedeutend ist, eingeschnappt und schmollt. Erst nach hartnäckigem Nachfragen teilt die Mimose unter Umständen mit, welche Laus ihr über die Leber gelaufen ist. Fast jeder ist in ihren Augen gemein zu ihr, angeblich hat sie jemand komisch angesehen, und schon fühlt sie sich angegriffen. Sie findet alles ungerecht und unfair. Kurz: Für eine Mimose gibt es tausend Gründe, um in Tränen auszubrechen. Sie kann, genauso wie der Nörgler, mit ihrem Verhalten allen die Stimmung verderben und damit die Familienharmonie nachhaltig stören.

Egal wie genervt oder sauer Sie als Eltern deswegen sind, wichtig ist es, dass sie dennoch versuchen, einfühlsam mit dem Kind zu sprechen. Eine Mimose schmollt nicht grundlos. Vielleicht hat eine flapsige Bemerkung sie verletzt oder sie fühlt sich nicht ernst genommen; Eltern sollten sich in diesem Fall bei ihrem Kind entschuldigen, danach aber kein Aufhebens mehr darum machen, sondern zur Tagesordnung übergehen. Wenn das Kind jedoch ganz ohne Grund eine Schnute zieht, dann ist es gut, das zu ignorieren und dem beleidigten Kind auf keinen Fall Aufmerksamkeit zu zollen. Womöglich hat es schon gelernt, dass Schmollen eine Erfolg versprechende Methode ist, um zu bekommen, was es will. Jetzt ist es wichtig, dass Eltern konsequent zu ihrer Entscheidung stehen, und sich nicht durch Tränen erweichen lassen.

## So bekommt Ihr Kind ein dickeres Fell

Mimosen fühlen sich oft übergangen. Sie glauben, dass es ohnehin niemanden interessiert, was sie gerne tun möchten. Niemand schenkt ihnen, ihrer Meinung nach, genügend Aufmerksamkeit oder versteht sie. Das mangelnde Selbstwertgefühl des Kindes lässt sich aufwerten, indem Vater und Mutter ihrer kleinen Mimose immer mal wieder eine Extraportion Aufmerksamkeit schenken – aber nicht gerade dann, wenn sie schmollt! In vielen Fällen ist ein so empfindlicher Sprössling übrigens ein Sandwichkind, das heißt, es hat sowohl ein größeres als auch ein kleineres Geschwisterchen. Ganz wichtig ist, dass Eltern das Kind vor seinen Geschwistern nicht bloßstellen, dass sie nicht bei-

**Tipp**

Das Wort »Mimose« kommt eigentlich aus der Botanik. Eine Mimose ist eine Zierpflanze, auch als »Rühr-mich-nicht-an« bekannt, die auf kleinste Berührungen und Erschütterungen reagiert und im Bruchteil einer Sekunde ihre Blätter einklappt. Ebenso empfindlich reagieren mimosenhafte Kinder.

spielsweise sagen »spielst du schon wieder die beleidigte Leberwurst!«. Mimosen mangelt es, wie bereits erwähnt, oft an Selbstbewusstsein. Sie sind sehr sensible Kinder, die feine Antennen für die Stimmung ihres Gegenübers haben und dementsprechend auch die leisen Zwischentöne wahrnehmen und diese auf sich beziehen. Wenn auch Sie eine solche Spezies von Kind haben, können Sie ihm helfen, eine dickere Haut zu bekommen, zum Beispiel indem Sie ihm zeigen, wie es sich beruhigen oder selbst trösten kann, etwa durch Musikhören, Lesen oder ein Kuscheltier. Zudem ist ein Haustier oft ein guter Begleiter für eine kleine Mimose, mit dem sie ihre Gefühle teilen kann. Lassen Sie Ihr Kind außerdem Sport treiben. Bewegung beruhigt und macht fröhlich und ausgeglichen. Auch ein anderes Hobby, etwa Seidenmalerei, Basteln oder Werken sind gut für ein zartbesaitetes Kind, um innerlich ins Gleichgewicht zu kommen.

## Wenn Ihr Kind ein Prinz oder eine Primadonna ist

Kleine Prinzen und Primadonnen fühlen sich so erhaben, so sicher auf dem hohen Ross oder auf dem Königsthron, dass sie gar nicht daran denken, anderen zu gehorchen und das zu tun, was man ihnen sagt. Sie stellen sich taub, wenn man ihnen etwas mitteilen möchte, sie glauben, es gar nicht nötig zu haben, zuzuhören. Als schwierig entpuppen sich solche Kinder oft im Kindergarten und in der Schule. Denn auch dort sind sie überheblich, ignorieren die Erzieher und Lehrer und behandeln sie, als seien sie Luft. Sie sehen eigene Fehler grundsätzlich nicht ein, lassen sich nichts sagen und machen ihre Hausaufgaben nicht.

### Mein Wille geschehe!

Prinzen und Primadonnen sind es gewohnt, dass sie bekommen, was sie wollen und wehe, die anderen tanzen nicht nach ihrer Pfeife – dann rasten sie aus und zwar vornehmlich in der Öffentlichkeit. Keine Frage, diese Kinder sind sehr anstrengend. Es ist ganz wichtig, dass Eltern bei einem Ausbruch die Ruhe bewahren. Schimpfen oder Besänftigen bringt ohnehin nichts, das würde den Sprössling nur noch mehr anstacheln. Auf keinen Fall sollten Eltern den Wünschen ihres Kindes jetzt nachgeben, denn so lernt es, dass es alles bekommt,

was es will, wenn es nur ordentlich auf die Pauke haut. Am wirkungs-
vollsten ist es, wenn Vater und Mutter den Anfall ihres Kindes ignorieren – so ganz ohne Publikum macht der kleinen Primadonna oder
dem kleinen Prinzen das Toben nämlich keinen Spaß.

### Warum tanzt mein Kind anderen auf der Nase herum?

Die Primadonna und der Prinz haben gelernt, dass Ausrasten zum
Erfolg führt. Was diese Kinder aber offenbar nicht können ist, mit
Frustrationen umzugehen, sich in andere hineinzuversetzen, auch
mal bescheiden zu sein und nachzugeben, auf die Erfüllung von
Wünschen zu warten und nicht nur zu nehmen, sondern auch zu geben. Damit ein solches Kind soziale Kompetenzen erwerben kann,
ist es wichtig, dass die Eltern erstens diese Verhaltensweisen vorleben und zweitens konsequent handeln. Kleine Primadonnen und
Prinzen sind häufig Einzelkinder; die Eltern sollten sich also auch
fragen, ob ihr Nachwuchs womöglich gewohnt ist, jeden Wunsch
sofort erfüllt zu bekommen. Vielleicht haben Vater und Mutter ein
schlechtes Gewissen, weil sie zu wenig Zeit für ihr Kind haben und
das kompensieren wollen.

### So erwirbt Ihr Nachwuchs soziale Kompetenz

Wenn auch Ihr Sohn oder Ihre Tochter zur Sorte »kleiner Prinz« oder
»kleine Prinzessin« gehört, sollten Sie ihn oder sie zu mehr Selbstständigkeit erziehen. Das bedeutet, dass Sie Ihr Kind stärker in die
Pflicht nehmen. Es kann ruhig des Öfteren im Haushalt und im Garten helfen. So beteiligt es sich am Familienleben und lernt, sich in
die Gemeinschaft einzufügen und diese zu unterstützen. Wenn Ihr
Kind jedoch nicht bereit ist, seinen Teil beizutragen und
sich weiterhin daneben benimmt, dann werden eben
Vergünstigungen gestrichen, etwa der monatliche Kinobesuch, die Zeitschrift, die es alle zwei Wochen bekommt oder Ähnliches. Solche Maßnahmen müssen auf
jeden Fall vorher angekündigt werden, denn dann hat
das Kind erstens die Wahl und zweitens lernt es besser,
welches Verhalten Erfolg versprechend ist. Sie sollten Ihr
Kind aber nicht mit der Erwartungshaltung überfordern,
dass es sich von heute auf morgen komplett ändert,
sondern auch kleine Schritte loben. Und denken Sie
daran: Wer über andere herrscht, ist möglicherweise
sehr einsam. Stehen Sie daher Ihrem Kind zur Seite und
geben Sie ihm immer wieder Tipps, was es an seinem
Verhalten ändern könnte.

Spielt Ihr Kind
gern die kleine
Prinzessin?
Vielleicht be-
handeln Sie es
auch so, indem
Sie ihm jeden
Wunsch von den
Augen ablesen.

# Eifersüchtig auf das Geschwisterchen

Schwangerschaft, Geburt, kurze Nächte – für die Eltern kein Neuland mehr, wenn ein zweites Baby kommt, für das Erstgeborene allerdings verändert sich das Leben radikal. Man stelle sich vor: Erst unbestrittener König in der Familie und dann plötzlich vom Thron gestoßen, noch dazu einen Nebenbuhler an der Seite. Kein Wunder, dass so manches Kind verzweifelt fragt: »Mami, können wir das neue Baby zurückgeben?!« Viele Kinder reagieren auch mit heftiger Eifersucht. Diese kann sich auf ganz unterschiedliche Weise äußern. Manche Kinder verlangen mit drei oder vier Jahren plötzlich wieder einen Schnuller, andere machen wieder in die Hose (siehe ab Seite 113). Viele Kinder reagieren auch mit heftigen Trotzanfällen oder Anklammerungsversuchen. Auch wenn es Sie Nerven kostet, sich in Ihr »großes« Kind hineinzuversetzen, tun Sie es! Wenn Sie empört oder verärgert auf seine Eifersucht reagieren, wird das Kind sich noch unglücklicher fühlen, weil es dann überzeugt davon ist, dass Sie es nun wirklich nicht mehr so lieb haben wie vorher. Geraten Sie auch nicht in Panik, wenn Ihr »großes« Kind das neue Geschwisterchen zunächst ablehnt. Das ist nur allzu oft eine natürliche Reaktion auf die veränderte Lebenssituation. Ganz wichtig: Vermeiden Sie, dass sich Ihr Kind wegen seiner negativen Gefühle gegenüber seinem Geschwisterchen schuldig fühlt, indem Sie diese Gefühle auf konstruktive Weise aufgreifen. Wenn Ihr Kind sagt, dass es das Baby nicht mag, könnten sie ihm zustimmen, dass es nicht immer lustig ist, ein Baby im Haus zu haben. Sie könnten darüber sprechen, dass Sie das Baby lieb haben, aber einige Dinge auch anstrengend finden, wie zum Beispiel mitten in der Nacht aufzustehen. Sie sollten auch der Versuchung widerstehen, die große zusätzliche Belastung auszugleichen, indem Sie an die Selbstständigkeit und an die Vernunft Ihres ersten Kindes appellieren, weil es doch jetzt schon »so groß« ist. Das hat zwei Gründe:

➤ Zum einen: Wer ein Geschwisterchen bekommt, ist plötzlich der oder die Große und kann doch selbst gar nichts dafür. Wenn ein Dreijähriger hört: »Sei doch mal vernünftig, du bist doch schon so groß!«, wird klar, wie unsinnig das ist.

➤ Zum anderen: Gerade wenn ein Kind ein Geschwisterchen bekommt, hat es oft nicht die geringste Neigung, groß und vernünftig zu sein, bekommt es doch gerade vorgeführt, wie viel Fürsorge es einbringt, wenn man ganz klein und hilflos ist. Also: Geben Sie ihm ruhig wieder mal ein Fläschchen und windeln Sie es ohne Vorwurf so fürsorglich wie das Kleine. Verwöhnen Sie Ihr Kind jetzt ruhig auch ein bisschen mehr als sonst, zum Beispiel indem Sie ihm öfters sein Lieblingsessen kochen. Machen Sie ihm vor allem klar, dass es Ihrer uneingeschränkten Zuneigung sicher sein darf, egal wie »groß« oder »klein« es sich im Moment benimmt.

Ein neues Geschwisterchen ist sehr süß, gibt oft aber auch Anlass zur Rivalität.

## Wie sag' ich's meinem Kinde?

Wenn Sie ein Baby erwarten, müssen Sie das Ihrem Kind irgendwann sagen. Der richtige Zeitpunkt für das Verkünden der frohen Botschaft spielt dabei eine große Rolle. Und es gilt: Je älter das große Kind ist, desto früher sollte es von seinem Geschwisterchen erfahren. Dennoch nicht innerhalb der ersten drei Monate, wenn noch kein Bauch zu sehen ist. Ein guter Zeitpunkt ist etwa drei bis vier Monate, bevor das Baby auf die Welt kommt. Ein- und Zweijährige haben noch kein Zeitgefühl, deshalb genügt es, ihnen ein paar Wochen vor dem Entbindungstermin von dem Neuankömmling zu erzählen.

Sagen Sie Ihrem Kind, dass Sie ein Baby bekommen, weil Sie eine größere Familie haben möchten. Erzählen Sie Ihrem Kind aber nicht, dass es dann einen neuen Freund oder Spielkameraden hat. Denn damit ist die Enttäuschung vorprogrammiert, weil das Baby, auf der Welt ist, und nur schläft oder schreit und überhaupt nicht spielt. Bleiben Sie immer bei der Wahrheit und beschreiben Sie das Baby realistisch als hungriges, schreiendes Windelbündel und nicht als tollen Spielgefährten. Kramen Sie in Erinnerungen und Fotoalben. Erzählen Sie Ihrem Kind, wie es selbst als Baby war. Wenn das Erstgeborene mitbekommt, dass es auch süß war und geliebt wurde, kann es das neue Geschwisterchen besser akzeptieren.

## Was ist noch zur Vorbereitung wichtig?

Falls Änderungen in der Familienroutine notwendig sind, dass Ihr Kind beispielsweise von seinem Gitterbettchen in ein größeres Bett oder gar in ein neues Zimmer umzieht, sollten Sie das rechtzeitig vorher erledigen. Vermeiden Sie, dass Ihr Kind den Eindruck hat, dass diese Veränderungen wegen des Babys vorgenommen werden. Und verzichten Sie darauf, im letzten Monat vor der Geburt größere Umstellungen im Tagesablauf Ihres Kindes einzuführen. Kinder verkraften nur eine große Veränderung auf einmal. Es ist daher keine gute Idee, rund um die Geburt auch noch umzuziehen oder mit dem Kindergarten anzufangen.

Der Vater spielt jetzt eine sehr wichtige Rolle: Gewohnheiten und Rituale, die er nach der Geburt des Zweiten wahrnehmen soll, kann er jetzt schon übernehmen - zum Beispiel, dem Kind abends etwas vorlesen oder es in den Kindergarten bringen. Das erleichtert die Umgewöhnung, und das Kind hat nicht das Gefühl, dass das neue Baby ihm die Mutter wegnimmt.

Wenn das Baby da ist, achten Sie darauf, dass sich Ihr größeres Kind nicht ausgeschlossen fühlt. Fragen Sie es, ob es beim Wickeln oder beim Aufpassen helfen möchte. Loben Sie Ihr Kind für die Mitarbeit.

## Tipp

Eine gute Vater-Kind-Beziehung hilft dem Erstgeborenen, über Mutters »Untreue« hinwegzukommen. Denn in den Augen des Jungen lässt sie ihn wegen des Babys auf einmal im Stich. Schließlich war Mama diejenige, die sich Tag und Nacht um ihn gekümmert hat.

Falls es nicht helfen möchte, zwingen Sie es nicht dazu. Und: Reden Sie mit Ihrem Kind über das Baby. Zeigen Sie ihm, wie man es halten oder berühren soll. (Vielen Kindern macht es auch Spaß, im Vorfeld mit einer richtigen Babypuppe den »Ernstfall« zu proben.) Lassen Sie Ihr Kind den Säugling im Arm halten und mit ihm schmusen. Zärtlichkeiten fördern die Beziehung zwischen ihm und dem Baby und zeigen dem älteren Kind, dass es mit dem neuen, kleinen Erdenbürger Spaß haben kann. Aber denken Sie daran: Widmen Sie jeden Tag auch eine bestimmte Zeit ausschließlich Ihrem Erstgeborenen, zeigen Sie ihm, wie wichtig er für Sie nach wie vor ist. Denken Sie auch daran, dass unabhängig davon, wie vorbildlich sich Ihr größeres Kind verhält, es einen Platz haben sollte, wo es täglich spielen kann, ohne von dem Baby gestört zu werden. Lassen Sie Ihr älteres Kind auch weitgehend selbst entscheiden und mit aussuchen, welches seiner Spielsachen an das Baby weitergegeben werden. Dadurch fühlt Ihr Kind sich ernst genommen und kann sich leichter von den Dingen trennen. Überhaupt sind Spielsachen und das eigene Kinderzimmer sehr wichtig. Das »eigene Reich« und »eigener Besitz« sind sensible Themen, und Eltern sollten darauf achten, dass das Baby, wenn es ins Krabbelalter kommt, sich nicht unbegrenzt der Sachen des älteren Bruders oder der älteren Schwester bemächtigt.

Mutti kümmert sich um das Baby? Schön, wenn der Vater jetzt Zeit für den Erstgeborenen hat.

# Aggressionen und Wut

Wut ist ein Gefühl, das jeder von uns kennt, eine ganz menschliche Reaktion. Dieser emotionale Zustand kann ein Alarmzeichen dafür sein, dass etwas nicht in Ordnung ist, entweder im näheren Umfeld oder in der Persönlichkeit des Betroffenen. Wenn sich andere uns gegenüber unehrlich verhalten oder an uns zu hohe Anforderungen gestellt werden, ist eine Möglichkeit, mit Zorn zu reagieren. Wut ist eigentlich etwas ganz Normales und sogar erlaubt. Wird dieses Gefühl nämlich unterdrückt, kann es passieren, dass es sich später umso kraftvoller entlädt. Kinder lernen im Laufe ihres Lebens, immer besser mit ihrer Wut umzugehen und Ventile zu finden, damit sie niemand anderen schädigen und auch nicht im Affekt Dinge kaputt-machen oder Menschen wehtun.

## Zornesausbrüche in verschiedenen Entwicklungsphasen

Für Eltern können die Wutausbrüche des Kindes manchmal eine Forderung nach mehr Aufmerksamkeit bedeuten. Darüber hinaus treten Zornesausbrüche und Aggressivität in bestimmten Lebens-

Im Alter zwischen zwei und vier haben viele Kinder Wutanfälle.

abschnitten verstärkt auf. Im Alter von zweieinhalb bis vier Jahren beispielsweise mutiert so mancher Sonnenschein zu einem kleinen Ungeheuer. In der Trotzphase (siehe Seite 54) zeigen Kleinkinder oft aggressives Verhalten: Sie werfen sich auf den Boden und schreien, antworten auf alles mit einem lauten »Nein!«, hauen Mama und Papa und brüllen »geh weg!«. In diesem Alter sind Wutausbrüche und anderes aggressives Verhalten normal. Das Kind versucht – wie Sie schon auf den vorangegangenen Seiten gelesen haben – zum einen, die eigenen Grenzen auszuloten. Zum anderen macht es jetzt die bittere Erfahrung, dass nicht alles so ist, wie es die Dinge gerne hätte und nicht alles nach seinem Willen geht. Das frustriert das Kind natürlich und macht es zornig. Auch die Phase der Pubertät (siehe ab Seite 74) geht häufig mit verstärkter Aggressivität einher. Jungen reagieren meist heftiger, sie haben stärkere Wutausbrüche als Mädchen. In diesen emotionalen Umbruchphasen ist es besonders wichtig, dass die Eltern, die den Zorn ihres Kindes am stärksten abbekommen, liebevoll aber konsequent sind. Denn Kinder brauchen zur Orientierung klare Regeln, sie müssen lernen, mit Frustrationen umzugehen und auf andere Rücksicht zu nehmen sowie die Wünsche anderer zu respektieren.

Wut und Trotz sind Gefühle, die auch heranwachsende Mädchen sehr gut kennen.

## Warum ist mein Kind aggressiv?

**Zu viele oder zu wenig Grenzen:** Erziehen Sie Ihr Kind zu streng, bekommt es zu viele Grenzen gesetzt und wird es oft getadelt oder ermahnt, stauen sich nicht selten Frust und Wut an. Aggressives Verhalten bei Ihrer Tochter oder Ihrem Sohn kann aber auch in mangelnder Grenzsetzung begründet sein. So wird es Ihr Kind, das zu Hause alles darf und bekommt, freilich frustrieren und zornig machen, wenn es im Kindergarten oder in der Schule keineswegs mehr die Prinzessin oder der Prinz (siehe Seite 176) ist, sondern sich an bestimmte Regeln halten muss. Kinder brauchen aber nicht nur klare und verständliche Regeln, wichtig ist auch, dass die Eltern auf deren Einhaltung bestehen, also den Nachwuchs je nach Situation loben oder bestrafen. Und genau das ist in vielen Familien das Problem: Oft vergessen Eltern das Loben oder sie bestrafen falsch, zum Beispiel indem sie völlig unverhältnismäßige Strafen verhängen oder inkonsequent sind, was deren Einhaltung betrifft.

**Gute oder schlechte Vorbilder:** Entscheidend ist, welche Werte und Verhaltensweisen Ihrem Kind in Ihrer Familie vermittelt und vorgelebt werden. Hat es beispielsweise die Erfahrung gemacht, dass es mit Aggressivität viel schneller zum Erfolg kommt (»Aha, Mama kauft mir das Spielzeug, wenn ich nur lang genug im Laden schreie«), dann wird es auch künftig auf diese Methode zurückgreifen. Und mit der Zeit wird es immer vehementer auftreten. Der Grund ist, dass viele Eltern selbst aggressiv reagieren, wenn das Kind nicht macht, was sie sagen. Ein Beispiel: Die Mutter bittet den Sohn, ihr beim Tischdecken zu helfen. Der reagiert aber nicht, sondern sieht weiterhin fern. Also fordert ihn die Mutter wieder und wieder dazu auf, zu helfen – und wird dabei immer lauter. Dennoch ignoriert der Sohn sie so lange, bis sie ihn anschreit und mit Fernsehverbot droht. Erst dann hilft er widerwillig. Abgesehen davon, dass so manche Mutter schon vorher aufgegeben und den Tisch selbst gedeckt hätte, lernt so auch die Mutter: »Mit Schreien und Drohen komme ich zum Erfolg.« Folglich wird der Umgangston in der Familie immer rauer, und wenn alles Schreien nichts mehr hilft, dann hagelt es eben Ohrfeigen.

**Fazit:** Wenn Ihr Kind zu Hause aggressives Verhalten oder gar Gewalt als scheinbar probates Mittel zur Durchsetzung erlebt, dann wird es das aller Wahrscheinlichkeit nach übernehmen.

## So sollten Sie bei Wut und Aggressionen reagieren

Keine Sorge, wenn Ihr Kind einen Zornesausbruch hat, müssen Sie nicht hilflos danebenstehen. Es gibt viele Möglichkeiten, wie Sie reagieren können, damit es sich wieder beruhigt.

### Abwarten

Lassen Sie sich nicht zu unüberlegten Handlungen hinreißen wie Schlagen oder Schreien. Besser ist es, die Wut verrauchen zu lassen und erst dann wieder einen Versuch zu einem Gespräch mit Ihrem Kind zu starten.

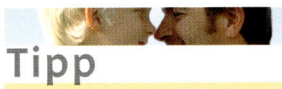

## Tipp

Bedenken Sie, dass Kinder, die im Elternhaus Gewalt erleben und geschlagen werden, später einmal mit ihren Kindern genauso umgehen werden. Sie befinden sich dann in einer Gewaltspirale, aus der es kaum ein Entrinnen gibt. Erstaunlich ist, dass über 80 Prozent der Eltern, die in ihrer Kindheit geschlagen wurden, meinen, es habe ihnen nicht geschadet.

## Aus dem Zimmer gehen

Verlassen Sie den Raum, damit sich Ihr Kind alleine wieder sammeln kann. Sagen Sie ihm, dass Sie es zwar verstehen können, es jedoch nicht nötig finden, im Moment über seine heftige Reaktion zu sprechen, sondern erst ein wenig später, in aller Ruhe darüber reden wollen.

## Ignorieren

Nehmen Sie keine Notiz von dem Zornesanfall. Lassen Sie sich vor allem von der Wut Ihres Kindes nicht anstecken. Bleiben Sie gelassen, das lindert seine überschießende Reaktion. Seien Sie umso aufmerksamer und loben Sie Ihr Kind, wenn es dann – in angemessener Lautstärke – über seinen Ärger spricht.

## Leise Töne anschlagen

Sollte es sich nicht beruhigen und immer lauter brüllen, sprechen Sie mit Ihrem Kind leise, anstatt die eigene Lautstärke dem kindlichen Wutausbruch anzupassen. Meist siegt die Neugier, und Ihr Nachwuchs wird automatisch leiser, um hören zu können, was Sie sagen.

Ist die erste große Wut verraucht, wird Ihr Kind auch wieder zu einem Gespräch bereit sein.

## Körperkontakt

Ist Ihr Kind völlig außer sich vor Zorn, dann hilft es oft, es in den Arm zu nehmen. Dadurch vermitteln Sie ihm das Gefühl der Geborgenheit, und Ihr Kind wird sich schneller beruhigen. Wichtig ist auch, dass Sie die Wut, die Ihr Kind empfindet, ernst nehmen, im Sinne von »Ich verstehe, dass du wütend bist, weil deine kleine Schwester ohne zu fragen dein Spielzeug genommen hat«.

## Lösungen anbieten

Oft wissen Kinder nicht, wie sie sich verhalten sollen, wenn sie etwas ärgert. Helfen Sie ihm deshalb, eine Lösung zu finden: »Sag' deinem kleinen Bruder, dass er dich erst fragen soll, bevor er dein Spielzeug nimmt.«

### Vorbild sein

Kinder lernen nur dann, angemessen mit Wut und Frustrationen umzugehen, wenn sie es vorgelebt bekommen. Darum gilt: Gehen Sie
mit gutem Beispiel voran! Wenn Ihnen beispielsweise das Abendessen verbrennt, dann sollten Sie den Topf nicht schreiend in den
Mülleimer werfen, sondern gelassen aus den Resten im Kühlschrank
etwas Neues zaubern oder in aller Ruhe einen Lieferservice anrufen.

### Sinnvolle Ventile anbieten

Gestehen Sie Ihrem Kind auch hin und wieder zu, Dampf abzulassen:
Lassen Sie es ruhig mal kurz brüllen oder alte Zeitschriften zerreißen.
Vielleicht ist auch ein Boxsack eine gute Möglichkeit, um Zorn abzu-
reagieren, oder eine Kissenschlacht mit den Eltern und Geschwistern.

### Sport treiben

Bewegung ist ein hervorragendes Ventil, um aufgestaute Emotionen
abzubauen. Statt zum Beispiel seiner Wut in einer Rauferei Ausdruck
zu verleihen, kann das in einem sportlichen Wettstreit erfolgen, indem man seine Leistungen aneinander misst.

### Nach den Gründen forschen

Wenn Ihr Kind scheinbar grundlos bei jeder Gelegenheit in die Luft
geht, dann forschen Sie nach den Ursachen. Haben Sie ihm in letzter
Zeit vielleicht nicht das gleiche Maß an Zuwendung geschenkt wie
sonst? Mögliche Gründe dafür können sein: eine Scheidung, Stress

Kampfsport lehrt die Kinder, mit Aggressionen umzugehen und sie zu kontrol-lieren.

im Beruf, der Tod eines nahen Verwandten, die Geburt eines Geschwisterkindes und vieles mehr. Nehmen Sie sich gerade jetzt bewusst Zeit für Ihr Kind.

Es kann aber auch sein, dass Ihr Kind eine schwierige Phase durchmacht. Schauen Sie aufmerksam hin, fühlen Sie sich in Ihr Kind ein und versuchen Sie herauszufinden, warum es so reizbar und zornig ist. Vielleicht ist es überfordert, möglicherweise weil der Eintritt in die Schule eine so große Umstellung war? Wahrscheinlich braucht Ihr Kind Zeit, um zu lernen, sich anzupassen. Oder hat es Konflikte mit den Mitschülern oder Lehrern auszutragen? Achten Sie auf Signale, die Ihr Nachwuchs sendet und versuchen Sie, in einem ruhigen Gespräch herauszufinden, ob er Kummer hat. Bleiben Sie gelassen und haben Sie Geduld mit Ihrem Kind. Vor allem dürfen Sie es in einer solchen Phase nicht bedrängen. Vielmehr sollten Sie ihm die Freiheit lassen, dann zu Ihnen zu kommen, wenn es den Drang danach verspürt. Teilen Sie ihm mit, dass Sie jederzeit ein offenes Ohr haben, wenn es über seine Sorgen oder seinen Ärger sprechen möchte.

## Wenn gar nichts mehr hilft

Falls der Zorn Ihres Kindes nicht enden will oder womöglich in verletzende Aggression umschlägt, sollten Sie am besten mit Hilfe eines Psychologen nach den Gründen dafür suchen. Professionelle Unterstützung ist in jedem Fall dann nötig, wenn Sie als Eltern das Gefühl haben, Ihnen wächst die Situation über den Kopf. Falls Ihr Kind mit fünf Jahren, also nach dem Ende der Trotzphase, immer noch ungewöhnlich aggressiv ist, dann gilt es, nach den Ursachen seines Verhaltens zu forschen. Neben den bereits genannten, können auch Depressionen (siehe ab Seite 188) oder Hyperaktivität (siehe ab Seite 192 der Grund für seine Wutanfälle sein. Werden Aggressionen nicht behandelt, dann besteht zum einen die Gefahr, dass die Ausbrüche immer gewalttätiger und krimineller werden, zum anderen steigt die Wahrscheinlichkeit, dass die Kinder und Jugendlichen zu Suchtmitteln wie Alkohol oder Drogen greifen (siehe ab Seite 230). Erste Anlaufstellen für Eltern sind der Kinderarzt oder die örtlichen Erziehungsberatungsstellen, die Sie bei der Gemeinde erfragen können. Von dort wird das Kind gegebenenfalls an einen Kinderpsychologen, Therapeuten oder Psychiater verwiesen. Zwei- bis zwölfjährige Kinder, deren Sozialverhalten gestört ist, die also beispielsweise ihre Wut nicht kontrollieren können, werden in der Regel mittels einer Spieltherapie behandelt. Weil diese Störung oftmals mit negativen Erfahrungen innerhalb der Familie zu tun haben, kann gegebenenfalls auch eine Familientherapie ratsam sein.

# Kummer und Depressionen

Nicht aus jedem Kinderzimmer ertönt fröhliches Gelächter. Etwa zweieinhalb Prozent der Kinder sowie acht Prozent der Jugendlichen leiden an Depressionen, wobei diese Angaben etwas schwanken. Das große Problem dabei ist, dass sich Depressionen im Kindesalter anders äußern als bei Erwachsenen. Daher ist es schwer, die psychische Erkrankung als solche zu erkennen und entsprechend zu behandeln. So werden Depressionen in vielen Fällen gar nicht oder erst zu spät erkannt.

## Was löst bei Kindern depressive Verstimmungen aus?

Ein traumatisches Erlebnis wie etwa die Scheidung der Eltern, der Tod eines nahestehenden Menschen, Gewalt oder Missbrauch können Depressionen verursachen. Aber auch wenn dem Kind wenig oder gar keine Grenzen gesetzt werden oder es von den Eltern vernachlässigt wird, kann die Seele Schaden nehmen und erkranken. Überforderung, zu großer Leistungsdruck oder Mobbing in der Schule sind weitere mögliche Auslöser von Depressionen, und zwar dann, wenn das Kind nicht gelernt hat, mit Problemen oder Konfliktsituationen angemessen umzugehen. Darüber hinaus scheint auch eine genetische Veranlagung eine Rolle zu spielen: Kinder, in deren Familie Fälle von Depression aufgetreten sind, erkranken häufiger daran als Kinder aus »unbelasteten« Familien.

## Schwer erkennbare Anzeichen

Die Symptome einer Depression sind bei Kindern nicht sehr offensichtlich. Daher ist es schwierig, gerade bei ihnen die Anzeichen dafür richtig zu deuten. Ein depressives Kind ist nämlich nicht unbedingt traurig, im Gegenteil, meist sind die Symptome ganz untypisch. Wenn Ihr Kind plötzlich sehr ängstlich, lustlos oder gar rauflustig ist oder häufig über körperliche Beschwerden wie zum Beispiel Kopf-

oder Bauchschmerzen klagt, dann können das Anzeichen für Depressionen sein. Aber auch Konzentrationsprobleme und ein plötzlicher Leistungsabfall in der Schule, Schlafstörungen oder der Rückzug von Freunden deuten manchmal auf Depressionen hin.

## Unterschiedliche Symptome bei Mädchen und Jungs

Bei Jugendlichen treten – im Gegensatz zu Klein- und Grundschulkindern – erhebliche Verhaltensunterschiede zwischen depressiven Jungen und Mädchen auf. Während Jungs eher aggressiv gegenüber anderen sind (siehe ab Seite 182), eine Null-Bock-Haltung an den Tag legen oder hyperaktiv wirken (siehe ab Seite 192), neigen Mädchen mehr zur Autoaggression, das heißt sie richten ihre Wut und Verzweiflung gegen sich selbst, beispielsweise in Form von Ritzen, Bulimie oder Magersucht (siehe ab Seite 218) und ziehen sich immer mehr in sich zurück. Dabei gilt: Je älter das Kind ist, desto mehr ähneln die Symptome denen eines Erwachsenen. Die Jugendlichen leiden unter mangelndem Selbstwertgefühl, sie glauben tatsächlich, sie seien nichts wert. Sie fühlen sich ständig schuldig, empfinden ihre Situation als hoffnungs- und ausweglos und denken häufig über den Tod nach.

Wenn alles ohne Sinn und Hoffnung zu sein scheint, spricht man von einer Depression.

## Das können Eltern tun

Was sollen Eltern machen, wenn der Verdacht besteht, dass das Kind unter Depressionen leidet? Wenn ein Kind mehrere der beschriebenen Symptome über einen längeren Zeitraum (von einigen Wochen) zeigt, dann sollten die Eltern mit ihrer Vermutung unbedingt zum Kinderarzt gehen. Falls sich der Verdacht erhärtet, wird der Kinderarzt den Sohn oder die Tochter an einen Spezialisten wie zum Beispiel einen Psychotherapeuten oder Kinderpsychiater überweisen. Eine andere erste Anlaufstelle ist eine Erziehungsberatung. Dort können sich die Eltern über die nächsten Schritte informieren. Wichtig ist, dass sich Vater und Mutter frühzeitig um professionelle Hilfe bemühen. Denn je eher die Krankheit erkannt und behandelt wird, desto besser sind die Heilungschancen für das Kind.

### Spiel-, Gesprächs- und Verhaltenstherapie

Bei jüngeren Kindern ist in der Regel eine Spieltherapie die Methode der Wahl. Sie kann den Kleinen unter anderem helfen, mehr Selbstbewusstsein zu erlangen und spielerisch neue Verhaltensweisen auszuprobieren. Bei älteren Kindern und Jugendlichen zeigen Gesprächs- und Verhaltenstherapien gute Erfolge. Dort lernen die Heranwachsenden beispielsweise neue Wege zur Lösung von Problemen kennen und können auf diese Art ihre alten Verhaltensmuster, welche in die Resignation und Depression geführt haben, durchbrechen. Oft hilft es auch schon, die eigenen Gedanken und Gefühle laut auszusprechen. Womöglich verliert dabei einiges seinen Schrecken, und die Situation ist nicht mehr so aussichtslos, wie der Jugendliche es sich in seinem stillen Kämmerlein gedacht hat. Antidepressiva werden im Kindes- und Jugendalter lediglich bei besonders schweren Depressionen verschrieben. Die meisten marktüblichen Psychopharmaka sind für diese Altersgruppe nur eingeschränkt oder überhaupt nicht zugelassen. Häufig verordnen Ärzte deshalb Johanniskrautpräparate, die ebenfalls eine stimmungsaufhellende Wirkung besitzen.

### Viel Liebe und Zuwendung

Natürlich können die Eltern eine Therapie unterstützen, damit sie noch erfolgreicher verläuft. Am wichtigsten ist es, dass sie ihrem Kind immer wieder zeigen und sagen, dass sie es lieb haben. Darüber hinaus ist die Therapie kein Ersatz für Gespräche innerhalb der Familie. Allerdings sollten Eltern ihr Kind nicht bedrängen, wenn es (noch) nicht über seine Gedanken und Gefühle sprechen möchte. Wichtig ist aber, dem Nachwuchs immer wieder zu sagen, dass man da ist, wenn er sich mitteilen möchte. Dann gilt: Nehmen Sie sich Zeit und hören Sie in Ruhe zu, ohne andauernd Gegenargumente anzubringen oder zu unterbrechen. Und vor allem: Nehmen Sie die Gefühle Ihres Kindes und seine Depressionen ernst! Vielleicht fällt es Ihrem Kind ja leichter, seine Emotionen erst einmal aufzuschreiben, bevor es sich traut, darüber zu sprechen. Kaufen Sie ihm dazu ein hübsches Tagebuch zum Abschließen. Vielleicht hilft das Ihrem Kind, seine Gedanken zu artikulieren und sich von der Seele zu schreiben, was es bedrückt.

### Bewegung macht fröhlich

Um ein Kind aus seinem »schwarzen Loch« zu holen, bieten sich Unternehmungen an der frischen Luft an. Auch Sport oder gemeinsames Basteln und Malen hilft dem Kind, zu entspannen und die Seele wieder ins Gleichgewicht zu bringen. Gute therapeutische Erfolge können außerdem durch ein Haustier erzielt werden. Ein eigener Hund hilft beispielsweise gegen die Einsamkeit, das Kind hat einen Spielkameraden, es ist beim Spazierengehen an der frischen Luft und lernt, Verantwortung zu übernehmen. Allerdings darf ein Tier nie zum Spielzeug degradiert werden.

## Den Tag strukturieren

Des Weiteren hilft depressiven Kindern und Jugendlichen ein geregelter Tagesablauf. Das heißt, das Kind sollte nicht ständig Gelegenheit haben, in seinem »stillen Kämmerlein« vor sich hin zu brüten. Überfordern Sie Ihren Nachwuchs aber auch nicht mit einem zu straffen Zeitplan, sondern übertragen Sie ihm nur die Aufgaben, die er auch sicher erledigen kann. Sein Selbstbewusstsein darf auf keinen Fall durch Überforderung und möglicherweise erneutes Scheitern noch mehr geknickt werden. Damit würden Sie das Gegenteil von dem erreichen, was Sie eigentlich wollen.

Die Verantwortung für ein geliebtes Haustier und die tägliche Beschäftigung mit ihm können einem Kind helfen, die innere Einsamkeit zu überwinden.

# ADS und ADHS

Unter dem Begriff »Aufmerksamkeits-Defizit-Syndrom«, das man oft auch »Aufmerksamkeits-Defizit-Störung« nennt, werden bestimmte Symptome zusammengefasst, die ein Kind über einen Zeitraum von mindestens sechs Monaten zeigt. Das Syndrom besteht hauptsächlich aus diesen drei Symptomen:

**Unaufmerksamkeit:** Das Kind lässt sich leicht ablenken, es ist nicht fähig, sich für längere Zeit zu konzentrieren oder sich ausgiebig mit einer Sache zu beschäftigen. Es führt begonnene Tätigkeiten nicht bis zu Ende durch, wirkt zerstreut oder auch verträumt.

**Impulsivität:** Das Kind handelt, ohne vorher überlegt zu haben und kann die Konsequenzen seines Tuns nicht überschauen; es ist sprunghaft, flüchtig und denkt nur oberflächlich über Dinge nach.

**Hyperaktivität:** Das Kind ist andauernd in Bewegung, ein Zappelphilipp, der nicht zu bremsen ist; es ist innerlich unausgeglichen und wirkt oft fahrig.

## Kleiner Hitzkopf oder Träumer?

Die Ausprägungen des Syndroms sind ganz unterschiedlich, ja es zeigt sogar zwei Gesichter. Die Fachwelt unterscheidet nämlich zwischen ADS und ADHS. Während die ADHS-Kids, also die Hyperaktiven, von motorischer Unruhe, Rastlosigkeit und oft auch Wut geprägt sind, ist das Verhalten der ADS-Kinder, der kleinen Träumer, nicht ganz so auffällig, weil sie eher antriebsschwach sind und ihr Umfeld oft durch endloses Trödeln nerven. Beiden Ausprägungen gemeinsam sind die Unaufmerksamkeit und die große Ablenkbarkeit. Wann das Verhalten eines Kindes noch in der Norm des normalen Entwicklungsprozesses liegt und wann eine Aufmerksamkeits-Defizit-Störung vorliegt, ist gar nicht so leicht zu sagen. Denn der Übergang vom gesunden zum auffälligen Verhalten ist fließend, und eine AD(H)S ist bei Kindern oft sehr unterschiedlich ausgeprägt. Zudem ist sie nicht an ein bestimmtes Alter gebunden, sie kann schon im Säuglings- oder frühen Kleinkindalter auftreten, aber auch erst später, im Kindergarten oder in der Schule.

## Was bedeutet der Begriff AD(H)S?

Vielleicht kennen Sie die Verhaltensauffälligkeit unter einem anderen Namen? Sie wird auch gerne »Zappelphilipp-Syndrom« genannt, weil viele dieser Kinder wie der kleine Junge aus dem Struwwelpeter einen ständigen Bewegungsdrang verspüren und bei Tisch einfach nicht still sitzen können. Früher verwendete Begriffe sind »Hyperkinetisches Syndrom«, »Hyperkinese« oder einfach nur »Hyperaktivität«. Um der Begriffs-Verwirrung ein Ende zu setzen, haben Experten inzwischen die Abkürzung »AD(H)S« für die Aufmerksamkeits-Defizit-Störung festgelegt. Das »A« steht für Aufmerksamkeit, das »D« für Defizit (Mangel), das »H« für Hyperaktivität und das »S« für Störung oder Syndrom. Ein Syndrom ist eine Gruppe von Symptomen. Das »H« wurde deshalb in Klammern gesetzt, weil nicht immer eine Hyperaktivität vorliegt, wie etwa bei den kleinen Träumern (siehe Seite 196).

## Hyperaktiv: impulsiv und immer in Bewegung

ADHS-Kinder sind extrem bewegungsfreudig und selten ruhig. Auch ausgeprägte Trotzreaktionen sind für hyperaktive Kinder typisch. Darüber hinaus neigen sie meist zu Wutanfällen und starker Impulsivität. Natürlich führt das unweigerlich zu Problemen im Alltag.

Ein ADHS-Kind mimt in der Klasse gerne den Clown.

## Tipp

Der sechsjährige Benjamin beispielsweise ist ein extrem lebhaftes Kind und den ganzen Tag von motorischer Unruhe getrieben. Seine Mutter muss ständig auf ihn aufpassen. Bereits im Kindergarten fiel der Kleine durch seine ungestüme, zappelige Art auf. Er raufte mit Gleichaltrigen, raste durch die Gänge und hielt die Erzieherinnen immerzu auf Trab. Ermahnungen, er solle doch einmal ruhig sein, nützten nicht. Benjamin war einfach nicht zu bremsen, von niemandem. Auch als der Vater ihm Strafen androhte nützte das nichts. Die Mutter ist inzwischen vollkommen geschafft. Denn auch als der Junge nun vor Kurzem in die Schule kam, wurde es nicht besser: Benjamin spielt den Klassenclown, er macht kleine Kunststücke und amüsiert damit seine Mitschüler. Er stört den Unterricht, indem er einfach aufspringt und herumläuft oder unter den Tisch kriecht.

### Unruhig und rastlos

Benjamin legt ein klassisches Verhalten im Sinne der Hyperaktivität an den Tag. Der Bewegungsdrang solcher Kids ist ganz extrem. Sie sind gerade dann unruhig, wenn sie eigentlich still sitzen müssten, wenn sie konzentriert einer Sache nachzugehen haben. Daher fällt ihr Verhalten stark auf. Ein motorisch unruhiges Kind kostet die anderen, vor allem die Eltern, viele Nerven.

Ununterbrochene Rastlosigkeit ist ein weiteres Symptom von ADHS. Die Kinder sind auf- und überdreht, sie brauchen fortwährend »Action« um sich herum und finden nicht den richtigen Zeitpunkt, an dem sie ans Aufhören denken sollten, an dem das Spiel ein Ende haben und kein neues mehr begonnen werden sollte. Hyperaktive Kinder stehen außerdem gerne im Mittelpunkt. Besonders problematisch ist die Rastlosigkeit dann fürs Zubettgehen. Die Kinder können auch abends nicht abschalten. Es scheint so, als würde ihr innerer Motor mit einer viel zu hohen Drehzahl einfach weiterlaufen.

### Ungehorsam und impulsiv

ADHS-Kinder zeichnen sich jedoch nicht nur dadurch aus, dass sie ständig auf Achse sind, sondern sie wollen sich auch nichts sagen lassen, sie sind ungehorsam und tun nur das, wonach ihnen gerade ist. Deshalb haben Eltern oft enorme Schwierigkeiten, diesen Kindern Regeln und Grenzen aufzuzeigen. Auch die Erzieher und Lehrer haben ihre liebe Not, den Kindern Disziplin und ein Gefühl für Verantwortung zu vermitteln. Alle Ermahnungen scheinen an ihnen abzuprallen, Gebote und Verbote werden einfach überhört. Das wird nicht selten als »schlechter Wille« missverstanden, die Kinder werden als »wahrer Wildwuchs« und schlecht erzogen abgestempelt.

Was das Umfeld aber nicht weiß: Hinter den undisziplinierten Handlungen der Hyperaktiven steckt keine böse Absicht; diese Kinder können einfach nicht anders handeln, sie nehmen die Ge- und Verbote gar nicht richtig auf. Oder sie hören die Ermahnungen zwar, haben sie jedoch gleich wieder vergessen.

Auffallend ist außerdem die starke Impulsivität der ADHS-Kinder. Sie sind nicht in der Lage, planvoll zu handeln. Daher passieren ihnen häufig Missgeschicke, sie machen Dinge kaputt, schütten Gläser um, tun sich selbst oder gar anderen weh. Auch das passiert nicht gewollt.

In der Schule machen die impulsiven Hyperaktiven daher viele (Flüchtigkeits-)Fehler, was oft mit einer Legasthenie (siehe ab Seite 204) verwechselt wird. Sie zerbrechen sich nicht lange den Kopf über eine Aufgabe, sondern rufen die Antwort einfach laut heraus, auch wenn sie nicht gefragt werden. Sie arbeiten insgesamt flüchtig, lesen bei schriftlichen Aufgaben die Fragen nicht genau durch und antworten schnell, egal ob ihre Lösung richtig oder falsch ist.

## Trotzig, eigensinnig und aggressiv

Aufmüpfiges Verhalten ist typisch für hyperaktive Kinder, es kann aber auch bei solchen mit ADS (ohne die hyperaktive Komponente, siehe Seite 196) vorkommen. Kinder mit einer Aufmerksamkeits-Defizit-Störung rebellieren oft, sie werden mitunter sogar richtig aggressiv und bekommen Wutanfälle. Sie werfen sich auf den Boden, brüllen laut und sind dann nicht mehr ansprechbar. In solchen Momenten scheint nichts sie umstimmen zu können, so sehr sind sie in ihren Gefühlen gefangen. Auch Stimmungsschwankungen sind nicht selten, die Kinder können dann von einer Sekunde zur anderen wieder ganz lieb sein. Für Lehrer und Erzieher, natürlich auch für die Eltern ist es nicht leicht, mit diesen Stimmungsschwankungen umzugehen.

Gerade in Gruppensituationen, im Kindergarten, in der Schule oder im Zusammensein mit der Familie treten die ADHS-Kinder oft als Störenfriede auf. Sie fallen unbewusst aus der Rolle, weil ihnen die notwendige Selbstkontrolle fehlt. Sie provozieren, gehen auf die Nerven und sorgen für jede Menge Unmut bei den anderen. Wie etwa die fünfjährige Ina, die anfängt, herumzukaspern, wenn im Stuhlkreis ein Lied gesungen wird. Sie singt absichtlich falsch und klatscht laut in die Hände. So schafft sie es natürlich, die Aufmerksamkeit auf sich zu lenken. Ina tut das alles nicht, weil sie die anderen bewusst ärgern möchte, sondern weil sie unfähig ist, die Regeln des Miteinanders einzuhalten, sich in ein Ordnungssystem einzufügen, sich sinnvoll und koordiniert in eine Aktivität, eine Beschäftigung einzubringen. So wie Ina sind ADHS-Kids oft bei den Mitschülern nicht sehr beliebt, was für die Betroffenen natürlich ein Problem ist. Sie werden eher gemieden und geraten in eine Außenseiterrolle, weil sie so oft Unfrieden stiften.

## Hypoaktiv: verträumt und antriebsschwach

So unterschiedlich können Kinder mit einer Aufmerksamkeits-Defizit-Störung sein: Die einen sind wild und unbezähmbar, die anderen wiederum, die kleinen Träumer, bei denen die hyperaktive Komponente wegfällt, wirken oft abwesend, als befänden sie sich auf einem anderen Stern. Auch die ADS-Kinder haben offensichtlich Schwierigkeiten, ihre Gedanken zu ordnen, planvoll zu handeln, ihre Aufmerksamkeit auf eine Aufgabe zu lenken und ganz bei einer Sache zu bleiben. Sie sind bei alledem jedoch nicht so zappelig, sie wirken oft eher gedämpft, ein Stück weit verloren. Auch wenn sie zunächst angepasster und braver zu sein scheinen, können sie ebenfalls unter starken Stimmungsschwankungen leiden und heftige Wutanfälle bekommen.

Der zehnjährige Thomas übernachtet öfter am Wochenende bei seinem besten Freund, dem elfjährigen Marco. Thomas ist sehr ruhig, er fällt nirgends besonders auf. Die Mutter von Marco wundert sich jedoch immer, dass Thomas ihr nicht antwortet, wenn sie ihn anspricht. Morgens, am Frühstückstisch, isst er in aller Seelenruhe sein

Bei Mädchen fällt das ADS-Syndrom, also die Variante der kleinen Träumer, oft gar nicht auf, da sie ohnehin verhaltener sind als Jungen.

Brötchen weiter, aus dem die Marmelade heraustropft, während er in der Gegend herumschaut. »Vielleicht ist Thomas noch müde?«, fragt sich Marcos Mutter. Aber solche Szenen wiederholen sich öfter, Thomas scheint irgendwie nicht mitzubekommen, dass er angesprochen wird. Kinder wie Thomas, die hypoaktiv sind, werden nicht zu Unrecht als Träumer oder Traumsuse bezeichnet. Oft meint man, sie kämen aus einer anderen Welt, denn sie befinden sich mit ihren Gedanken ganz woanders. Manchmal wirken solche Kinder scheu, mitunter auch traurig und melancholisch. Die kleinen Träumer sind häufig sehr in sich gekehrt und verschlossen, man bekommt nicht leicht Zugang zu ihren Gedanken und Gefühlen. Es kann aber auch durchaus passieren, dass sie in bestimmten Situationen plötzlich sehr präsent sind und emotional oder gar impulsiv reagieren.

ADS-Kinder fallen grundsätzlich weniger auf als ADHS-Kids. Aber ihre verminderte Motorik, ihre Bewegungsarmut und ihr mangelnder Wunsch nach Aktivität sind doch sehr extrem. Sie sind zu antriebsschwach, um sich aufzuraffen, aktiv zu werden. So wirken sie ziemlich desinteressiert, faul und gelangweilt, was sich natürlich vor allem in der Schule negativ auswirkt. Verträumte Kinder fallen in ihren Leistungen zurück, vor allem in der mündlichen Note. Auch ihr Gruppenverhalten ist nicht zu ihrem Vorteil: die antriebslosen Kinder werden von gemeinsamen Unternehmungen ausgeschlossen, weil sie keine eigenen Ideen einbringen. Aber eigentlich steckt sehr viel in ihnen, sie können sogar einen hohen Intelligenzquotienten haben, der aufgrund ihrer Trägheit jedoch gar nicht zutage tritt.

## Langsam und leicht ablenkbar

Ein gemächliches Arbeitstempo ist charakteristisch für hypoaktive Kinder. Sie erfüllen ihre Pflichten nur unvollständig, bringen beispielsweise ihre Hausaufgaben nie zu Ende. Zusätzliche Erledigungen im Haushalt, etwa das Mithelfen beim Putzen des Badezimmers, darf man von ihnen schon gar nicht erwarten. Nach Stunden wäre vielleicht gerade mal ein Spiegel saubergemacht. Aber auch beim Spielen, das ihnen eigentlich Freude bereitet, hören Sie kurz vor dem Ziel auf. Kleine Träumer wirken zerstreut und abwesend, man meint, ihre Gedanken seien Lichtjahre von dem entfernt, was gerade an Aktivität ansteht. Sie lassen sich leicht von ihrem Vorhaben ablenken, sie trödeln und nerven dadurch ihr Umfeld. Sie werden nicht fertig, kommen ständig zu spät und bringen so immer wieder den Zeitplan der ganzen Familie durcheinander. Auch hier müssen Sie bedenken, dass es nicht etwa an gutem Willen fehlt, sondern dass ein ADS-Kind einfach nicht anders handeln kann.

## Leidet Ihr Kind unter dem Aufmerksamkeits-Defizit-Syndrom?

Um herauszufinden, ob Ihr Nachwuchs zu den zwei bis sechs Prozent der Kinder und Jugendlichen im Alter von sechs bis 18 Jahren gehört, die an einem AD(H)S leiden, sollten Sie es genau beobachten. Wie Sie bereits gelesen haben, zeigt das Syndrom sehr viele Facetten, es ist zudem in seinem Erscheinungsbild mit dem Alter des Kindes wandelbar. Eine Hyperaktivität kann auch einmal ins Gegenteil umschlagen und in die hypoaktive Form übergehen. Problematisch ist, dass eine ADS, also die Form ohne Hyperaktivität, oft nicht aufgedeckt wird. Deshalb sind Sie als Eltern hier gefragt! Die aufmerksame Beobachtung Ihres Nachwuchses über etwa sechs Monate hinweg ist sehr hilfreich, weil Sie bei einem Verdacht auf AD(H)S dem Fachmann – zunächst dem Kinderarzt – viele Informationen geben können. Sie sollten auch mit den Erzieherinnen und Lehrern Ihres Kindes sprechen und sie um ihre Meinung bitten. Eine erste Orientierung, wo Ihr Kind steht, kann Ihnen unser Test auf Seite 203. geben. Interessant ist, dass Jungs laut Statistik drei- bis viermal häufiger unter der Aufmerksamkeits-Defizit-Störung leiden als Mädchen. Auch die Ausprägung ist bei beiden Geschlechtern unterschiedlich: Die Jungs mit ADHS gehören mehr zum Typ der Zappelphilippe, während bei den Mädchen häufiger die Variante der Träumer auftritt, sie sind also eher hypoaktiv. Aus diesem Grund fallen die Mädchen auch weniger auf; die Störung wird bei ihnen daher in vielen Fällen erst recht spät erkannt.

## So entsteht AD(H)S

Das Syndrom ist bis heute noch keineswegs erschöpfend erforscht. Fest steht, dass mehrere Faktoren zu seiner Entstehung beitragen. Vor allem sollten Sie sich nicht vorwerfen, dass Ihre Erziehung daran schuld sei, falls Ihr Kind betroffen ist. Forschungen haben ergeben, dass bei hyper- und hypoaktiven Kindern bestimmte Prozesse im Organismus anders ablaufen als bei »normalen« Kindern. Eine Funktionsstörung im Gehirn soll laut Wissenschaft für die genannten Verhaltensauffälligkeiten verantwortlich sein. Es gibt also tatsächlich organische Ursachen. In bestimmten Hirnabschnitten ist das sensible System der Botenstoffe (Neurotransmitter), die Reize von einer Nervenzelle zur nächsten weiterleiten, aus dem Gleichgewicht geraten. Dadurch werden ankommende Reize nicht genügend gefiltert, das Kind leidet unter einer ständigen Reizüberflutung. Das Resultat sind die beschriebenen Verhaltensauffälligkeiten wie etwa Hyperaktivität, Impulsivität, Unkonzentriertheit oder Verträumtheit.

**Tipp**

Lassen Sie sich nicht verunsichern, wenn bei Ihrem Kind eine AD(H)S diagnostiziert wurde. Denn es handelt sich hier nicht um eine Verhaltensauffälligkeit, die ausschließlich auf die familiären Umstände zurückzuführen ist. Die Gründe sind vielfältig. Fest steht, dass der Nervenstoffwechsel im Gehirn eines AD(H)S-Kindes anders funktioniert als bei nicht betroffenen Kindern.

## Was im Kopf von AD(H)S-Kids vorgeht

Der Leitfaden ADS/ADHS des »Hamburger Arbeitskreises ADS/ADHS e.V. (Adresse siehe Seite 250) beschreibt das so: Man stelle sich das Gehirn eines AD(H)S-Kindes wie ein »Dschungelhirn« vor. Während normalerweise die neuronalen Informationen wie auf einer Daten-Autobahn geordnet hin und her geschickt werden, müssten sie sich bei AD(H)S-Kindern durch »viele geschlängelte Pfade kämpfen« und gingen dabei teilweise sogar verloren. Weil die Impulse nur über Umwege zur Verarbeitungszentrale im entsprechenden Gehirnareal gelangen und oft dann auch noch (wegen des Verlustes) abgeschwächt werden, ist die Leistung natürlich vermindert. Das habe die Konsequenz, dass die Kinder aufgenommene Informationen schnell wieder vergessen und auch nicht gut aus Erfahrungen lernen könnten. Verhaltensauffälligen Kindern gelingt das Lösen von Problemen weniger gut als anderen, weil die dafür notwendigen Bereiche ihres Gehirns nicht ausreichend gut zusammenarbeiten. Zudem können AD(H)S-Kinder nicht lange aufmerksam sein, da ihr Gehirn oft übererregt, manchmal aber auch nicht aktiv genug ist. So hat das Kind oft das Gefühl, in seinem Kopf herrsche ein regelrechtes Chaos.

ADHS-Kinder haben mit der Konzentration, wie hier beim Lesen, oft große Schwierigkeiten.

## Ist die Aufmerksamkeitsstörung vererbbar?

Untersuchungen haben gezeigt, dass in Familien mit einem hyper- oder hypoaktiven Kind bei den Geschwistern das Syndrom fünf- bis siebenmal häufiger auftritt als in anderen Familien. Leiden der Vater oder die Mutter unter AD(H)S, besteht ein 50-prozentiges Risiko, dass auch das Kind von der Störung nicht verschont bleibt. Auch Zwillingsstudien bestätigen den Verdacht, dass die Anfälligkeit für die Aufmerksamkeits-Defizit-Störung vererbbar ist. Außerdem kommt es vor, dass AD(H)S-Fälle in einer Familie deshalb häufig auftreten, weil Kinder das Verhalten ihrer Geschwister nachahmen. So sollte man das Syndrom also auch nicht als ausschließlich »genetische Krankheit« betrachten. Grundsätzlich ist es so, dass erst einmal viele Faktoren aufeinander treffen müssen, bis eine AD(H)S zutage tritt. Es müssen ganz bestimmte genetische Voraussetzungen und weitere Umweltfaktoren zusammenspielen, damit man eine Aufmerksam-keits-Defizit-Störung wirklich feststellen kann.

## Diverse umstrittene Gründe für die Entstehung von AD(H)S

Über die Verhaltensauffälligkeit wird in Fachkreisen viel diskutiert und bei der Suche nach der Ursache stößt man auf viele mögliche Gründe, die jedoch alle nicht genau belegt werden können. Dazu zählt beispielsweise eine schlechte Erziehung. Es ist sehr wohl eine Tatsache, dass manche Eltern wenig Zeit für ihre Kinder haben, dass der Nachwuchs heute oft sich selbst überlassen ist und er manchmal wenig Grenzen erfährt. Aber daraus muss nicht unbe-dingt eine AD(H)S entstehen. Ebenso darf man chaotische Familien-strukturen, unstrukturierte Lebensabläufe, wechselnde Liebesbe-ziehungen der Eltern und ungeordnete Familienverhältnisse nicht allein für die Entwicklung einer AD(H)S verantwortlich machen. Auch die gigantische Reizüberflutung durch viel zu hohen Fernseh-konsum, Computer, Internet, Leuchtreklamen, Kinos, dichten Stra-ßenverkehr und vieles mehr, die tagtäglich auf unsere Kinder ein-strömt, trägt sicher nur teilweise dazu bei, dass manche Kids unter AD(H)S leiden. Eine Zeit lang glaubte man, dass das Syndrom – ebenso wie Allergien und Neurodermitis – von schlechten Umwelt-einflüssen herrühre. Aber auch diese Vermutung konnte wissen-schaftlich nicht bestätigt werden.

## AD(H)S-Kinder haben nicht nur Schwächen

Obwohl Eltern von AD(H)S-Kids ihren Nachwuchs sehr anstrengend finden und das Leben mit ihm oft recht schwierig ist, sollten Sie die positiven Seiten Ihres Kindes nicht außer Acht lassen und diese pfle-gen und stärken. AD(H)S-Kinder zeigen nämlich in vielen Situationen große Stärken, sie haben auch ganz hervorragende Eigenschaften. Wenn Sie die Fähigkeiten Ihres AD(H)S-Kindes erkennen, können Sie sein Selbstvertrauen enorm steigern. Vielleicht ist Ihr Kind besonders kreativ und kann diese Fähigkeit später einmal beruflich nutzen? Nicht selten findet man unter herausragenden Künstlern, etwa Schau-spielern, Komikern oder Musikern sowie unter den bedeutendsten

»kreativen Köpfen«, beispielsweise Schriftstellern, Erfindern, Malern oder Komponisten, Personen mit AD(H)S. Geben Sie Ihrem kleinen Zappelphilipp oder Träumer daher alle Möglichkeiten, damit er sein wahres Wesen und seine Talente entdecken kann. Versuchen Sie ihm zu helfen, dass er seine Impulsivität, seinen schier unerschöpflichen Ideenreichtum oder seine Verträumtheit positiv nutzt, etwa indem er schreibt, tanzt, musiziert, imitiert oder sich anders auf seine ganz persönliche Weise Ausdruck verschafft. AD(H)S-Kinder sind oft hochempfindsam. Gerade weil sie es im Leben schwerer haben als andere, weil sie so oft auf Ablehnung stoßen, sind sie genötigt, sich mit ihrem Wesen immer wieder intensiv auseinanderzusetzen. Das macht sie sehr sensibel für Empfindungen und Gefühle und verleiht vielen von ihnen eine besonders gute Intuition. Nicht zuletzt sind AD(H)S- Kinder von ihrer ungeheuren Bewegungsfreude getrieben, sie bringen gute sportliche Leistungen, können viel ausdauernder laufen als andere, und manche sind extrem beweglich. Sportliche Aktivität ist daher für diese Kinder eine gute Möglichkeit, um sich richtig auszutoben und auf diesem Gebiet Anerkennung zu bekommen. Denn die brauchen sie wirklich dringend!

## Wichtig: fachkundige Beratung und tatkräftige Hilfe

Wenn bei Ihrem Kind eine AD(H)S diagnostiziert wurde, stellt sich natürlich die Frage, wie ihm geholfen werden kann. Die Suche nach einer guten Therapie und nach kompetenter Unterstützung entpuppt sich häufig als schwierig. Wenden Sie sich am besten gleich an Experten, die auf AD(H)S spezialisiert sind und auch in entsprechenden Vereinigungen mit anderen Fachleuten im Team zusammenwirken. Eine solche therapeutische Teamarbeit finden Sie beispielsweise in sozialpädiatrischen Zentren, in denen sich Kinder- und Jugendpsychiater, Kinder- und Jugendmediziner, Psychologen und Psychotherapeuten zusammengeschlossen haben und jederzeit über die Möglichkeit verfügen, bei Bedarf weitere Fachleute hinzuzuziehen. Nützliche Adressen finden Sie auf Seite 250.

## Medikamente – Segen oder Fluch?

Die Diskussionen um die medikamentöse Therapie des Aufmerksamkeits-Defizit-Syndroms sind heftig. Der Hamburger Arbeitskreis ADS/ADHS berichtet in seiner Broschüre, dass bei Weitem nicht alle aufmerksamkeitsgestörten Kinder eine medikamentöse Behandlung benötigten. Viele kämen in ihrem Alltag gut zurecht, wenn sich in ihrem sozialen Umfeld Kleinigkeiten verändern, eingeleitet durch eine Verhaltenstherapie sowie ein Elterntraining. Man muss ganz individuell entscheiden, welche Behandlung die geeignete ist. Wenn die Symptome so schwer sind, dass es zu unüberwindbaren Problemen in der Familie und zu gravierenden Auffälligkeiten in der Schule kommt, dann empfehlen viele Experten, eine medikamentöse Behandlung in Betracht zu ziehen. Zur Behandlung einer Aufmerksamkeitsstörung kommen sogenannte Psychostimulanzien zum Einsatz. Sie greifen in den Stoffwechsel der neuronalen Botenstoffe (Neurotransmitter) ein und bewirken dort eine Veränderung der Nervenaktivität. So soll das gestörte Zusammenspiel der Neurotransmitter im Gehirn wieder normalisiert werden. Das bekannteste AD(H)S-Medikament ist Methylphenidat. Obwohl die Medikamente eigentlich eine aufputschende Wirkung haben, können sie dazu beitragen, Symptome wie Unruhe und Zappeligkeit zu lindern. Nicht jedes Kind reagiert gleich auf die Einnahme der AD(H)S-Mittel. Auch muss die Dosierung vom Arzt sehr langsam und individuell angepasst werden. Es ist von großer Bedeutung, dass Ärzte, Therapeuten, Eltern und - wenn möglich - auch die Pädagogen eng zusammenarbeiten, um die richtige Dosis zu finden und genau auf die weiteren Therapiemaßnahmen abzustimmen.

## Tipp

Wenn Ihr AD(H)S-Kind Medikamente zur Linderung der Beschwerden nehmen muss, sollten Sie darüber auch seine Lehrerinnen und Lehrer informieren. Diese können dann sein Verhalten und eventuelle Veränderungen genau beobachten, was eine wichtige Rolle für die optimale Dosierung des Mittels spielt.

# Test – Hat mein Kind AD(H)S?

Bei einem so facettenreichen Problem wie der Aufmerksamkeitsstörung fragen sich viele Eltern, ob ihr Kind betroffen ist oder nicht. Natürlich kann nur ein Fachmann endgültige Klarheit darüber geben. Der folgende Test soll Ihnen zumindest vorab schon einmal helfen, Ihr Kind besser einordnen zu können, Ihnen zeigen, wo Ihr Kind steht und ob im Zweifelsfall doch eine ärztliche oder psychologische Untersuchung ratsam ist. Je mehr Fragen Sie mit »Ja« beantworten, desto höher ist die Wahrscheinlichkeit, dass Ihr Kind von einer Aufmerksamkeitsstörung betroffen ist. Die Symptome müssen jedoch länger als ein halbes Jahr bestehen. Bitte beachten Sie das bei der Beobachtung Ihres Kindes.

|  | Ja | Nein |
|---|---|---|
| Hat Ihr Kind schon als Baby viel geschrieen? | ◯ | ◯ |
| Ist es sehr zappelig? | ◯ | ◯ |
| Rennt Ihr Kind ununterbrochen herum und kann es nie stillsitzen? | ◯ | ◯ |
| Kippelt Ihr Nachwuchs ständig auf seinem Stuhl hin und her, zappelt er mit den Füßen? | ◯ | ◯ |
| Hören Sie häufig Klagen vom Lehrer Ihres Kindes? | ◯ | ◯ |
| Erledigt Ihr Kind seine Hausaufgaben nicht richtig, braucht es sehr lange dafür? | ◯ | ◯ |
| Führt es seine Hefte nicht ordentlich und hat es eine schlampige Schrift? | ◯ | ◯ |
| Verliert oder vergisst Ihr Kind ständig etwas, zum Beispiel seine Schulbücher und -hefte, Kleidungsstücke oder den Schlüssel? | ◯ | ◯ |
| Wirkt Ihr Kind verträumt und unbeteiligt, während andere zusammen spielen oder etwas unternehmen? | ◯ | ◯ |
| Haben Sie das Gefühl, dass Ihr Sohn oder Ihre Tochter Ihnen oder anderen gar nicht richtig zuhört? | ◯ | ◯ |
| Ist Ihr Kind oft ungeschickt? Macht es häufig etwas kaputt? | ◯ | ◯ |
| Wirkt Ihr Kind – falls es schon älter ist – häufig sehr aggressiv und beklagen sich andere, zum Beispiel Nachbarn oder Lehrer darüber? | ◯ | ◯ |
| Ist Ihr Kind extrem rebellisch? | ◯ | ◯ |

# Legasthenie und Dyskalkulie

Die Lese-Rechtschreib-Schwäche (LRS) oder – in ihrer verstärkten Form – die Lese-Rechtschreib-Störung (Legasthenie) sowie die Rechenschwäche oder -störung (Dyskalkulie) sind Symptome der sogenannten Teilleistungsstörungen, zu denen auch Artikulations- und Sprachstörungen gehören. Die betroffenen Kinder sind nicht etwa weniger intelligent, oft ist sogar das Gegenteil der Fall, denn auch Hochbegabte (siehe ab Seite 210) können Probleme mit dem Schreiben, Lesen und Rechnen haben. Legastheniker oder Kinder mit Dyskalkulie bringen in bestimmten Bereichen nicht die erforderliche Leistung, obwohl sie ganz normal gefördert werden.
Die Schwierigkeiten, die betroffene Kinder haben, sind sehr vielfältig und nicht zu einem genauen Symptombild zusammenzufassen. Für Kinder mit einer Lese-Rechtschreib-Schwäche ist typisch, dass sie Wörter im selben Text unterschiedlich schreiben, mal richtig, mal falsch. Auch passieren im gleichen Wort verschiedene Fehler, zum Beispiel »Lerher« oder »Lerer« statt Lehrer. Zu den typischen orthografischen Fehlern gehören oft Verwechslungen, Umstellungen und Auslassungen von Buchstaben, Fehler beim Zusammenlesen der Buchstaben, Fehler beim ganzheitlichen Erfassen von Wörtern und Wortgestalten und Rechtschreibfehler.

## Meist in die Wiege gelegt

Fast fünf Prozent der deutschen Schulkinder sind von Legasthenie betroffen. Die Ursache einer Legasthenie oder Dyskalkulie ist laut Untersuchungen in den meisten Fällen genetischer Natur. Im Gehirn eines Legasthenikers lassen sich neurobiologische Veränderungen nachweisen, die Zusammenarbeit von verschiedenen Hirnregionen funktioniert nicht optimal. Die Informationsverarbeitung im Gehirn ist gestört. Wir nehmen unsere Umwelt ununterbrochen über unsere Sinne wahr. Die neuen Informationen werden im Gehirn mit dem bereits Erlernten verglichen, wobei nur Wichtiges weiterverarbeitet, abgespeichert und bei Bedarf angewendet wird. Die Bereiche des Gehirns, die diese Leistung in Bezug auf Buchstaben oder Zahlen erbringen, verrichten bei Teilleistungsgestörten ihre Arbeit nicht einwandfrei. In Familien treten solche Teilleistungsstörungen gehäuft auf, was also auf eine Vererbung hinweist.

### Entstehung in der Schwangerschaft oder später

Vererbung ist eine mögliche Ursache. Dabei wird jedoch nicht die Legasthenie oder Dyskalkulie an sich vererbt, sondern lediglich die Neigung, die Disposition dazu. Aber auch während der Schwangerschaft, und ganz besonders im zeitlichen Umfeld der Geburt kann eine Teilleistungsstörung entstehen, wenn das Kind Schädigungen der neuro-biologischen Funktionen erleidet. Ursachen sind beispielsweise radioaktive Strahlen, Gifte in Medikamenten, Drogen, Genussgifte wie Alkohol und Nikotin oder auch mechanische Einwirkung während der Geburt, die Sauerstoffmangel beim Kindes auslöst. Auch ein Infekt mit sehr hohem Fieber der werdenden Mutter stellt einen Risikofaktor dar. Eine weitere Gefahr besteht darin, wenn der Säugling oder das Kleinkind Schädigungen der Hirnrinde durch äußere Einflüsse wie etwa immer wiederkehrende Mittelohrentzündungen erleidet: Sie können zu Hörwahrnehmungsstörungen und in der Folge zu Lese-Rechtschreib-Problemen oder Schwierigkeiten im Umgang mit Zahlen führen.

Welche Unterstützung ein legasthenisches Kind benötigt, sollte am besten ein Fachmann, ein Psychologe oder ein Kinder- und Jugendpsychiater, herausfinden.

### Spielt das Umfeld eine Rolle?

Fachleute nehmen an, dass die emotionalen und sozialen Umstände von Kindern mit Legasthenie und Dyskalkulie keinen Einfluss auf die Entstehung der Schwierigkeiten im Lesen, Schreiben und Rechnen haben. Für deren Ausprägung jedoch sind sie entscheidend. Bekommt ein Kind von Seiten der Eltern oder in der Schule nicht genügend Unterstützung, wird zu wenig auf die ganz spezifische Förderung seiner Schwächen geachtet, kann das die Störung verstärken. Manchmal kommt es auch zu einer vorübergehenden Lese-Rechtschreib- oder Rechen-Schwäche, etwa wenn ein Kind länger krank ist, wenn es einen Schulwechsel erlebt hat, bei starken seelischen Belastungen oder Übungsmangel. In diesen Fällen handelt es sich nicht um Legasthenie oder Dyskalkulie! Die Eltern müssen hier besonders auf der Hut sein und dafür sorgen, dass die Lern-Defizite durch entsprechende Förderung rasch ausgeglichen werden, damit sich die Probleme nicht verstärken.

## Rechenschwäche oder -störung

Bei der Dyskalkulie treten über einen längeren Zeitraum Schwierigkeiten beim Erlernen mathematischer Zusammenhänge auf. Die davon betroffenen Kinder sind, ebenso wie Legastheniker, nicht minder intelligent. Für ein rechenschwaches Kind bleibt die Welt der Zahlen trotz ständigen Übens undurchschaubar. Es versteht die Grundsätze der Mathematik einfach nicht. Die Rechenschwäche ist weniger bekannt als die Lese-Rechtschreib-Schwäche. Oft wird den Kindern aus Unwissenheit über die Störung Faulheit nachgesagt. Auch bei der Dyskalkulie ist es wichtig, dass die Eltern die Symptome akzeptieren und das Kind unterstützen. Manchmal wird diese Teilleistungsstörung ebenso wie die Legasthenie erst in der dritten Klasse der Grundschule deutlich, wenn bestimmte Rechtschreib- und Rechenstufen erreicht werden. Neben einer körperlich bedingten, auf Hirnleistungsschwächen beruhenden, sogenannten neurogenen Störung kann auch eine schlechte Vermittlung des Mathematik-Lehrstoffs die Ursache einer Rechenschwäche oder -störung sein.

## Die häufigsten Fehler bei Dyskalkulie

Die Symptome, die in der Grundschule auftreten, findet man bei rechenschwachen Kindern meistens auch in den weiterführenden Schulen. Einige Ausprägungen der Rechenschwäche verändern oder verbessern sich vor allem bei Kindern, die eine gute allgemeine Auffassungsgabe haben und rasch lernen, wenn sie die höheren Klassen absolvieren. Das kann übrigens auch bei Legasthenie der Fall sein. Bei einem Kind mit Dyskalkulie tauchen bereits in der Grundschule oft folgende oder ähnliche Schwierigkeiten auf: Üben verbessert die Leistung im Rechnen nicht, am nächsten Tag ist alles wieder vergessen; das Kind rechnet lieber schriftlich als im Kopf; es verdreht Ziffern und schreibt in »Sprechrichtung«, wenn es vierundachtzig meint, schreibt es 48; »Plus« und »Minus« oder »Mal« und »Geteilt« werden immer wieder verwechselt; das Kind verwendet heimlich oder auch ganz offen zum Zählen seine Finger oder Gegenstände; soge-

nannte Platzhalteraufgaben fallen rechenschwachen Kindern besonders schwer, etwa $\square - 4 = 2$.

## Ganz wichtig: frühzeitige Therapie einleiten!

Pro Jahrgang leiden 65.000 Erstklässler in Deutschland an Lese-Rechtschreib-Schwäche. Je früher die Problematik erkannt wird, desto besser kann dem Kind geholfen werden. Haben Sie oder der Lehrer den Verdacht, dass Ihr Kind an Legasthenie oder Dyskalkulie oder vielleicht an beiden Teilleistungsstörungen leidet, sollten Sie es bei einem Kinderpsychologen testen lassen. Bestätigt sich Ihre Vermutung, muss Ihr Nachwuchs so rasch wie möglich eine Therapie machen, die ganz auf seine individuellen Bedürfnisse zugeschnitten ist. Wichtig dabei ist, dass Ihr Kind gerne mitarbeitet und einen guten Draht zum Therapeuten oder zur Therapeutin hat. Nur dann nimmt es die seelische Unterstützung an und wird schnell Fortschritte machen.

Die achtjährige Sandra beispielsweise, bei der vor einem Jahr eine Legasthenie festgestellt wurde und die zudem große Angst vor der Schule hat, ist seit einiger Zeit bei einer Psychotherapeutin in Behandlung. Mit Hilfe von Rollenspielen und durch eine Gesprächstherapie baut diese nach und nach das Selbstbewusstsein des Kindes wieder auf. Sandra geht sehr gerne zu den wöchentlichen Spiel- und Lernstunden bei der Therapeutin. Sie übt einzelne Buchstaben, indem sie diese beispielsweise mit bunten Farben auf den Boden malt und daran entlangläuft. Besonders gut gefällt ihr das Wörter-Memory, aber auch das Silben-Klatschen macht ihr viel Freude. Seitdem Sandra weiß, dass ihre schlechten Leistungen in der Schule von einer Lese-Rechtschreib-Schwäche herrühren, fühlt sie sich wie befreit und ihre Angst vor der Schule ist nicht mehr so groß. Dank der Therapie macht sie laufend Fortschritte und traut sich in der Schule wesentlich mehr zu.

## Wer hilft bei Legasthenie?

Auch Kinder mit Teilleistungsstörungen können durchaus Freude an der Schule haben und gerne lernen. Hegen Sie als Eltern die Vermutung, dass Ihr Nachwuchs nicht so gut schreiben und lesen kann wie seine gleichaltrigen Klassenkameraden, werden Sie wahrscheinlich zuerst seinen Lehrer um Rat fragen. Ihm sollten Auffälligkeiten natürlich zuerst auffallen. Seine Beobachtungen über das Verhalten und die Leistung des Kindes im Unterricht sind wichtig für die Diagnose. Wenn die Lehrerin oder der Lehrer jedoch lediglich die Empfehlung geben, dass Ihr Kind mehr üben soll, ist das nicht der richtige Weg für einen Legastheniker, Fortschritte zu erzielen. Konsultieren Sie auf jeden Fall auch den für die Schule zuständigen Psychologen. Dieser führt die notwendige Diagnostik durch und zeigt Ihnen Wege auf, wie Ihrem Kind geholfen werden kann. Falls die Schule keine ausreichenden Fördermöglichkeiten hat, werden außerschulische therapeutische Maßnahmen eingeleitet, deren Kosten in manchen Fällen das Jugendamt übernimmt.

Wenn nach einer ausgiebigen Diagnostik eine außerschulische Unterstützung notwendig ist, kann es auch sein, dass Ihr Kind ergänzend zur Legasthenie-Betreuung eine von den Krankenkassen finanzierte medizinische Stütztherapie braucht. Das kann beispielsweise eine Ergotherapie sein oder eine Maßnahme, die seine Psychomotorik verbessert. Auskunft und Rat zu allen Fragen rund um die Themen »Legasthenie« und »Dyskalkulie«, deren Therapie und Finanzierung finden Sie auf zahlreichen Websites von Selbsthilfeorganisationen im Internet (siehe Seite 251).

## Tipp

Nicht nur im Fach Deutsch, sondern auch in den Fremdsprachen können Lese-Rechtschreib-Schwierigkeiten Probleme mit sich bringen. Zudem führt das verlangsamte Lesen zu einer eingeschränkten Wissensaufnahme in anderen Fächern, beispielsweise in Mathematik, wenn es um das schnelle Erfassen von Textaufgaben geht. Daher sollten Legastheniker eine gute psychologische Unterstützung bekommen.

# Test – Hat mein Kind Lese-Rechtschreib-Probleme?

Anhand der folgenden Testfragen, die Sie auch auf der Website des Vereins »Lernen zu Lernen e.V.« (siehe Seite 251) finden, können Sie feststellen, ob Ihr Kind im Grundschulalter Schwierigkeiten mit dem Lesen und Schreiben hat und ob Sie eventuell einen Fachmann zu Rate ziehen sollten. Suchen Sie bei Verdacht auf eine Legasthenie auch das Gespräch mit der Lehrkraft Ihres Kindes, die es selbst und seine Leistungen sehr gut kennt.

➤ Lernt Ihr Nachwuchs Sprache langsamer als andere, klappt es mit dem Lesen auch nur stockend, obwohl seine Leistungen auf anderen Gebieten eher gut sind – vielleicht sogar auffallend gut?

➤ Unterscheidet Ihr Kind ähnlich klingende Begriffe fehlerhaft? Beispielsweise Kanne und Tanne, Nagel und Nadel, Düne und Bühne?
➤ Fällt es Ihrem Kind schwer, sich zu konzentrieren, und ist es leicht womöglich ablenkbar?
➤ Hat Ihr Kind manchmal Schwierigkeiten, links und rechts auseinanderzuhalten?
➤ Zieht Ihr Kind lieber Schuhe mit Klettverschlüssen an, um keine Schleifen binden zu müssen, weil es dazu kaum in der Lage ist?
➤ Haben Sie manchmal das Gefühl, dass Ihr Kind nicht richtig hört, obwohl der Hals-Nasen-Ohren-Arzt alles vollkommen in Ordnung fand?

Haben Sie bei diesen Fragen mehrmals zustimmend genickt? Wenn ja, dann seien Sie trotzdem nicht zu sehr beunruhigt. Selbst wenn alle Punkte zutreffen, muss das noch nicht heißen, dass Ihr Kind zur Gruppe der Legastheniker gehört. Aber es kann Ihnen als Hinweis dienen, und Sie sollten von einem Fachmann, einem Psychologen oder einer Psychologin abklären lassen, ob eventuell eine Teilleistungsstörung bei Ihrem Kind vorliegt. Denn wenn ein Lese-Rechtschreib-Problem rasch erkannt und rechtzeitig gegengesteuert wird, kann es möglicherweise dauerhaft aus der Welt geschafft werden, sodass Ihr Nachwuchs ein ganz normaler oder sogar guter Schüler wird, der ordentliche Leistungen bringt.

# Hochbegabung und Unterforderung

### Kleine Genies

»Mama, wie viele Knochen hat ein Mensch? Und wie haben die alten Ägypter ihre Pyramiden ausgemessen?« Mit solchen und ähnlichen Fragen bombardieren hochbegabte Kinder schon in sehr jungen Jahren ihre Eltern und sorgen dadurch für große Verblüffung. Die Eltern wälzen dann Lexika und recherchieren im Internet, um den schier unerschöpflichen Wissensdurst der Kleinen zu stillen. In Deutschland gibt es rund 300.000 hochbegabte Kinder. Nur ein Drittel davon sind Mädchen. Mit ihrer extremen Neugier, ihren manchmal heftigen Aggressionen und ihrer hohen Sensibilität halten die kleinen Genies ihr Umfeld auf Trab. Sie müssen nicht unbedingt Einserschüler sein. Gerade deshalb ist es oft schwer, ihre überdurchschnittlichen Fähigkeiten zu erkennen.

Vor allem hochbegabte Mädchen werden oft verkannt. Sie sind grundsätzlich eher zurückhaltend, sie tun sich im Unterricht nicht so laut und auffällig hervor wie Jungs. Besonders intelligente und leistungsstarke Schülerinnen fallen in der Klasse daher nicht so auf. Mädchen haben zudem grundsätzlich viele Interessen. Auch aus diesem Grund ist eine hohe Intelligenz bei ihnen nicht so offensichtlich.

### Nur nicht auffallen

Die kleinen Schlaumeier, ob männlich oder weiblich, sind mit besonderen Begabungen ausgestattet, sie haben ihre ganz individuellen Stärken, aber auch ihre Schwächen - so wie alle Kinder. Besonders kluge Kinder mit einem IQ über 130 verfügen mitunter über eine extrem schnelle Auffassungsgabe, über ein hervorragendes logisches Denkvermögen, über große verbale Fähigkeiten, viel Ausdauer, ein breites Sachwissen und meistens ganz spezielle Interessen. Die einen sind mit einem ausgeglichenen Begabungsprofil gesegnet, andere wiederum interessieren sich nur für bestimmte Sachgebiete, etwa im Bereich der Musik, der Sprachen, der Naturwissenschaften oder des Sports.

Viele der kleinen Genies wollen unerkannt bleiben, sie möchten mit dem Strom schwimmen und zeigen nicht die ganze Palette ihres Könnens, nur um von den anderen als »normal« akzeptiert zu werden. Insgeheim jedoch fühlen Sie sich stets unausgelastet. Manche hochbegabte Kinder verlieren das Interesse an der Schule, weil sie sich langweilen, weil sie aufgrund ihres breiten Wissens gehänselt oder gar aus der Klassengemeinschaft ausgeschlossen werden. Wenn die Begabung im Verborgenen schlummert, nicht erkannt und nicht gefördert wird, kann die Balance zwischen geistigem Potenzial und schulischer Anregung gestört sein. Das Kind wird unglücklich und als sogenannter Underarchiever (siehe Seite 214) womöglich zum Schulversager. Aber so weit muss es nicht kommen, wenn Sie als Eltern sich ausreichend informieren (siehe Seite 250).

## Auf die richtige Förderung kommt es an

Der neunjährige Lars findet Schule einfach fürchterlich und bekommt Magenschmerzen, wenn er nur daran denkt. Er hat Angst vor seinen Mitschülern, denn er wird verprügelt, ausgelacht und als »Besserwisser« oder »Supergenie« bezeichnet. Der Junge würde am liebsten gar nicht mehr in die Schule gehen. Erst als er nach eingehender psychologischer Beratung in eine Klasse für Hochbegabte gehen darf und merkt, dass er dort nicht gehänselt, sondern von den anderen akzeptiert wird, ist der Junge wieder fröhlich.

Hochbegabte Kinder zeichnen sich oft durch einen ungeheuren Wissensdurst aus, den sie durch eifriges Lesen zu stillen versuchen.

So wie im Fall von Lars bemerken Eltern die außergewöhnliche Begabung nur deshalb, weil Ihr Kind ihnen besondere Sorgen bereitet, weil es sich in der Schule nicht wohl fühlt und von den anderen gehänselt wird. Hohe Intelligenz wird also nicht immer als Segen empfunden, sie bringt manchmal sogar große Verunsicherung mit sich. Hochbegabte unterscheiden sich in ihrer Entwicklung jedoch nicht von Normalbegabten. Hat Ihr Kind herausragend gute Anlagen, große Freude am Lernen und einen außergewöhnlichen Leistungswillen, dann kann es mit der entsprechenden Förderung sein Talent oder seine Talente bis zur Perfektion ausbauen. Sie als Eltern sollten es dabei liebevoll begleiten. Sie müssen ihm vor allem zeigen, dass Sie in seine Fähigkeiten vertrauen, ohne es zu überdurchschnittlichen Leistungen zu zwingen. Und Sie sollten es in Phasen des Missmuts oder der Depression immer wieder ermutigen. Denn hochbegabte Kinder sind meist auch hochsensibel.

## Die häufigsten Schwierigkeiten hochbegabter Kinder

Warum haben es extrem kluge Kinder oft schwerer als andere? Darauf gibt es mehrere Antworten: Die Kinder entwickeln sich intellektuell schneller als emotional und körperlich. Das wird von Eltern und Lehrern häufig übersehen, sie verlangen daher manchmal zu viel von ihnen. Nicht selten kommt es außerdem zu Problemen in der Gemeinschaft mit Gleichaltrigen: Hochbegabte müssen mit allen Kindern auskommen und sich mit ihnen austauschen. Das fordert von den klugen Köpfen eine große Portion emotionaler Reife, viel Feingefühl und Anpassungsvermögen. Einerseits sollen sie ihre Einzigartigkeit wahren, andererseits aber müssen sie ihr Licht unter den eigenen Scheffel stellen, nur um dazuzugehören. Denn wenn sie sich immer in den Vordergrund spielen und mit ihrem Wissen prahlen, führt auch das zu Konflikten mit Klassenkameraden und Freunden. Eine weiteres Problem haben Hochbegabte mit der Selbstüberschätzung. Da ihnen vieles sehr leicht fällt, trauen sie sich nicht selten mehr zu als sie eigentlich können. Es kann aber auch der Fall sein, dass das Kind unterfordert ist und dadurch vollkommen frustriert wird. Weil es grundsätzlich sehr schnell und ohne großen Aufwand lernt, hat es bisher vielleicht nie seine volle Konzentration und Power für eine Aufgabe gebraucht, es holt also nie »das Letzte« aus sich heraus, auch dann nicht, wenn es einmal wirklich notwendig ist. Ist ein Kind in vielen Bereichen talentiert, muss es sich für ein oder zwei davon entscheiden, es steht also vor der Qual der Wahl. Eine gute psychologische Beratung hilft in solchen Fällen weiter.

## Tipp

Eine wichtige Voraussetzung dafür, dass sich Hochbegabte in ihrem Umfeld wohlfühlen, ist soziale Kompetenz. Für die Entwicklung der sozialen Kompetenz ist das Vorbild der Eltern entscheidend – deren Ausdrucksvermögen, ihre Bereitschaft, anderen zuzuhören, ihre Offenheit, Kooperation und ihre Fähigkeit, sich auf andere einzustellen und Konflikte der Situation entsprechend zu lösen.

# Test – Ist mein Kind hochbegabt?

Um festzustellen, ob Ihr Kind zu den 300 000 hochbegabten Kindern in Deutschland gehört, sollten Sie zunächst einmal herausfinden, wie viele der folgenden Merkmale zutreffen. Ein IQ-Test beim Kinder- und Jugendpsychiater oder beim Kinderpsychologen (siehe Seite 215) gibt Ihnen noch näheren Aufschluss.

Zu den **intellektuellen Fähigkeiten** gehören beispielsweise ein außergewöhnlich großer Wortschatz, ein besonders früher Spracherwerb und schon in sehr jungen Jahren ein Verständnis von Zusammenhängen zwischen Ursache und Wirkung. Hochbegabte Kinder verfügen meist über eine ausgeprägte Beobachtungsgabe, eine überschäumende Fantasie und ein sehr gutes Gedächtnis. Sie können sich in kürzester Zeit viele Fakten merken, manche von ihnen haben schon vor dem Eintritt in die Schule extrem gute Kenntnisse im Lesen, Schreiben und Rechnen und erkennen rasch grundlegende Prinzipien.

Was das **Lernverhalten** betrifft, so interessieren sich hochbegabte Kinder oft für Themen der Erwachsenen (Politik, Philosophie, Geschichte und Ähnliche). Sie sind sehr selbstkritisch, können sich sehr gut auf eine Sache konzentrieren, sie hegen den Wunsch, das bestmögliche Ergebnis zu erzielen, haben den festen Willen, ihre Aufgaben stets vollständig zu lösen und entwickeln eigene Lernstrategien.

Ziemlich häufig kommt es zu **Problemen in der Schule**: Nicht selten sind Hochbegabte Schulversager. Sie bringen schlechte Zensuren nach Hause, langweilen sich und werden aggressiv. Manchmal wundern sich die Lehrer, wie ein so desinteressiertes Kind seine Aufgaben dennoch in hoher Geschwindigkeit lösen kann. Hochbegabte trauen sich oft zu viel oder auch zu wenig zu, sie leiden nicht selten unter Teilleistunsschwächen wie Legasthenie und/oder Dyskalkulie (siehe ab Seite 204); auch vor ADS und ADHS (siehe ab Seite 192) sind Hochbegabte nicht gefeit. Manche der klugen Kinder machen absichtlich Fehler, um nicht aufzufallen und möglichst »normal« zu sein. Besonders unangenehm ist es für sie, wenn sie in eine Außenseiterrolle gedrängt werden und als Streber gelten. Es ist für sie außerdem ziemlich schwierig, gleichaltrige Freunde zu finden, die »interessant genug« sind.

Auch in ihrem **Sozialverhalten** setzen sich Hochbegabte von anderen Kindern ab: Die klugen Köpfe entwickeln schon früh ein Gefühl für Recht und Unrecht, für gut und böse, richtig und falsch. Viele von ihnen verfügen neben einem großen intellektuellen Potenzial auch noch über eine gute soziale Kompetenz (siehe Tipp links) und eine hohe emotionale Intelligenz. Das heißt, sie beherrschen das Alphabet der Gefühle, sie sind lebenstüchtig, haben ein positives Verhältnis zu sich selbst und anderen und füllen ihren Alltag gern mit sinnvollen Aufgaben. Auch das bereitwillige Übernehmen von Verantwortung zeichnet Hochbegabte oft aus. Vielleicht haben sie auch ein besonderes Organisationstalent, ein gutes Einfühlungsvermögen und eine starke Sensibilität.
Oft werden ältere Freunde, die ihnen intellektuell gewachsen sind, bevorzugt.

## Wenn ein Kind unterfordert ist

Die sogenannten Under-archiever sind diejenigen unter den Hochbegabten, die sich intellektuell nicht entfalten können, weil sie durch bestimmte Umstände daran gehindert werden. Wenn sie ihre Begabung unterdrücken, kann es sogar zu seelischen Störungen kommen. Aber keine Sorge, wenn Sie Ihr Kind gut beobachten, muss es gar nicht erst so weit kommen. Wachsen hochbegabte Kinder in einem Umfeld heran, in dem man auf ihre Fähigkeiten und Talente eingeht, verläuft ihre Entwicklung ganz normal.

> Hochbegabte, die genügend gefordert werden, haben im Allgemeinen große Freude daran, im Unterricht rege mitzuarbeiten.

## Die Ursachen von Underarchievement

Wird die hohe Intelligenz eines Kindes nicht akzeptiert oder gar verleugnet, kann das Kind das Gefühl bekommen, irgendetwas sei mit ihm nicht in Ordnung. Auch motorische Defizite und Teilleistungsstörungen wie Legasthenie und Dyskalkulie (siehe ab Seite 204), Sprechschwierigkeiten (Stottern) oder Verhaltensauffälligkeiten wie Hyperaktivität (siehe ab Seite 192) lassen manchmal eine Hochbegabung gar nicht erst zutage treten. In seltenen Fällen werden die besonderen Fähigkeiten eines Kindes von den Mitmenschen als etwas Negatives abgestempelt. Das kann bereits im Kindergartenalter beginnen: Gleichaltrige Kinder haben einfach keine Lust auf Spiele, die nicht altersgemäß sind, und das Hochbegabte wird bereits jetzt zum Außenseiter. In der Schule ist ihm dann möglicherweise das Arbeitstempo zu langsam. Frust und Langeweile finden ihren Ausdruck in Aufsässigkeit, Störaktionen und altklugem Verhalten, was die Eltern, Erzieher und Lehrer verunsichert. Soll sich ein besonders kluges Kind der Norm anpassen und darf es sich in der Folge nur mit altersgerechten Themen auseinandersetzen, stellt das eine große Belastung für das Superhirn dar.

## Was bringt ein IQ-Test?

Vermuten Sie bei Ihrem Nachwuchs eine Hochbegabung oder eine Unterforderung, die Ursache von auffälligem Verhalten sein kann, ist eine genaue Diagnose sehr wichtig. Fragen Sie den Schulpsychologen, an wen Sie sich wenden sollen. Ein Kinderpsychologe oder Kinder- und Jugendpsychiater muss zunächst emotionale Störungen wie etwa das hyperkinetische Syndrom (siehe Seite 193) ausschließen. Auf die richtige Spur kann dann möglicherweise ein standardisierter Intelligenztest führen. Es gibt hier einige Varianten für Vorschul- und Schulkinder, die jeweils einen Verbalteil mit allgemeinem Wissen und Verständnis, rechnerischem sowie abstrakt-logischem Denken, Kurzzeitgedächtnis und Wortschatz enthalten und einen Handlungsteil, der Visuomotorik, die Wahrnehmung räumlicher Beziehungen mit den Augen (zum Beispiel wenn ein Ball hin- und hergeworfen wird), soziale Wahrnehmung und Puzzles enthält. Ergibt sich ein Wert von 130 oder mehr, gilt das Kind als hochbegabt.

### Die gebräuchlichsten IQ-Tests

In psychologischen Praxen werden heute hauptsächlich diese Verfahren angewandt, um zu ermitteln, wie hoch die Intelligenz von Kindern und Jugendlichen ist:
➤ 6 bis 15 Jahre: Hamburg-Wechsler-Intelligenztest für Kinder (HAWIK-III)
➤ 6 bis 15 Jahre: AID 2 (Adaptives Intelligenz Diagnostikum 2)
➤ 2 ½ bis 12 Jahre: K-ABC (Kaufman-Assessment-Battery for Children)
➤ 8 bis 18 Jahre: CFT 20 (Grundintelligenztest Skala 2, nur in Verbindung mit weiteren Verfahren)

### Kann man Intelligenz wirklich messen?

Natürlich ist ein Test des Intelligenzquotienten nicht das Maß aller Dinge. Schließlich misst er nur einen kleinen Teil aller Fähigkeiten. Die soziale Kompetenz eines Kindes beispielsweise (siehe Seite 177), sein Verhalten den Mitmenschen gegenüber, wird hier nicht einbezogen. Auch über ganz spezielle Begabungen wie musische oder sportliche sowie über seine Leistungsmotivation bekommt man wenig Aufschluss. Sehen Sie das Testergebnis Ihres Kindes daher grundsätzlich wertfrei. Nach einem IQ-Test wissen Sie nun lediglich, über welches intellektuelle Potenzial Ihr Kind verfügt. Was es daraus macht, hängt von ihm selbst ab sowie von der Förderung, die ihm zuteil wird. Das Wissen um den IQ kann jedoch wichtig sein, damit Sie die Bedürfnisse Ihres Kindes besser erkennen und es gezielt för-

**Tipp**

Die Verfahren zur Ermittlung des Intelligenzgrades werden von Diplom-Psychologen, Kinder- und Jugendpsychiatern sowie Pädagogen vorgenommen. Es ist wichtig, dass das Kind zunächst in einem Gespräch auf den Test vorbereitet wird. Im Test selbst muss es eine enorme Denkleistung erbringen, daher sollte es Vertrauen zum Therapeuten haben.

dern können. Untersuchungen haben gezeigt, dass der Intelligenzquotient von Kindern und Jugendlichen bei guter Förderung immer gleich hoch bleibt. Sogar ein Underarchiever, der in der Schule versagt hat, bleibt ein Leben lang hochintelligent.

## Die richtige Förderung

Falls Sie Eltern eines sehr klugen Kindes sind, sollten Sie in Ihrer Erziehung immer darauf achten, dass die Förderung auf das Wohl Ihres Kindes ausgerichtet ist und Ihnen nicht als Selbstzweck dient, etwa weil Sie persönlich nicht das erreicht haben, was Sie eigentlich wollten. Ihr Kind muss sich in seinem (Lern-)Umfeld wohl fühlen. Nur dann hat es auch wirklich Lust, sich Herausforderungen zu stellen und seinen Fähigkeiten entsprechend gute Leistungen bringen zu wollen.

Versuchen Sie, zusammen mit Ihrem Kind herauszufinden, welchen Weg es am besten beschreiten sollte. Das kann beispielsweise eine Hochbegabtenklasse sein, von denen es jedoch erst einige wenige in Deutschland gibt.

Mittlerweile existieren zahlreiche Modelle zur Förderung besonders kluger Kinder, die in der Broschüre »Begabte Kinder finden und fördern«, herausgegeben vom »Bundesministerium für Bildung und Forschung« (Internetadresse siehe Seite 250), vorgestellt werden. Für manche Kinder ist das Überspringen einer Klasse eine gute Lösung. Bei einigen hat es sich bewährt, es sollte aber dennoch vorher sehr gut überlegt werden – denn ein Zurück in die »alte« Klasse ist für die Schülerinnen und Schüler meist frustrierend.
Kinder, die schon mit vier oder fünf Jahren schreiben, rechnen und lesen können, langweilen sich vielleicht weniger, wenn sie frühzeitig eingeschult werden. Diesen Schritt sollten Eltern allerdings mit dem Kinderarzt und einem versierten Psychologen absprechen.
Für die Größeren gibt es in vielen Schulen diverse Zusatzkurse mit einem ganz besonderen Profil, die vor allem Hochbegabte gerne besuchen. Darüber hinaus spornen zahlreiche regionale, bundesweite und auch internationale Schüler- und Jugendwettbewerbe in vielen Disziplinen besonders talentierte Kinder dazu an, hervorragende Leistungen zu erbringen. Sie sind ein großer Anreiz für die kleinen und größeren Genies.

## Finden Sie einen guten Weg

Wie Sie auf den vorangegangenen Seiten erfahren haben, sind Hochbegabte also nicht nur Sonnenkinder, sondern oft auch Sorgenkinder. Sie sind aber vor allem nicht als Sonderlinge anzusehen, die sich nur unter Gleichgesinnten wohlfühlen. Wichtig ist, dass ihre Hochbegabung entdeckt und verstanden wird! Welchen Schul- und Ausbildungsweg Ihr Kind einschlägt, falls es auch zu den zwei Prozent der Hochbegabten gehört, sollten Sie mit ihm zusammen und mithilfe einer kompetenten Beratung entscheiden. Es gibt hier kein allgemein gültiges Patentrezept, denn jedes Kind ist anders, jedes hat seine ganz individuellen Begabungen, seine Stärken und Schwächen. Vielleicht will Ihre Tochter oder Ihr Sohn einfach in einer »ganz normalen Schule« ein »ganz normales Abitur« machen und dabei ein guter Schüler sein? Dann sollten Sie das akzeptieren. Nehmen Sie sich auf jeden Fall genügend Zeit, um über die Förderung Ihres Kindes zu entscheiden. Veranlassen Sie vor allem nichts über seinen Kopf hinweg und zwingen Sie es zu nichts.
Nur wenn Ihr Kind freiwillig beispielsweise seine Gedächtnisleistung trainiert, sich auf ein bestimmtes Gebiet spezialisiert oder in eine besondere Schule gehen möchte, wird es genügend Durchhaltevermögen haben, um seine Ziele zu erreichen. Vertrauen Sie Ihrem hochbegabten Kind, denn es weiß selbst, was es will.

# Magersucht und Bulimie

### Ess-Störungen rechtzeitig erkennen

Die vierzehnjährige Anna-Maria ist mit ihren Eltern und ihrem sechzehnjährigen Bruder in Südfrankreich im Sommerurlaub. Das Mädchen ist zum ersten Mal verliebt, in den fünfzehnjährigen Stefan. Als Anna-Maria während des Abendessens wieder einmal gierig einen zweiten Nachtisch verspeist, ermahnt sie ihr Bruder: »Iss doch nicht so viel, du wirst sonst noch dick!« Vater und Mutter blicken sich bei diesen Worten nur stumm an. Genau in diesem Moment beschließt Anna-Maria, ihrem Bruder zu beweisen, dass sie für immer schlank und attraktiv bleiben kann. Sie legt den Löffel beiseite, rührt den Nachtisch nicht mehr an und isst auch in der darauf folgenden Zeit nur noch winzige Portionen – gerade so viel, dass die Mutter zufrieden ist. Eigentlich möchte sie gar nichts mehr essen, aber sie wird gezwungen, zu jeder Mahlzeit wenigstens eine Mini-Portion zu sich zu nehmen. Noch während des Urlaubs nimmt Anna-Maria auf diese Weise fünf Kilogramm ab. Stolz lässt sie sich im Bikini fotografieren. Sie zeigt ihre makellose Figur und freut sich an dem angenehmen Gefühl, immer leichter zu werden, immer weniger das Bedürfnis nach

> Eine extrem häufige, zwanghafte Gewichtskontrolle gehört zum Alltag von Magersüchtigen.

Nahrung zu haben und durch das Verweigern des Essens in der Familie endlich einmal vollkommen in den Mittelpunkt gerückt zu sein.

In diesem Urlaub wurde in Anna-Marias Leben der Grundstein für eine jahrelange Ess-Störung gelegt, während der sich regelrechte Fressattacken und Hungerphasen abwechselten und die sie erst als erwachsene Frau dank einer Therapie in den Griff bekam.

Die Bemerkung des großen Bruders in einer sensiblen Phase der Pubertät, in der sich die weiblichen Rundungen langsam ausbilden, hat Anna-Maria aus der Bahn geworfen. Der Satz »Iss doch nicht so viel, du wirst sonst noch dick!« löste die Ess-Störung zwar aus, aber dem Problem lagen vielfältige Ursachen zugrunde (siehe ab Seite 222). Anna-Maria ist kein Einzelfall. Ess-Störungen wie Bulimie (Ess-Brech-Sucht) und Anorexie (Magersucht) sind heute ein weit verbreitetes Problem. Damit Sie als Eltern rasch erkennen, ob Ihr Kind gefährdet oder betroffen ist, bekommen Sie auf den folgenden Seiten die wichtigsten Informationen rund um dieses Thema.

## So äußert sich eine Magersucht

Magersüchtige Kinder oder Jugendliche – manchmal sind auch Erwachsene betroffen – essen kaum noch etwas. Sie werden immer dünner, was nach außen hin deutlich sichtbar ist. Die Betroffenen nehmen während der gemeinsamen Mahlzeiten mit der Familie nichts oder kaum etwas zu sich, viele von ihnen treiben extrem viel Sport, um auf keinen Fall zuzunehmen. Das Fatale ist, dass sich die Mädchen – und in seltenen Fällen Jungen – auch dann noch zu dick finden, wenn sie schon extrem schlank sind. Ihr Tagesablauf ist vom Kalorienzählen beherrscht, was sie nicht selten in die Isolation treibt. Dennoch interessieren sich die Kinder sehr für Nahrungsmittel, für deren Gesundheitswert und Gehalt. Die ganze Familie wird vorzüglich bekocht, und die Magersüchtigen selbst sind stolz darauf, dass sie beim Essen so diszipliniert sind und »alles hervorragend unter Kontrolle« haben.

## Gesundheitliche Auswirkungen des Hungerns

Das extreme Hungern kann euphorische wie auch depressive Zustände auslösen. Das Ausbleiben der Regel ist manchmal eine Folge dieser Art von Ess-Störung. Leiden die Kinder und Teenager aufgrund der geringen Nahrungszufuhr dann unter Verstopfung, greifen sie nicht selten zu Abführmitteln. Die Einnahme solcher Medikamente zieht jedoch einen gravierenden Mangel an Mineralien nach sich und kann die körperliche Gesundheit erheblich beeinträchtigen. Hat ein magersüchtiges Kind erst einmal entdeckt, dass es die Nahrung auf diese Weise rasch wieder aus dem Körper ausscheiden kann, ist das in manchen Fällen der Beginn eines Teufelskreises und der Übergang zur sogenannten Bulimie, bei der die Betroffenen große Mengen an hastig verschlungenem Essen entweder über den Darm oder durch Erbrechen so schnell wie möglich wieder »loswerden« wollen.

## So äußert sich eine Bulimie

Bei der Ess-Brech-Sucht wechseln sich meist Phasen des extremen Hungerns mit unkontrollierten Fressattacken ab. Während dieser stopfen die Betroffenen große Mengen an Nahrungsmitteln in sich hinein, im Extremfall wird dafür – ebenso wie beim Drogenkonsum (siehe ab Seite 230) – sehr viel Geld ausgegeben. Aus Angst vor einer Gewichtszunahme erbrechen die Kinder oder Jugendlichen das Essen hinterher wieder oder sie konsumieren übermäßig viele Abführmittel. So gelingt es ihnen, zu starke Gewichtsschwankungen zu vermeiden und möglichst schlank zu bleiben.

Von einer Bulimie bekommen die Eltern oder andere Familienangehörige oft kaum etwas mit. Die essgestörten Kinder und Teenies nehmen am sozialen Leben teil wie alle anderen, sie sind nach außen hin angepasst und »völlig normal«. Manche allerdings isolieren sich auch von ihren Freunden und geraten in eine Außenseiter-Rolle. In der Seele dieser Kinder brodeln starke Schuldgefühle, Depressionen bis hin zu Selbstmordgedanken. Andere wiederum sind sich ihrer Krankheit gar nicht bewusst, sie werden vielleicht erst durch einen Artikel in einer Zeitschrift oder andere zufällige Hinweise darauf aufmerksam gemacht, dass ihr Verhalten nicht normal und sogar behandlungsbedürftig ist. Aus Scham, dass alles ans Licht kommen könnte, verbergen sie jedoch ihre Probleme weiterhin, leiden, (fr)essen und hungern im Stillen. Die Betroffenen sind ihrer Krank-

Bei einem Fress-
anfall wird
der Kühlschrank
nicht selten
leergeräumt.

heit ausgeliefert, sie handeln zwanghaft, können sich gegen die Ess-attacken nicht wehren, die für sie einen Weg darstellen, um mit Ängsten, Wut, Überforderung, Einsamkeit oder Zurückweisung fertig zu werden.

## Gesundheitliche Auswirkungen der Ess-Brech-Sucht
Eine über Jahre andauernde Bulimie schädigt natürlich die Gesund-heit. Das regelmäßige Erbrechen und Abführen der Nahrung zieht einen Mineralstoff- und Vitaminmangel nach sich, Knochen und Zähne (Kalziummangel) wie auch das Herz-Kreislauf-System (Ka-liummangel) können stark in Mitleidenschaft gezogen werden.

## Der BMI – Richtwert fürs Gewicht
Zur Berechnung eines allgemein gültigen Gewichtsrahmens haben sich Mediziner auf den sogenannten »Body-Mass-Index« (BMI) ge-einigt. Er wird nach der folgenden Formel berechnet:

$$BMI = \frac{\text{Körpergewicht in kg}}{(\text{Körpergröße in m})^2}$$

Beispiel: Ein Mädchen im Alter von 14 Jahren mit einem Gewicht von 51 kg und einer Größe von 1,63 m hat demnach einen BMI von 19,1 und damit Normalgewicht. Die folgende Tabelle gibt nur ungefähre Richtwerte wieder, Abweichungen sind natürlich möglich.

### BMI-Alterstabelle für Mädchen

| Alter | Starkes Untergewicht | Unter-gewicht | Normal-gewicht | Über-gewicht |
|---|---|---|---|---|
| 7 | 12,2 | 13,2 | **15,4** | 18,2 |
| 8 | 12,2 | 13,2 | **15,9** | 18,8 |
| 9 | 13,0 | 13,7 | **16,4** | 19,8 |
| 10 | 13,4 | 14,2 | **16,9** | 20,7 |
| 11 | 13,8 | 14,6 | **17,7** | 20,8 |
| 12 | 14,8 | 15,0 | **18,4** | 21,5 |
| 13 | 15,2 | 15,6 | **18,9** | 22,1 |
| 14 | 16,2 | 17,0 | **19,4** | 23,2 |
| 15 | 16,9 | 17,6 | **20,2** | 23,2 |
| 16 | 16,9 | 17,8 | **20,3** | 22,8 |
| 17 | 17,1 | 17,8 | **20,5** | 23,4 |
| 18 | 17,6 | 18,3 | **20,6** | 23,5 |

BMI-Tabelle nach H. Conners und Mitarbeiter, 1996; A. Ziegler, J. Hebebrand

## Vielfältige Ursachen

Wie kommt es überhaupt zu Ess-Störungen? Interessant ist zunächst einmal, dass mehr Mädchen und Frauen als Jungen und Männer davon betroffen sind. Der Grund dafür liegt sicher auch in der Tatsache, dass Mädchen, Teenager und erwachsene Frauen dem aktuell geltenden Schönheitsideal entsprechen wollen. Schlank sein bedeutet gleichzeitig erfolgreich zu sein. Daher beginnen schon sehr junge Mädchen, ihren extrem dünnen (Pop-)Idolen oder den extrem mageren Models bekannter Designer nachzueifern und sich eine Traumfigur durch Hungern zu erkämpfen. Sie machen sich im wahrsten Sinne des Wortes »dünne«. Das Bedürfnis nach Nahrung, nach Wärme und Zuwendung, bekommt keinen Raum und wird verdrängt. Welche Ursachen einer Ess-Störung noch zugrunde liegen können, erfahren Sie im Folgenden.

### Zu starker Leistungsdruck

Die Anforderungen in Kindergarten, Schule und auch zu Hause sind oft recht hoch. Eltern wollen ihre Kinder schon frühzeitig sehr gut auf unsere anspruchsvolle Leistungsgesellschaft vorbereiten und verlangen daher manchmal einfach zu viel von ihnen. Dieser Kampf um Können und Wollen kann im Essverhalten des Kindes seinen Ausdruck finden. Muss es zu viel leisten, futtert es sich möglicherweise regelrecht ein »dickes Fell« an, oder es verweigert die Nahrung, um kindlich und hilflos zu bleiben und nicht alle Anforderungen erfüllen zu müssen.

> Magersüchtige haben ein gestörtes Verhältnis zu ihrem Körper. Sie fühlen sich auch dann noch zu dick, wenn sie bereits extrem schlank sind.

### Angst vor dem Erwachsenwerden und dem Frausein

Die Zeit der Pubertät, in der ein Mädchen rundere Körperformen bekommt, führt oft zu starker Verunsicherung. Das Kind hat das Gefühl, die Kontrolle über seinen Körper zu verlieren und kann durch Hungern die körperliche Entwicklung und Reifung verzögern. So weicht es für eine Weile den immer größer werdenden Anforderungen, die an eine Frau gestellt werden, aus. Es verdrängt dadurch auch ein Stück weit seine aufkeimende, möglicherweise beängstigende Sexualität.

### Begünstigende familiäre Konstellation

Eine typische Familienstruktur, in der Ess-Störungen auftreten, gibt es eigentlich nicht. Dennoch haben Fachleute in ihrer langjährigen Arbeit mit Mager- und Esssüchtigen festgestellt, dass einige Faktoren im Elternhaus die Entstehung der Problematik begünstigen können: Die Familien wirken oft nach außen hin besonders harmonisch, sie scheinen frei von Problemen zu sein, gut situiert und gebildet. Alle Mitglieder halten offenbar zusammen, jedoch werden Gefühle nicht zugelassen und dürfen kaum ausgelebt werden. Die Eltern sorgen sich zu sehr um ihr(e) Kind(er), was ihm oder ihnen dann eine Abnabelung besonders schwer macht. Leistung ist oft das Wichtigste, der Nachwuchs soll das perfekte Bild, das Vater und Mutter in der Öffentlichkeit abgeben, ergänzen und nachahmen. Kontrolle von Seiten der Eltern wird groß geschrieben, es fehlt den Kindern an Rückzugsmöglichkeiten und Privatsphäre. Die Flucht in die Magersucht ist oft der einzige Weg für den Teenager, sich selbst zu spüren und das Gefühl zu haben, wenigstens über etwas alleine bestimmen zu können, nämlich über seinen Körper.

### Sucht als Ausweg

Mager- und Ess-Brech-Sucht müssen wie jede andere Sucht auch als zwanghaftes Verlangen nach einem bestimmten Stoff, nach einer Droge angesehen werden (siehe Seite 231) – in diesem Fall das Essen. Jegliche Sucht ist immer ein Fluchtweg, eine Suche nach der Lösung eines tief liegenden Konflikts. So bringen auch Mager- und Ess-Sucht den Betroffenen ein Gefühl der Befriedigung, des Einklangs mit der Welt und sich selbst.

## Ess-Störungen effektiv vorbeugen

Auch wenn Ihr Kind bei Tisch ein normales Essverhalten an den Tag legt, kann es an einer versteckten Ess-Störung leiden, die sich irgendwann körperlich äußert. Behalten Sie daher die Entwicklung Ihres Kindes stets im Auge, ohne es dabei zu sehr zu bemuttern oder zu verwöhnen. Überlegen Sie, ob es in letzter Zeit dünner geworden ist. Spricht Ihr Kind häufig über sein Gewicht? Hat Ihre (pubertierende) Tochter regelmäßig ihre Tage? Ist sie auffallend häufig oder lange auf der Toilette? Diese Fragen sollten Sie sich immer wieder einmal stellen.

### Warmherzige Beziehungen pflegen

Die Fähigkeit, sich mit anderen Menschen auszutauschen, schützt vor Depressionen und Einsamkeit. Pflegen Sie als Eltern Ihren Freundeskreis, laden Sie Menschen zu sich nach Hause ein und geben Sie auch Ihrem Kind die Möglichkeit dazu. Das stärkt seine soziale Kompetenz sowie seine Lebensfreude und beugt seelischen Problemen wie Ess-Störungen vor.

### Das Selbstbewusstsein stärken

Fördern Sie außerdem die Selbstsicherheit und das Selbstbewusstsein Ihres Kindes, indem Sie es regelmäßig loben und in seinem ganzen Wesen annehmen, auch wenn es nicht perfekt ist. Darüber hinaus ist es wichtig, dass Sie ihm genügend Freiraum geben, um sich nach eigenem Tempo zu entfalten. Wenn Sie als Mutter oder Vater zudem dauernd über Gewichtsprobleme klagen, häufig eine Diät machen oder gar von Ihrem Kind verlangen, schlank zu sein, kann das der Grundstein für Ess-Störungen werden. Denn eine Diät kann bei Kindern der Beginn einer Mager- oder Ess-Brech-Sucht sein.

### Die naturgegebene Konstitution annehmen

Erklären Sie Ihrem Kind, dass Gewicht und Größe nur bedingt beeinflussbar sind und weitgehend von der Veranlagung bestimmt werden. Das soll aber nicht heißen, dass das Kind seinen Körper vernachlässigen darf. Auch in diesem Punkt haben Sie als Eltern eine wichtige Vorbildfunktion. Nehmen Sie selbst Ihren Körper so an wie er ist, mit all seinen Stärken und Schwächen. Sie als Mutter sollten sich pflegen, sich attraktiv kleiden und regelmäßig Sport treiben - jedoch alles in einem normalen Maß.

### Geregelte Mahlzeiten einhalten

Wenn Ihr Kind von Anfang an daran gewöhnt ist, regelmäßig Gesundes zu sich zu nehmen, Süßes jedoch nicht ganz und gar vom Speiseplan gestrichen wird, dann bedeutet Essen für Ihr Kind auch Freude und Genuss. Sitzen Sie möglichst zweimal am Tag gemeinsam zu den Mahlzeiten am Tisch, und freuen Sie sich immer wieder auch an einem besonders leckeren, aufwendig zubereiteten Essen. Pflegen Sie dabei eine lockere, unterhaltsame Kommunikation.

### Nicht zu viel Wert auf Äußeres legen

Machen Sie Ihrer Tochter ruhig einmal Komplimente, wenn Sie sich hübsch zurechtgemacht hat, aber loben Sie ihr Aussehen und ihre schlanke Figur nicht dauernd und tadeln Sie Ihr Kind nicht, falls es ein bisschen Speck ansetzt, denn das ist ganz normal in einer Zeit, in der Ihr Nachwuchs eine tiefgreifende hormonelle und körperliche Veränderung durchlebt.

## Tipp

Da die Ursachen von Ess-Störungen oft schwer zu finden und sehr vielfältig sind, ist es nicht leicht, einer Anorexie oder Bulimie vorzubeugen. Wichtig ist, dass Sie Ihr Kind von klein auf nie zum Essen zwingen. Wenn Sie ihm von Anfang an einen entspannten Umgang mit Nahrung und dem eigenen Körpergewicht vermitteln, dann ist es später, vor allem während der Pubertät, weniger anfällig für die Verlockungen der Werbeindustrie, die Schönheit mit einer schlanken Figur gleichsetzt.

# Test – Leidet mein Kind unter einer Ess-Störung?

Es gibt zahlreiche Alarmsignale, die darauf hindeuten, dass Ihre Tochter an Mager- oder Ess-Brech-Sucht leidet. Auch wenn sie scheinbar ganz normal isst, kann die Krankheit im Verborgenen durchlebt werden. Wenn Sie zwei oder mehr der folgenden Fragen mit »Ja« beantworten, sollten Sie fachlichen Rat einholen:

|  | Ja | Nein |
|---|---|---|
| Isst Ihr Kind auf einmal deutlich weniger als zuvor oder fast nichts? | ○ | ○ |
| Kocht Ihr Sohn oder Ihre Tochter häufig für die ganze Familie, ohne selbst an der Mahlzeit teilzunehmen? | ○ | ○ |
| Treibt er oder sie übermäßig viel Sport wie etwa Jogging? | ○ | ○ |
| Ist Ihre Tochter oder Ihr Sohn ständig unzufrieden mit ihrem Gewicht, obwohl sie bzw. er sehr schlank ist? | ○ | ○ |
| Ist Ihr Kind extrem dünn, obwohl es bei Tisch mitisst, manchmal auch sehr große Mengen? | ○ | ○ |
| Ertappen Sie Ihre Tochter oder Ihren Sohn dabei, heimlich zu essen oder verringern sich Ihre Nahrungsvorräte in Keller und Küche schlagartig? | ○ | ○ |
| Lebt Ihr Kind isolierter, zieht es sich zurück und wirkt es depressiv? | ○ | ○ |
| Steht Ihre Tochter oder Ihr Sohn extrem oft vor dem Spiegel und betrachtet selbstkritisch ihre oder seine Figur? | ○ | ○ |
| Behauptet Ihr Kind des Öfteren, es mache gerade eine Diät und esse deshalb nicht mit? | ○ | ○ |
| Ist die Menstruation Ihrer Tochter in letzter Zeit ausgeblieben? | ○ | ○ |
| Schreibt Ihr Kind alle Nahrungsmittel, die es zu sich nimmt, auf einen Notizblock und zählt die Kalorien? | ○ | ○ |
| Ertappen Sie Ihre Tochter bzw. Ihren Sohn dabei, dass sie oder er gerade in schwierigen Situationen und bei Konflikten große Mengen an Essen in sich hineinstopft? | ○ | ○ |
| Isst Ihr Kind weiter, auch wenn es längst satt ist? | ○ | ○ |

## Wie sollen Sie als Eltern reagieren?

Wenn Sie den Verdacht hegen, dass Ihr Kind an einer Ess-Störung, also an Bulimie oder Magersucht leidet, dann sind Sie sicher zunächst verunsichert. Sie wissen wahrscheinlich nicht, wie Sie sich ihm gegenüber verhalten sollen und vor allem, wie Sie ihm helfen können. Schimpfen und das Kind zu vernünftigem, regelmäßigem, aber nicht übermäßigem Essen zu zwingen, ist bestimmt nicht der richtige Weg. Aber tatenlos zusehen, wie es seine Gesundheit ruiniert, dürfen Sie natürlich auch nicht.

### Sanftes Bewusstmachen der Problematik

Sie sollten versuchen, mit Ihrer Tochter ins Gespräch zu kommen und dann beiläufig auch ihr Essverhalten oder eventuelle körperliche Veränderungen ansprechen. Gehen Sie hier sanft vor. Denn es ist sehr wichtig, dass Sie Ihrem Kind bewusst machen, wie sträflich es mit seiner Gesundheit umgeht. Es sollte durch diese Erkenntnis bereit sein, der bisher verborgen gehaltenen Problematik ins Auge zu sehen. Senden Sie Ich-Botschaften, verpackt in Sätze wie »Ich bin besorgt um dich«. Vermeiden Sie Formulierungen wie »Du wirst ja immer dünner, jetzt iss doch endlich mal wieder richtig!« Sie wissen ja, Ihre Tochter kann nicht anders handeln, denn sie befindet sich wahrscheinlich im Teufelskreis der Sucht. Wenn Sie dann merken, dass sich Ihr Kind langsam öffnet und dem Problem stellt, können Sie ihm vorschlagen, mit ihm zu einer Beratungsstelle zu gehen. Adressen finden Sie im Anhang auf Seite 250.

## Verschiedene Behandlungsmöglichkeiten

Ist die Krankheit erkannt und das Kind oder der Teenager bereit, sich von Fachleuten helfen zu lassen, so gibt es verschiedene therapeutische Möglichkeiten. Sie können den Weg einer ambulanten oder auch stationären Therapie gehen. Lassen Sie sich ausführlich beraten. Die ambulante Behandlung wird von Psychologen mit Schwerpunkt Ess-Störungen durchgeführt. Eine stationäre Therapie kann Ihre Tochter beispielsweise in einer psychosomatischen Klinik stattfinden, wobei die Behandlung nach dem Klinikaufenthalt unbedingt ambulant weitergeführt werden muss. Denn der Klinikaufenthalt allein reicht meistens nicht aus, um die Krankheit zu überwinden.

### Tagesklinik oder Wohngruppe

Auch Tageskliniken, wo die Mädchen und jungen Frauen sich nur tagsüber aufhalten und den Abend zu Hause verbringen dürfen, bieten Essgestörten Hilfe an. Außerdem gibt es Wohngruppen, die

**Tipp**

Wenn der Blutzuckerspiegel durch zu wenig Nahrungsaufnahme stark absinkt, besteht die Gefahr einer Heißhungerattacke. Das ist eines der großen Probleme Essgestörter. Die Lösung wären regelmäßige kleine Mahlzeiten, um den Blutzuckerspiegel stets auf dem gleichen Pegel zu halten. Sprechen Sie mit Ihrem Kind darüber, vielleicht kann es den Vorschlag annehmen und umsetzen.

von Sozialpädagogen/innen, Psychotherapeuten/innen und Ernährungstherapeuten/innen begleitet werden. Hier empfiehlt sich eine Aufenthaltsdauer von einem halben Jahr. Der Vorteil ist, dass die Jugendlichen ihr altes Umfeld, in dem es ihnen nicht gut ging, verlassen. Sie bleiben selbstständig und eigenverantwortlich. Sie erleben nicht den festen Rahmen einer Klinik, aber dennoch die konstante Betreuung von Fachkräften, die ihnen fortwährend Unterstützung bieten.

### Ambulante Therapieformen

Neben der Verhaltenstherapie, der Tanz- und Bewegungstherapie, der Gestalttherapie oder der Psychoanalyse kann auch eine Familientherapie erfolgreich sein, um die Ess-Störungen eines Familienmitglieds zu behandeln. Sie ist vor allem dann sinnvoll, wenn das betroffene Kind noch bei den Eltern lebt. Hier sollte nach Möglichkeit die gesamte Familie zur Kooperation bereit sein. Eine Ess-Störung lässt natürlich auch die Eltern und Geschwister nicht unberührt. Die anderen Familienmitglieder – in unserem Beispiel auf Seite 218. war es der Bruder – können nämlich durchaus dazu beitragen, dass sich das Essverhalten negativ, aber auch positiv, verändert. Daher sollte die ganze Familie an einem Strang ziehen und in die Therapie mit einbezogen werden, sodass sich die Patientin unterstützt und getragen fühlt. Auch bei einer Einzeltherapie kann es manchmal durchaus sinnvoll sein, dass Eltern oder Geschwister einigen Sitzungen beiwohnen, um die Beziehungen der Familienmitglieder zueinander zu klären und zu verdeutlichen.

## Frühe Therapie erhöht die Heilungschancen

Laut einer Studie der Universität Heidelberg wird nur die Hälfte der an Magersucht erkrankten Personen vollständig geheilt. Eine weitere Statistik besagt, dass auch nur die Hälfte der an Bulimie erkrankten Mädchen und Frauen wieder gesund wird. Bei etwa 20 Prozent von ihnen wird das Leiden chronisch. Diese Zahlen klingen erschreckend, jedoch kommt es dabei natürlich auch darauf an, wie lange die Erkrankung schon besteht. Denn es ist ebenfalls erwiesen, dass die Heilungschancen relativ groß sind, wenn die Behandlung rechtzeitig eingeleitet wird.

### Den Gang zum Therapeuten nicht scheuen

Werden Sie als Eltern schon bei den ersten Anzeichen einer Ess-Störung aktiv, und gehen Sie der Sache auf den Grund. Je früher Ihre Tochter die Einsicht hat, dass ihre Essproblematik der Ausdruck

Essgestörte
können lernen,
ihren Körper
positiv wahrzu-
nehmen.

eines inneren Konflikts ist, der mit fachlicher Hilfe durchaus bewäl-
tigt werden kann, desto besser und schneller wird ihr mit einer ge-
zielten Therapie geholfen. So ist eine dauerhafte Heilung möglich.
Zögern Sie also nicht, eine Beratungsstelle oder einen Therapeuten
aufzusuchen, wenn Ihre Tochter extrem an Gewicht verliert oder zu-
nimmt oder wenn Sie andere körperliche und seelische Veränderungen an ihr feststellen (siehe Seite 225). Vielleicht ist es Ihnen oder
Ihrer Tochter zunächst unangenehm, zum Therapeuten zu gehen;
aber es ist die große Chance, dass Ihr Kind bald wieder fröhlich, ausgeglichen und ein »ganz normaler Esser« wird. Machen Sie sich nicht
zu viele Sorgen bei den ersten Anzeichen einer Ess-Störung, aber
handeln Sie rasch!

## FAQs zum Thema Ess-Störung

*Meine 14jährige Tochter isst plötzlich weniger. Hat sie vielleicht Magersucht?*

Das kann eine beginnende Magersucht sein, muss aber nicht. Vielleicht ist es nur eine vorübergehende Laune. Beobachten Sie Ihr Kind genau. Nimmt es ständig ab? Haben Sie das Gefühl, dass sein verändertes Essverhalten eine Gewichtsreduktion zum Ziel hat? Redet Ihre Tochter häufig über ihr Aussehen und ist sie unzufrieden damit? Sprechen Sie sie sanft auf ihre neuen Essgewohnheiten an und erklären Sie ihr, wie wichtig es ist, sich gerade in der Phase des Wachstums vernünftig und ausreichend zu ernähren. Reagiert Ihre Tochter mit Rückzug, wird sie depressiv oder isst sie in der nächsten Zeit sogar noch weniger, sollten Sie eine Beratungsstelle aufsuchen.

*Mein elfjähriger Sohn ist sehr dünn, und manchmal will er den ganzen Tag nichts essen, weil er so vertieft ins Spiel ist. Können auch Jungs an Magersucht leiden?*

Nicht nur Mädchen und Frauen sind von dieser Krankheit betroffen. Zehn Prozent der Essgestörten sind männlichen Geschlechts. Im Falle Ihres Sohnes liegt jedoch die Vermutung nahe, dass er nicht bewusst auf das Essen verzichtet, um schlank zu sein oder um zu provozieren, sondern weil er sich einfach nicht die Zeit dafür gönnt und lieber spielen möchte. Erinnern Sie Ihr Kind ans Essen und bereiten Sie ihm leckere, gesunde Zwischenmahlzeiten zu.

*Was sind die gesundheitlichen Folgen von Ess-Störungen?*

Bei Magersucht (Anorexia nervosa) kommt es mitunter zum Ausbleiben der Regel, zu chronischer Verstopfung, niedrigem Puls und niedriger Körpertemperatur, auch Stoffwechselstörungen können auftreten. Eine Bulimie (Bulimia nervosa) zieht oft starke Gewichtsschwankungen, Müdigkeit und Lustlosigkeit, Haarausfall, Zahnverfall und Menstruationsstörungen nach sich. Bei Fettleibigkeit (Adipositas) können Bluthochdruck, Herz-Kreislauf-Erkrankungen, Diabetes, Gicht und vorzeitiger Gelenkverschleiß auftreten. Auf seelischer Ebene bewirken Ess-Störungen manchmal Isolation und Depression sowie ein niedriges Selbstwertgefühl. Die Unsicherheit sich selbst und anderen gegenüber zeigt sich gerade bei Mädchen oft darin, dass sie nach außen sehr angepasst auftreten. Innen sieht es dagegen ganz anders aus: Viele von ihnen sind aggressiv und verzweifelt, unterdrücken diese Gefühle jedoch aus Angst, von ihrer Umwelt sonst abgewertet oder ausgeschlossen zu werden.

# Alkohol, Zigaretten und Co.

Bevor wir näher darauf eingehen, wie Sie als Eltern Ihre Tochter oder Ihren Sohn vor dem Konsum von Alkohol, Zigaretten und Drogen bewahren können, erfahren Sie erst einmal, was eine Sucht überhaupt ist und welche Arten von Süchten es gibt: Die Weltgesundheitsorganisation (WHO) definierte bereits im Jahr 1957 Sucht als einen »Zustand periodischer oder chronischer Vergiftung, die durch wiederholte Zufuhr einer bestimmten Substanz hervorgerufen wird und durch vier Kriterien gekennzeichnet ist:

➤ Unbezwingbares Verlangen zur Einnahme und Beschaffung des Mittels.
➤ Tendenz zur Dosissteigerung.
➤ Physische und psychische Abhängigkeit.
➤ Folgeschäden für den Konsumenten und die Gesellschaft.

Sucht ist nicht auf den Umgang mit bestimmten Stoffen beschränkt. Jede Form menschlichen Verhaltens kann zur Sucht werden oder suchtähnliche Züge annehmen, beispielsweise Kaufsucht, pathologisches Glücksspiel, Arbeitssucht.«

## Schnaps, Bier und Zigaretten ausprobieren

Stefanie, 15 Jahre alt, ist mit ihrer gleichaltrigen besten Freundin Sarah übers Wochenende allein im Haus von Stefanies Eltern. Die beiden wollen mal richtig entspannen: Sie sehen stundenlang fern, feiern eine große Party, bei der eine Flasche Wodka aus Papas Vorratsschrank geleert wird und rauchen. Danach schlafen sie sich genüsslich aus. Als die Eltern zurückkommen, finden sie das totale Chaos vor. Das Geschirr ist nicht abgespült, leere Schnapsgläser stehen im Wohnzimmer herum, das Haus, in dem striktes Nikotinverbot herrscht, riecht nach kaltem Rauch, und der Fernseher läuft. Die Eltern stehen verdutzt im Wohnzimmer und wissen im ersten Moment gar nicht, wie sie reagieren sollen. Denn so etwas haben sie ihrer sonst so braven, soliden und zuverlässigen Tochter Stefanie wirklich nicht zugetraut.

So wie Stefanies Eltern ergeht es vielen Müttern und Vätern von pubertierenden Kindern. Im Alter zwischen etwa 12 und 16 Jahren wollen viele Kinder einfach einmal testen, wie es ist, Alkohol zu trinken, Zigaretten zu rauchen, endlos lange fernzusehen und zu faulenzen. Solange es beim Ausprobieren bleibt und der kurzzeitige Konsum legaler Drogen nicht in den Genuss illegaler Drogen übergeht, hält sich alles noch in Grenzen. Aber die Gefahr ist gegeben, dass eine Sucht entsteht, vor allem dann, wenn die Jugendlichen in ihrer Seele bereits tiefe Verletzungen und Enttäuschungen erlebt haben. Auf Seite 234 erfahren Sie, welche Risikofaktoren zur Entstehung von Süchten beitragen und wie Sie als Eltern reagieren sollten, wenn Ihr Kind suchtgefährdet ist.

## Die Sucht nach einem bestimmten Stoff

Die Fachwelt unterscheidet grundsätzlich zwischen stoffgebundenen und stoffungebundenen Süchten. Stoffgebundene Süchte sind an den Konsum einer sogenannten »psychotropen Substanz« gekoppelt wie beispielsweise Nikotin, Alkohol, Cannabis oder Kokain. Die psychotrope Substanz wirkt auf die Psyche ein, verändert sie und macht in sehr vielen Fällen abhängig. Für die Entstehung einer Abhängigkeit ist es nicht von Bedeutung, ob legale (gesetzlich erlaubte) Drogen wie Alkohol, Tabak, Koffein, Schlafmittel oder Naturdrogen konsumiert werden oder illegale Drogen, etwa Crack, LSD, Speed

Die Zigarette gilt bei Jugendlichen als »cool« und als ein Beweis für wahre Männlichkeit.

oder Heroin, um nur einige zu nennen. Es ist inzwischen erwiesen, dass der Einstieg in den Missbrauch solcher psychotroper Substanzen meist über das Testen erlaubter Suchtmittel wie beispielsweise Zigaretten erfolgt.

Dieses Ausprobieren, bei dem die Heranwachsenden ihren Freunden – vor allem dem anderen Geschlecht – imponieren möchten oder die anderen mengenmäßig im Konsum von Bier und Schnaps übertreffen wollen, kann also der Beginn einer Sucht sein. Daher ist es sinnvoll, wenn Sie Aufklärung betreiben und selbst ein gutes Vorbild sind (siehe Seite 236). Sie sollten Ihr Kind darüber informieren, wie sehr Zigaretten, Alkohol und Drogen den Körper und die Seele schädigen können. In vielen Schulen Deutschlands werden außerdem ausführliche Aufklärungskampagnen, die für die Schüler Pflicht sind, von speziell ausgebildeten Lehrern angeboten.

## Die häufigsten Süchte von Mädchen und Jungen

Während Jungs Bier oder hochprozentige Spirituosen wie Wodka bevorzugen, trinken Mädchen lieber süße alkoholische Getränke wie Liköre oder Alcopops, Fruchtsekt und Cocktails, weil diese nicht so intensiv nach Alkohol schmecken. Mengenmäßig sind Mädchen in punkto Alkohol gegenüber Jungs eher bescheiden. Was den Nikotinkonsum betrifft, sind jedoch die Mädchen aktiver. Die erste Test-Zigarette lässt so manche auf den Geschmack kommen. Schnell kann sie dann zur gewohnheitsmäßigen Raucherin werden.

Drogenberatungs- und Suchtpräventionsstellen gibt es in allen größeren Städten. Hier finden Betroffene und deren Angehörige Informationsmaterial und Unterstützung.

Mehr Mädchen und Frauen als Jungs und Männer greifen zu Suchtmitteln wie Medikamenten und Essen in großer Menge. Die Männerwelt bevorzugt eher Alkohol und gesetzlich nicht erlaubte Drogen. Während Mädchen ihre Süchte lieber im Verborgenen ausleben und sich selbst, ihre Seele und ihren Körper dadurch schädigen, gilt der mitunter öffentliche Konsum von psychoaktiven Substanzen bei Jungs als Zeichen von Macht, Stärke und Mut, der sie dazu verleitet, andere zu schädigen, etwa bei Raufereien oder durch Randalieren.

## Heimliche Sehnsucht nach Liebe und Anerkennung

Die andere Gruppe der Süchte umfasst diejenigen, die nicht an eine bestimmte Substanz gebunden sind, die sogenannten »stoffungebundenen Süchte«. Dazu zählen auch die vor allem bei Mädchen sehr verbreiteten Ess-Störungen (siehe ab Seite 218). Wenn die Kinder und Jugendlichen unzufrieden mit ihrem Leben sind, wenn sie die sich verändernde hormonelle Situation in ihrem Körper nicht verkraften, wenn sie zu viel Stress in Schule und Familie erleben und einfach nicht entspannen können, besteht bei entsprechender Veranlagung Suchtgefahr! Falls Sie ein Kind haben, das vor oder mitten in der Pubertät steckt, kennen Sie vielleicht eine solche Szene: Ihr Kind bekommt einen Wunsch nicht erfüllt, wird wütend, rennt in sein Zimmer und hört laute Musik. Andere Reaktionen mit Suchtpotenzial sind beispielsweise das Einschalten des Fernsehers oder das Essen einer Tafel Schokolade. Fernsehen oder Süßes essen an sich sind natürlich noch keine Süchte, aber wenn sie regelmäßig und hoch dosiert stattfinden, um sich zu entspannen oder um negative Gefühle zu verdrängen, besteht die Gefahr, dass solche Gewohnheiten in eine Sucht ausarten. Bei dieser »stoffungebundenen« Sucht liegt meist ein zwanghafter Charakter zugrunde. Auch andere Angewohnheiten können bei Kindern und Jugendlichen in eine Sucht ausarten. Das Fatale daran ist, dass es nicht auffällt, weil die Gewohnheiten – zumindest in normaler Dosierung – zu unserem täglichen Leben dazugehören, wie Joggen oder Einkaufen.

## Warum greifen manche Kinder zu Drogen?

Wenn Kinder größer werden und in die Pubertät kommen, werden sie verständlicherweise neugierig und probieren aus, wie sie sich fühlen, wenn sie rauchen oder Alkohol trinken. Auch das Experimentieren mit Drogen stellt für viele einen großen Reiz dar. Die Jugendlichen sind in einem Alter, in dem sie auf der Suche nach der eigenen Identität sind. Sie wollen sich frei und unabhängig fühlen. Bei den meisten ist diese Phase im Leben nicht bedenklich. Sie sind

## Tipp

Die Vorbeugung vor einer Suchterkrankung beginnt schon im Säuglingsalter: Geben Sie Ihrem Kind von Anfang an viel Liebe und Zuwendung, damit es sich gesund entwickeln kann. Achten Sie aber auch darauf, dass Sie Ihren Nachwuchs nie zu sehr verwöhnen, dass Sie ihm nicht jeden Stein aus dem Weg räumen. Denn Kinder müssen lernen, mit Misserfolgen und Frust fertig zu werden.

auch nicht gleich suchtgefährdet, nur weil sie ein bisschen rauchen oder ab und zu ein Bier oder einen Likör trinken. Eine richtige Sucht entwickelt sich erst dann, wenn mehrere Faktoren zusammenwirken, wenn eine gewisse Persönlichkeitsstruktur vorliegt, wenn das Elternhaus und das nähere Lebensumfeld nicht genügend Sicherheit und Schutz bieten. Seien Sie als Eltern also nicht zu sehr beunruhigt, dass Ihre Tochter oder Ihr Sohn gleich zu den Abhängigen gehört, wenn sie/er mal zum Glimmstengel greift.

### Unterschiedliches Suchtverhalten

Der meist eher zartere Körper eines Mädchens verträgt psychotrope (stoffgebundene) Substanzen nicht so gut wie der eines Jungen. Daher bewirkt oft schon eine kleine Menge eines Stoffs wie etwa Alkohol, dass ein Rauschzustand eintritt. Der Organismus wird dadurch rascher geschädigt und somit auch schneller abhängig. Mädchen neigen grundsätzlich mehr als Jungs dazu, mit ihren Körperrundungen unzufrieden zu sein. Die Werbung gibt das Idealbild des dünnen Models vor. Dem wollen viele junge Mädchen nacheifern, denn schließlich wird ihnen suggeriert: »je dünner, desto schöner und erfolgreicher«. Das birgt auch die Gefahr des Nikotinmissbrauchs, weil Rauchen angeblich schlank macht.
Auch wenn junge Mädchen frühreif sind, greifen einige wenige von ihnen gerne mal zu Drogen. Die Statistik zeigt außerdem, dass Mädchen aus Alkoholikerfamilien wesentlich stärker gefährdet sind, ebenfalls alkoholkrank zu werden als Jungen, die im selben Milieu aufwachsen.

### Risikofaktoren für Suchterkrankungen

Falls Ihr Kind eines oder mehre der folgenden Probleme zu bewältigen hat, sollten Sie es besonders aufmerksam beobachten. Wenn Sie feststellen, dass es sich immer mehr in seinem Wesen oder auch äußerlich verändert, kann eine Sucht dahinter stecken, die sich oft schleichend aus einer Gewohnheit entwickelt.

➤ Misserfolge in der Schule, wiederholtes Fernbleiben
➤ Starker Druck vom Elternhaus
➤ Häufige depressive Verstimmungen
➤ Stress und aggressives Verhalten
➤ Suchterkrankungen in der Familie
➤ Sexueller Missbrauch
➤ Enttäuschende erste Partnererfahrungen und Liebeskummer
➤ Freunde, die Drogen und andere Suchtmittel konsumieren
➤ Geringes Selbstwertgefühl

## Wann ist professionelle Hilfe notwendig?

Falls Sie merken, dass Ihr Sohn oder Ihre Tochter nach Rauch oder Alkohol riecht, müssen Sie nicht gleich in Panik geraten. Es ist jedoch wichtig, dass Sie mit Ihrem Kind darüber reden. Ein möglicher Alkohol- oder Nikotingenuss sollte nicht übermäßig von Ihnen kritisiert werden. Vielmehr ist es sinnvoll, dass Sie das Verhalten Ihres Kindes allgemein ansprechen und nachfragen, ob es ihm gut geht oder es gerade eine schwierige Phase durchmacht.

Kommen Sie jedoch nicht mehr an Ihren Nachwuchs heran, weigert er sich, mit Ihnen zu kommunizieren, zieht er sich vollkommen zurück und scheint er in einer Traumwelt zu leben, müssen Sie als Eltern handeln! Eine Suchterkrankung nimmt dann ihren Anfang, wenn Ihr Kind keine Ziele mehr verfolgt, wenn all seine Gedanken nur noch um eine bestimmte Sache zu kreisen scheinen. Überall in Deutschland gibt es Suchtberatungsstellen, die Ihnen Hilfe bieten (siehe Seite 250). Eine solche Beratungsstelle kann Ihr erster Ansprechpartner sein, wenn Sie das Gefühl haben, Ihr Kind ist zu sehr in Probleme verstrickt und kann sich Ihnen nicht öffnen.

> Wenn Ihr Kind ein Suchtproblem hat, sollten Sie sich rasch Information und Hilfe holen, beispielsweise bei einer Suchtberatungsstelle.

# Extra: Süchten vorbeugen

Die Vorbeugung (Prävention) von Süchten ist nicht nur Aufgabe des Staates, sondern sie muss in den einzelnen Familien stattfinden, auch bei Ihnen zu Hause. Angenehme zwischenmenschliche Erlebnisse sind das beste Fundament für ein glückliches Leben mit Eltern, Großeltern, Geschwistern und Freunden. Stärken Sie immer wieder das Selbstwertgefühl und das Selbstbewusstsein Ihres Nachwuchses. Das ist der beste Schutz. Unterstützen Sie ihn liebevoll, wenn er Probleme zu bewältigen hat, trösten Sie ihn, wenn er in Not ist, bleiben Sie mit ihm stets in Kontakt und schenken Sie ihm täglich Aufmerksamkeit. Zwingen Sie ihn jedoch nicht zu Gesprächen. Wenn Ihr Kind einfach nur spürt, dass Sie als Eltern für ihn oder sie da und gerne mit ihm zusammen sind, hat es die Möglichkeit, eventuelle Probleme zur Sprache zu bringen.

Sie fördern die Lebensfreude und die positive Einstellung Ihres Kindes zum Leben, wenn Sie seine einzelnen Entwicklungsschritte beachten und sich mit ihm freuen, wenn ihm etwas besonders gelingt. Sparen Sie vor allem nicht an Lob.

Das Erfahren und Erleben mit allen Sinnen schon in frühester Kindheit ist wichtig, damit es später nicht diversen Süchten ausgeliefert ist und immer wieder neue, noch aufregendere Erlebnisse haben möchte. Die bewusste Schulung der Sinne steigert die Sensibilität für ganz einfache Dinge: Gehen Sie mit Ihrem Kind hinaus in die Natur und erfreuen Sie sich an den wunderschönen Farben der Blumen, an ihrem herrlichen Duft. Kochen Sie mit ihm und lassen Sie es bewusst die verschiedenen Gewürze aus den Speisen herausschmecken. Solche alltäglichen Gelegenheiten schärfen seine Sinne und machen es empfänglich für die schönen Seiten des Lebens.

## Familiäre Probleme

Gibt es einmal familiäre Probleme, etwa aufgrund von Scheidung oder Tod eines Elternteils, sollten diese rechtzeitig mithilfe eines Fachmanns, etwa eines Psychotherapeuten, gelöst werden. So bekommt Ihr Nachwuchs die Möglichkeit, seine innere Balance wiederzufinden und nach der Bewältigung schlimmer Erlebnisse in der Familie später auch selbst

eine erfüllende Partnerschaft zu erleben.

Bieten Sie Ihrem Kind auch bei schulischen Problemen Ihre Hilfe an oder lassen Sie ihm eventuell Nachhilfeunterricht geben, wenn es Ihre finanzielle Situation erlaubt. Werden die Noten nicht besser, können Sie überlegen, ob Ihr Kind nicht die Schule wechseln sollte. Denn sein Schulalltag soll Spaß machen, Ihr Kind muss das Gefühl haben, dass es seinem intellektuellen Niveau entsprechend gefördert wird und weder unter- noch überfordert ist.

## Spaß mit Freunden

Seien Sie außerdem stets offen für die Freundinnen und Freunde Ihrer Tochter oder Ihres Sohnes. Verbieten Sie ihr oder ihm beispielsweise nicht, zu Hause eine Geburtstagsparty zu veranstalten. So bekommen Sie als Eltern nämlich einen guten Einblick in den Bekanntenkreis Ihres Kindes und können selbst beurteilen, ob seine Freunde es nicht möglicherweise auf Abwege bringen.

Natürlich ist es auch von großer Bedeutung, wie Sie selbst leben. Sie sind der Maßstab für Ihr Kind, sein erstes großes

Vorbild, auch was den Umgang mit Suchtmitteln betrifft. Ernähren Sie sich vernünftig und nehmen Sie die Mahlzeiten gemeinsam mit der ganzen Familie ein? Wenn Sie Ihrem Kind in all diesen Punkten ein solides Fundament bieten, wenn Sie selbst nur dann Medikamente einnehmen, wenn es wirklich notwendig ist, keine Zigaretten und wenig Alkohol im Haus haben, regelmäßig gesund essen und Ihre Freizeit aktiv verbringen anstatt vor dem Fernseher zu sitzen, kommt Ihr Kind, zumindest zu Hause, gar nicht erst in Versuchung. Das soll aber nicht heißen, dass Sie selbst auf jegliche Freuden und Genüsse verzichten müssen. Falls Sie als Eltern das alles nicht einhalten können und dann mit schlechtem Gewissen rauchen, sollten Sie es besser als Schwäche eingestehen und Ihr Kind gleichzeitig vor dem Passivrauchen schützen. Das gibt ihm die Möglichkeit, eine kritische Haltung gegenüber Suchtmitteln einzunehmen.

# Lügen und Stehlen

Klein- und Kindergartenkinder leben noch in einer Welt, in der Fantasie, Wunschdenken und Wirklichkeit fließend ineinander übergehen. Was sich die Kleinen herbeisehnen, wird für sie zur Realität. Sie erfinden gerne Geschichten, schmücken diese ausgesprochen blumig aus und übertreiben dabei häufig maßlos. Ihnen fehlt also tatsächlich noch in einem gewissen Maß der Sinn für die Realität. Ihr Gehirn ist noch nicht richtig in der Lage, Fakten bewusst als solche anzuerkennen, Geschehnisse in eine zeitliche Reihenfolge zu bringen und Situationen nicht durch die Brille der eigenen Wünsche und Sehnsüchte zu betrachten. Mit dem Eintritt in die Grundschule, also ungefähr ab einem Alter von sechs oder sieben Jahren, können Kinder dann aber recht gut unterscheiden, was wahr und was gelogen ist.

## Was bringt Kinder zum Lügen?

Wenn Kinder in einem späteren Alter lügen, verbirgt sich dahinter nicht mehr ihr »magisches Reich«, in dem sie sich ihre eigene Wirklichkeit zaubern, sondern es liegen meist tiefere Ursachen zugrunde.

### Das Kind wünscht sich Anerkennung

Vor allem Kinder, deren Selbstbewusstsein nicht sehr ausgeprägt ist oder die sich im Verbund der Freunde und Mitschüler häufiger zurückgesetzt fühlen, greifen nicht selten zur Unwahrheit, um ihren Stellenwert zu verbessern und die Bewunderung der anderen zu erringen. Da erzählt Max beispielsweise, dass sich der Vater einen blitznagelneuen Sportwagen angeschafft hat und er jetzt am Wochenende mit dem Papa in diesem coolen Schlitten einen Ausflug unternimmt. Oder Miriam berichtet stolz, dass sie Reitstunden nehmen darf und bald ein eigenes Pferd bekommt, obwohl kein Körnchen Wahrheit in dieser Geschichte steckt. Besonders Kinder aus sozial schlechter gestellten Familien bedienen sich öfter der Lüge im Sinne von Übertreibungen und erfundenen Storys, um ihre Lebenssituation zu schönen und mithalten zu können, wenn Mitschüler aus

wohlhabenderen Elternhäusern mit ihren Statussymbolen protzen. Das Problem dabei ist: Meistens bleibt die Lüge nur kurze Zeit unentdeckt, die Kinder werden als Prahler und Angeber enttarnt und verlieren dadurch noch mehr an Anerkennung.

## Das Kind ist überfordert

Diese Form der Lüge ist heute im Vergleich zu früher seltener geworden (siehe Seite 225) und betrifft meist die schulische Situation eines Kindes. Wenn der Nachwuchs beispielsweise nicht in der Lage ist, das Pensum der Hausaufgaben zu bewältigen, dann schwindelt er seine Eltern auf die Frage »Hast du deine Hausaufgaben gemacht?« an und erklärt, dass alles erledigt sei. Auch eine Fünf oder gar Sechs in der Klassenarbeit wird manchmal unter den Tisch gekehrt, oder die Note mutiert zu einer Drei, in der Hoffnung, dass der Schwindel nicht auffliegt und die nächste Schulaufgabe wieder besser ausfällt. Natürlich haben auch diese Lügen meist kurze Beine und werden spätestens dann entlarvt, wenn der Lehrer die Eltern zu einem Gespräch in die Schule bittet oder wenn das Jahreszeugnis den schlechten Notendurchschnitt dokumentiert.

## Das Kind hat Angst, bestraft zu werden

Auch diese Lügen sind heute wesentlich seltener geworden als noch vor ein paar Jahrzehnten, wo Kinder wirklich befürchten mussten, sogar wegen Kleinigkeiten hart bestraft zu werden. Zumeist wird das

---

Kind durch ein Missgeschick, ein Fehlverhalten in der Schule, eine nicht erledigte Aufgabe veranlasst, die Unwahrheit zu sprechen, besonders wenn die Eltern sehr streng sind. So hat der Nachwuchs beispielsweise einen wertvollen Porzellanteller zerbrochen und die Scherben schnell in den Müll wandern lassen, ohne der Mutter etwas davon zu sagen. Oder er hat in der Schule seiner Lehrerin einen üblen Streich gespielt, schiebt aber die Schuld dafür auf einen Klassenkameraden. Manchmal geraten Kinder durch ihre erste Lüge derart unter Druck, dass sie sich nicht mehr ohne Weiteres herauswinden können. Ehe sie sich versehen, befinden sie sich in einer Lügenspirale, in der sich eine ganze Kette von Unwahrheiten aneinanderreiht. Die Situation wird umso schlimmer, je weniger Eltern ihrem Kind die Chance geben, aus dieser Spirale auszubrechen und einzugestehen, dass es »Mist gebaut hat« und dass da etwas schief gelaufen ist. Hat ein Kind niemanden, dem es sich anvertrauen kann, besteht sogar die Gefahr, dass es sich immer weiter in sich selbst und in seinem Lügengebäude verkriecht und irgendwann gar nicht mehr den Mut aufbringt, in die Schule zu gehen oder nach Hause zu kommen, wo die Eltern warten.

### Das Kind schwindelt aus Höflichkeit, Mitleid oder Rücksichtnahme

Diese Lügenart nimmt im Repertoire der Unwahrheiten eine Sonderstellung ein. Als uns allen bekannte »Notlüge« wird sie von Erwachsenen häufig praktiziert und auf dem Weg der Nachahmung selbstverständlich auch von Kindern übernommen. Die Notlüge ist insofern etwas anderes, als sie meist nicht ausgesprochen wird, um sich selbst, sondern andere Menschen zu schützen. Sie soll anderen Peinlichkeit, Scham, Gesichtsverlust, Frustration und Enttäuschung ersparen. So bekommt das Kind mit, wie die Mutter am Telefon das Treffen mit einer nicht allzu geschätzten Bekannten absagt, weil »sich eine Erkältung anbahnt«. Oder der deutlich übergewichtigen Tante wird erklärt, dass sie doch gar nicht zu dick sei und in dem neuen Kleid sehr gut aussehe. Natürlich lernen Kinder sehr schnell, dass es völlig unangemessen ist, in der U-Bahn auf die Sitznachbarin zu deuten und zu rufen: »Igitt, die hat aber einen ziemlich dicken Pickel auf der Nase!«

### Was tun, wenn mein Kind lügt?

Wenn Sie Ihr Kind bei einer Lüge ertappen, ist es ganz wichtig, ein klärendes Gespräch mit ihm zu führen. Bleiben Sie dabei ruhig, offen und verständnisvoll.

**Tipp**

Es gibt Erlebnisse und Gefühle, die ein Kind unbedingt als Geheimnis wahren möchte und die es deshalb nicht preisgibt. Stattdessen wird eine kleine Lüge aufgetischt. In diesem Fall sollten Sie Ihr Kind nicht bedrängen und besser ein Auge zudrücken.

Mit Schimpfen
und Bestrafen
kommen Sie nicht
weit. Sinnvoller
ist es, das Ver-
trauen Ihres
Kindes zu gewin-
nen.

Versuchen Sie, das Vertrauen Ihres Kindes zu gewinnen. Das ist die beste und stabilste Basis, damit es sich öffnen und Ihnen reinen Wein einschenken kann.

Lassen Sie Ihrem Nachwuchs Zeit, üben Sie keinen Druck aus, nach dem Motto: »Jetzt raus mit der Sprache, aber ganz schnell!«

Drohen Sie keinesfalls mit Strafen, denn damit schüren Sie in Ihrem Kind die Angst und verleiten es dazu, weiter zu lügen. Stellen Sie ihm auch keine Falle, denn das verstärkt sein Schamgefühl und schwächt sein Vertrauen zu Ihnen.

Geben Sie Ihrem Kind die Sicherheit, dass Sie zu ihm stehen, egal was es gemacht hat. Zeigen Sie ihm Ihre uneingeschränkte Liebe und bringen Sie zum Ausdruck, dass diese auch nicht schwindet, wenn es sich nicht so verhält, wie Sie es wünschen.

Seien Sie ein gutes Vorbild. Überlegen Sie, wie Ihre eigene Einstellung in punkto Lüge und Wahrheit aussieht. Vermeiden Sie auch Lügen Ihrem Kind gegenüber, selbst wenn diese es vor Peinlichkeiten oder schmerzlichen Wahrheiten schützen sollen. Sagen Sie besser ganz offen und ehrlich, dass Sie im Moment beispielsweise nicht darüber sprechen möchten, warum der Papa am Abend wieder weggefahren ist.

Wenn Sie von Ihrem Kind dabei ertappt worden sind, dass Sie selbst geschwindelt haben, versuchen Sie nicht, das zu vertuschen. Am besten ist es dann, einfach so zu reagieren, wie Sie es von Ihren Kindern auch erwarten würden. Geben Sie die Missetat offen zu: »Ja, du hast Recht. Da habe ich etwas getan, was ich nicht hätte tun sollen. Es tut mir leid.« Damit ist die Sache für Ihr Kind erledigt – und für Sie hoffentlich auch.

Falls Ihr Kind immer wieder lügt, sollten Sie nach den tieferen Ursachen forschen. Hier kann es auch sehr nützlich sein, fachliche Hilfe, zum Beispiel bei einem Kinderpsychologen oder einer Erziehungsberatungsstelle in Anspruch zu nehmen.

## Kinderlügen gestern und heute

Wie die beiden Erziehungswissenschaftlerinnen Prof. Dr. Renate Valtin von der Abteilung Grundschulpädagogik der Humboldt Universität Berlin und Dr. Sabine Walper vom Lehrstuhl für Allgemeine Pädagogik und Bildungsforschung der Ludwig Maximilians Universität München in einer Studie festgestellt haben, hat sich das Spektrum der Lügen bei den Kindern von einst und heute deutlich verschoben. So nennen Kinder bei einer Befragung zum Thema Unwahrheit heute kaum noch Lügen, um Naschhaftigkeit oder Ungeschicklichkeiten zu vertuschen. Auch wenn Kinder häuslichen Pflichten und elterlichen Befehlen nicht nachkommen, bietet das, anders als noch vor ein paar Jahrzehnten, keinen Anlass mehr für Lügen. Auch Schullügen, die in den 1920-er Jahren noch eine große Rolle spielten, haben heute einen wesentlich geringeren Stellenwert.

Als Ursachen für die Verschiebung des Lügenspektrums nennen die beiden Wissenschaftlerinnen vor allem die Veränderung der Lebensumstände sowie der Erziehungsziele und -praktiken. So schreiben sie im Online-Familienhandbuch: »Naschhaftigkeit dürfte mit gestiegenem Wohlstand kein Vergehen mehr sein, zumal Süßigkeiten vielfach die Funktion der »Pausenbrote« übernommen haben; die Beteiligung der Kinder an Haushaltsarbeiten ist mit zunehmender Technisierung des Haushalts deutlich rückläufig; und schließlich dürfte vielfach die Angst vor Strafe entfallen, da nicht erfüllte elterliche Anweisungen inzwischen eher Anlass für ein klärendes Gespräch als für handfeste Sanktionen geworden sind.«

## Stehlen – für manche Kinder eine Verlockung

Neben dem Lügen gilt das Stehlen als eine der häufigsten »moralischen Verfehlungen« im Kindes- und Jugendalter. Bei diesem Thema spielt jedoch eine wichtige Rolle, wie alt das Kind ist. So tritt Stehlen bei Vier- bis Fünfjährigen phasenweise gehäuft auf und verliert sich dann in der Regel von selbst wieder. In dieser Zeit haben

Kinder zwar schon eine Vorstellung von »mein« und »dein« entwickelt, sind aber oft noch nicht richtig in der Lage, genau zu ermessen, was der materielle Besitz eines anderen bedeutet. Die Grenze zwischen dem, was wirklich »mir gehört und mir nicht gehört«, können Kinder in diesem Alter also noch nicht genau ziehen. Deshalb sind sie sich mit vier oder fünf Jahren auch noch nicht der Tatsache bewusst, dass es ein Vergehen ist, sich etwas anzueignen, was einem nicht gehört. Unsere Konsumgesellschaft – die mit Süßigkeiten überquellenden Regale der Supermärkte, die pracht- und prallvollen Auslagen in den Spielzeuggeschäften – stellt eine enorme Verführung für die Kleinen dar.

## Großer Einfluss der Medien

Durch die Werbung und durch das überreichliche Angebot wird den Kindern suggeriert, dass man diese schönen Dinge unbedingt haben muss, um glücklich zu werden und um mit den anderen Kindern gleichziehen zu können. Wenn wundert es da, dass Kinder, wenn das nötige Geld nicht da ist, auf die Idee kommen, die ersehnten Dinge einfach so mitzunehmen anstatt zu kaufen? Es gibt kaum ein Kind, das nicht irgendwann der Versuchung erliegt und irgendetwas stiehlt. Da fischt es blitzschnell ein Spielzeugauto aus dem Regal und

Wenn Kinder und Jugendliche stehlen, ist das oft Ausdruck der Rebellion gegen die Eltern und deren Werte oder der Reiz des Verbotenen.

lässt es in der Anoraktasche verschwinden. Oder es greift an der Supermarktkasse rasch zu den Süßigkeiten und schnappt sich eine Packung Kaugummi. Wenn es dann auf frischer Tat ertappt wird, muss das Kind erfahren, dass sein Handeln Konsequenzen hat und dass es Unrecht ist, sich das Eigentum anderer Leute anzueignen – auch wenn es das einer Supermarkt- oder Spielwarenkette ist.

### Teenager sind besonders gefährdet

Macht ein Kind diese Erfahrung im früheren Alter nicht, entwickelt es also kein richtiges Unrechtsbewusstsein, besteht die Gefahr, dass es später als Teenager verstärkt der Versuchung des Stehlens erliegen wird. Denn in der Pubertät werden der Konsumzwang und das Mithalten-Wollen noch stärker als zuvor. Modische Kleidung, Schuhe, Schmuck, Parfum, Lippenstift, Zigaretten, CDs, DVDs und Handys – all das gewinnt jetzt zunehmend an Bedeutung und kostet natürlich Geld.

Verfügen die Eltern nicht über das entsprechende Einkommen und ist das Taschengeld zu gering, sehen manche Teenies nur eine Lösung des Problems: »Was ich mir nicht kaufen kann, das nehme ich mir eben so.« Selbstverständlich sind sich die Jugendlichen des Vergehens in diesem Alter voll bewusst, natürlich ist den meisten überhaupt nicht wohl dabei. Allerdings gewinnen häufig die Sehnsucht nach dem begehrten Stück und die Hoffnung, nicht erwischt zu werden, die Oberhand und lassen die Angst vor Bestrafung in den Hintergrund rücken. Grundsätzlich gilt ja auch, dass erst ab dem 14. Lebensjahr Strafmündigkeit von Seiten des Gesetzes besteht, sodass mancher 11-, 12- oder 13-Jährige damit rechnet, dass nicht allzu viel passiert, falls der Diebstahl auffliegt.

### Was tun, wenn mein Kind stiehlt?

Ganz wichtig: Bleiben Sie ruhig und gelassen, auch wenn Sie noch so erschrocken über die Tat Ihres Kindes sind. Erinnern Sie sich an Ihre eigene Kindheit und Teenagerzeit. Hand aufs Herz: Waren Sie nicht auch öfter mal versucht, das eine oder andere mitgehen zu lassen? Haben Sie es vielleicht auch gemacht?

Betrachten Sie es als ein »positives« Ereignis, dass Ihr Kind erwischt worden ist. Seien Sie froh, dass es jetzt passiert ist und nicht später. Denn jetzt können Sie noch handeln, mit Ihrem Kind klärende Gespräche führen, sein Unrechtsbewusstsein schärfen und ihm aufzeigen, welche Folgen ihm daraus entstehen (siehe nächste Seite). Das hat für Ihren Nachwuchs eine heilsame Wirkung, denn jetzt ist er aufgeschreckt, jetzt wird er sich wahrscheinlich erst richtig der Si-

## Tipp

Klaut ein Kind häufig und wie unter Zwang, kann das Zeichen einer psychischen Störung, der sogenannten Kleptomanie sein. Vermuten Sie bei Ihrem Kind aber nicht gleich das Schlimmste und beobachten Sie es eine zeitlang genau. Bestätigt sich dann Ihr Verdacht auf Kleptomanie, sollten Sie unbedingt fachliche Hilfe in Anspruch nehmen.

tuation bewusst, jetzt kann er verstehen, dass so etwas in Zukunft nicht mehr passieren darf.

## Schimpfen und drastische Strafen sind nicht sinnvoll

Beschimpfen und beschuldigen Sie Ihr Kind nicht, drohen Sie nicht mit harten, unangemessenen Strafen (zum Beispiel drei Wochen Hausarrest, ein Jahr kein Taschengeld). Bagatellisieren Sie den Diebstahl aber auch nicht, tun Sie ihn nicht als Kavaliersdelikt ab, sondern machen Sie Ihrem Nachwuchs die Schwere des Vergehens deutlich.

Besprechen Sie die Konsequenzen und vereinbaren Sie eine »Wiedergutmachung«. Hat Ihr Kind im Kaufhaus etwas geklaut, kann es beispielsweise den Kaufpreis der entwendeten Ware mit seinem Taschengeld abstottern. Hat es etwas von einem Freund oder Klassenkameraden mitgehen lassen, muss er oder sie es wieder zurückgeben, sich entschuldigen und die Geschichte etwa durch ein Geschenk wiedergutmachen.

Wenn Ihr Kind auf die 14 Jahre zugeht, dann muss es wissen, dass Diebstahl nun nicht mehr nur Sache der Familie, sondern des Staates ist. Jetzt kann der Teenager vom Gericht bestraft werden, zum Beispiel durch Arbeit in einer gemeinnützigen Einrichtung. Auch das Jugendamt wird hinzugezogen.

Sollte Ihr Kind immer wieder stehlen und das vielleicht sogar als »Nervenkitzel« erleben, ist es wichtig, dass Sie sich fachliche Unterstützung suchen, beispielsweise in einer Erziehungsberatungsstelle oder bei einem Kinderpsychologen.

Auch wenn Ihr Kind immer nur »Kleinigkeiten« klaut, etwa einen Stift oder einen Radiergummi, sollten Sie mit ihm darüber sprechen, gegebenenfalls auch beim Psychologen.

Expertin

# Interview rund um die Kindererziehung

Beate Baude, Psychologin sowie Kinder- und Jugendlichen-psychotherapeutin in eigener Praxis in Gauting bei München

**Welche Verhaltensprobleme treten bei Kindern und Jugendlichen besonders häufig auf?**

Ich habe in meiner Praxis immer wieder mit vielen Fällen von trotzigem und oppositionellem Verhalten zu tun, aber auch mit Ängsten und Schüchternheit sowie den sozialen Verhaltensschwierigkeiten, die diese Grundprobleme nach sich ziehen. Diese Schwierigkeiten zeigen sich in allen Altersgruppen: bei den Kindergartenkindern, den Schulkindern und auch den Teenagern.

**Trotz, Schüchternheit oder Ängstlichkeit sind bis zu einem gewissen Grad ja auch normal. Ab wann wird diese Reaktion denn zur Auffälligkeit, die einer Therapie bedarf?**

Wenn die Verhaltensschwierigkeiten ein Ausmaß annehmen, das einer altersangemessenen Entwicklung im Wege steht und die gesamte Familie in ihrem Wohlbefinden beeinträchtigt. Manchmal schlägt auch die Schule Alarm, wenn das Verhalten des Kindes stark gestört erscheint.

Einige Kinder reagieren über eine längere Zeit ausgesprochen aggressiv, schreien, toben, lassen sich kaum noch führen, werden von den anderen Kindern gemieden oder betätigen sich auch gewalttätig gegenüber Gleichaltri-

gen und zerstören mutwillig Dinge. Natürlich sind Auseinandersetzungen zwischen den Kindern, etwa zwischen Geschwistern auf dem Schulhof, nicht allzu besorgniserregend und gehören in gewissem Rahmen zur kindlichen Erziehung dazu. Übersteigt dies jedoch ein bestimmtes Ausmaß und kommt es häufig zu Gewalttätigkeit, dann ist eine Grenze erreicht, sodass die Eltern handeln müssen. Vergleichbar verhält es sich mit Ängstlichkeit und Schüchternheit. Wenn das Kind sich selbst damit im Wege steht und/oder andere damit ebenso in Bedrängnis bringt, ist ein Eingreifen angesagt.

**Woran liegt es denn, dass so viele Kinder trotzig, oppositionell und mitunter sogar aggressiv sind?**

Übermäßige Aggressivität und auch Ängstlichkeit können unterschiedliche Gründe haben und zum einen Reaktionen auf äußere Umstände sein: Die Kinder sind über- oder unterfordert oder erleben starke, irritierende Veränderungen. Zum anderen kann es auch die Erziehungshaltung der Eltern sein: eine oft wenig konsequente, verwirrende Erziehung, die dem Kind keine klaren Richtlinien und Grenzen setzt. Die meisten Eltern meinen es dabei eigentlich gut mit den Kindern, wollen

Expertin

ihnen viel Freiraum und die Möglichkeit zu eigenen Entscheidungen geben, nicht zu streng sein. Oder, im anderen Fall, engen Eltern die Kinder zu sehr ein, möchten, dass das Kind sich genau nach ihren Vorstellungen verhalten soll.

Kinder brauchen aber einerseits einen klaren Rahmen und bestimmte Regeln, ich nenne es gern Verhaltens-Leitplanken, innerhalb derer sie sich bewegen können und die von den Eltern mit Verständnis für die Bedürfnisse der Kinder vertreten werden. Dabei müssen die Eltern diese Bedürfnisse aber auch wirklich wahrnehmen und können nicht erwarten, dass die Kinder sich ohne Weiteres in die Erwachsenenwelt einfügen lassen. Ansonsten artet die Eltern-Kind-Beziehung in unfruchtbare Machtkämpfe aus.

### Die die Kleinen dann gewinnen?

Nicht notwendigerweise, aber es gibt Verletzungen auf der einen oder der anderen Seite. Es ist normal, dass Kinder die Grenzen immer wieder austesten wollen, auch um die Zuverlässigkeit und Haltbarkeit der Eltern-Kind-Beziehung zu prüfen. Erweisen sich die Grenzen im sinnvollen Rahmen dann als stabil, lernen die Kinder, auch eine angemessene Frustration oder Zurückweisung zu ertragen

und es gelingt ihnen, sich in Kindergarten und Schule in die Gemeinschaft allmählich einzufügen. Sie lernen, dass sie sich auf sich selbst verlassen können und nicht ihre Umwelt ständig zur Erfüllung ihrer Wünsche brauchen. Diese Fähigkeit ist ein wichtiger Teil der sogenannten sozialen Kompetenz, die Kinder nach Möglichkeit erwerben sollten. Sie legt den Grundstein dafür, auch später im Erwachsenenalter das Leben eigenverantwortlich und eigeninitiativ zu gestalten und nicht immer nur auf die Leistungen anderer zu bauen.

### Kindliches Fehlverhalten wird ja auch dem hohen Konsum von Fernsehen, Gameboy und Computerspielen zugeschrieben...

Ja, nicht wenige Kinder verbringen viele Stunden vor dem Fernseher oder dem PC. Sie erfahren eine ständige Reizüberflutung, viele Sendungen und Computerspiele sind in hohem Maße aufregend, besonders wenn sie gewalttätige oder gruselige Szenen zeigen. Der Organismus und die Gedanken geraten in Aufruhr und die Kinder werden den Stress kaum noch los. Dies kann zu großen Ängsten und Schlafstörungen führen oder zu vermehrter Aggression, zumal viele Kinder kaum die

Expertin

# Interview rund um die Kindererziehung

Möglichkeit haben, die Erregung durch Bewegung abzubauen. Insgesamt wirkt sich dies negativ auf die körperliche, geistige und seelische Entwicklung aus. Die Kinder schlafen schlechter, sind morgens müde, können sich im Schulunterricht schlechter konzentrieren und nicht richtig lernen.

**Steigert die hohe Rate an Scheidungen auch die Zahl der verhaltensauffälligen Kinder?**

Ich denke ja. Es werden immer mehr Kinder mit Schwierigkeiten nach der Trennung oder Scheidung der Eltern angemeldet. Ein Aufbrechen der Familie löst in den meisten Fällen – mehr oder weniger starke – seelische Krisen aus. Viele Kinder reagieren mit trauriger Verstimmung und Depressionen auf das einschneidende Ereignis. Sie werden beispielsweise schweigsam, ziehen sich zurück, pflegen ihre Freundschaften nicht mehr, nässen möglicherweise wieder ein. Andere Kinder wiederum legen eine verstärkte Aggressivität an den Tag, sie fügen sich selbst oder anderen Schaden zu, verhalten sich rebellisch, vernachlässigen die Schule und handeln sich viel Tadel sowie schlechte Noten ein. Eltern sollten ihr Kind aufmerksam beobachten, um frühzeitig die Signale einer seelischen Störung zu erkennen. Je eher sensibel auf die Nöte der

Kinder reagiert werden kann, desto größer sind die Chancen, die psychische Entwicklung wieder auf den richtigen Weg zu bringen, eventuell auch mit Hilfe einer Therapie.

**Wie finden die Eltern zu Ihnen in die Praxis?**

Viele wenden sich als ersten Ansprechpartner an einen Kinderarzt oder Kinderpsychiater und werden von dort an mich überwiesen. Manchmal macht die Schule die Eltern darauf aufmerksam, dass eine Hilfestellung notwendig wird, damit es dem Kind irgendwann wieder besser geht. Oder die Eltern wenden sich direkt an mich.

**Und wie sieht dann die therapeutische Behandlung aus?**

Die Behandlung richtet sich natürlich nach den individuellen Nöten des Kindes und der Familie. Generell findet aber zunächst ein ausführliches Gespräch mit den Eltern und dem Kind statt, in dem die Schwierigkeiten der Familie vorgetragen werden, aber auch schon die Stärken und die Interessen des betroffenen Kindes besonders betrachtet werden. Ich frage häufig beim ersten Termin das Kind selbst, ob es weiß, warum es da ist. Die Kinder wissen das in der Regel sehr gut, beispielsweise »weil wir zu Hause oft streiten«,

Expertin

oder »wegen der Angst in der Nacht« oder »weil ich mich nicht traue«. Im Verlauf finden dann die Sitzungen sowohl allein mit dem Kind als auch zusammen mit der Mutter und/oder dem Vater statt. Die enge Zusammenarbeit mit Eltern ist für den Erfolg der Therapie unerlässlich, da ja die Verhaltensprobleme auch aus der Art und Weise entstanden sind, wie die Familie zu Hause miteinander umgeht, wie auf widrige äußere Umstände reagiert wird und weil oft auch das Verhalten der Eltern korrigiert werden muss. Eltern agieren nämlich ebenfalls nicht selten nach immer gleichen Mustern, die dann zu den Konflikten mit ihren Kindern führen. Dabei sind sie sich dessen meist gar nicht bewusst – das Verhalten der Eltern beeinflusst die Kinder, deren Verhalten wiederum die Eltern beeinflusst. Dieser oft unbewusste Kreislauf muss durchbrochen werden.

**Wie erreichen Sie denn eine Verhaltensänderung sowohl beim Kind als auch bei den Eltern?**

Vor der Behandlung erfolgt eine sorgfältige Diagnostik, das heißt zunächst müssen die Ursachen und Bedingungen gefunden werden, die im Einzelnen zu dem Verhaltensproblem des Kindes geführt haben. Diese sind, wie bereits gesagt, in der Regel ein Zusammenwirken der Lebensumstände und der Art des gegenseitigen Umgangs in der Familie. Danach werden einzelne Therapieziele aufgestellt, die sich an den Möglichkeiten und Wünschen der Familienmitglieder orientieren. Und erst dann können Behandlungsmaßnahmen eingeführt werden.

Ich arbeite mit den Methoden der Verhaltenstherapie, die davon ausgeht, dass Verhalten gelernt werden kann, wenn es für den jeweiligen Menschen positive Konsequenzen bewirkt. Zu diesen Konsequenzen gehören Aufmerksamkeit, Anerkennung, Zuwendung, aber auch Selbstständigkeit und Erfolgserlebnisse. Verhaltensweisen werden andererseits verlernt, wenn sie negative Konsequenzen nach sich ziehen, wie Nichtbeachtung oder Verlust von angenehmen Beschäftigungen, wie z. B. Fernsehverbot. Es ist oft nicht einfach herauszufinden, welche Bedingungen und Konsequenzen für die einzelnen Familienmitglieder belohnend und bestrafend wirken. Das erfordert Absprachen und Ausprobieren. Zusammenfassend lässt sich sagen: Entsprechend der Devise »Fördern und Fordern« sollten Eltern ihr Kind in seiner Entwicklung aktiv begleiten, seine Fähigkeiten stärken, es schützen, ihm eine liebevolle Atmosphäre und ein familiäres Umfeld bieten, in dem es sich sicher und geborgen fühlen kann.

# Nützliche Adressen und Internetseiten

## Alle Fragen rund um die Erziehung:
www.familienhandbuch.de

## Schule allgemein
Sie haben unter anderem die Möglichkeit, sich im Internet unter www.privatschulbera-tung.de über verschiedene private Schulen in Ihrem Einzugsbereich zu informieren.

## Hochbegabung
*Bundesministerium für Bildung und Forschung*
www.bmbf.de
Hier können Sie die Broschüre »Begabte Kinder finden und fördern« bekommen.

Eine gute Adresse im Internet, wo Sie alles über Wettbewerbe für Schüler, Studenten und Auszubildende finden, ist diese: http://www.bildungs-server.de/wettbew.html. Außerdem bietet die Arbeits-gemeinschaft der bundeswei-ten Schülerwettbewerbe ein interessantes Programm an, zu finden unter der Webadresse www.bundeswettbewerbe.de. Das Bundesministerium für Bil-dung und Forschung informiert unter www.wettbewerbe.info über Jugend- und Studenten-wettbewerbe.

Für Gymnasiasten gibt es spezielle Förderklassen für Hochbegabte. Auskunft hierüber erteilt die »Deutsche Gesellschaft für das hochbegabte Kind e.V.« (DGHK), im Internet zu finden unter www.dghk.de. Mitglieder der jeweiligen Regionalvereine betreuen Sie dann direkt vor Ort.

Der Verein »Hochbegabten-förderung e.V.«, im Internet unter www.hbf-ev.de zu finden, gibt Auskunft über außerschulische Fördermög-lichkeiten.

## Gesunde Ernährung
*Deutsche Gesellschaft für Ernährung e.V.*
Godesberger Allee 18
53175 Bonn
Telefon: 0228-3776-600
E-Mail: webmaster@dge.de
www.dge.de

## Missbrauch von Suchtmitteln
Auf dieser Website finden Sie bundesweite Suchtberatungs-stellen:
www.a-connect.de

*Hilfswerk der Deutschen Lions e.V., Ressort Lions-Quest*
Bleichstraße 1–3
65183 Wiesbaden
Telefon: 0611-99154-80
www.lions-quest.de

## Anorexie und Bulimie
*»ANAD e.V.«, Beratungsstelle für Ess-Störungen*
Seitzstraße 8
80538 München
www.anad.de

*»Mädchenhaus Heidelberg e.V.«*
Römerstraße 23
69115 Heidelberg
http://Ess-stoerungen.net.
E-Mail-Beratung:
info@ess-stoerungen.net

## ADS und ADHS
*AG ADHS - Arbeitsgemeinschaft Aufmerksamkeitsdefizit-Hyper-aktivitäts-Störung der Kinder- und Jugendärzte e.V.*
Postfach 228,
91292 Forchheim
E-Mail: ag-adhs@t-online.de
www.agadhs.de

*Hamburger Arbeitskreis ADS/ADHS e.V.*
Postfach 652240
22373 Hamburg
E-Mail:
Hamburger.Arbeitskreis.ADHS
@web.de

*Bundesverband Aufmerksamkeitsstörung/ Hyperaktivität e.V.*
Postfach 60
91291 Forchheim
Telefon: 09191-704260
Fax: 09191-34874
http://www.bv-ah.de

Arbeitskreis überaktives Kind
(AÜK)
Postfach 410724
12117 Berlin
Telefon/Fax: 030-85 60 59 02
http://www.bv-auek.de

ADS e.V. Elterninitiative zur
Förderung von Kindern mit Auf-
merksamkeitsdefizit-Syndrom
mit/ohne Hyperaktivität
Postfach 1165
73055 Ebersbach
Telefon: 0 7161-92 02 25
http://www.ads-ev.de

## Legasthenie und Dyskalkulie

Bundesverband Legasthenie
und Dyskalkulie e.V.
www.legasthenie.net

Verein für Lerntherapie
und Dyskalkulie e.V.
Briennerstraße 48
80333 München
Telefon: 0 89-60 19 04 48
Fax: 0 89-5 23 42 83
www.dyskalkulie.de

Lernen zu Lernen e.V.
Hauptstraße 56
31515 Wunstorf
Telefon: 0 50 31-97 29 30
www.legasthenie.de

---

# Literatur

Biddulph, Steve:
Das Geheimnis glücklicher
Kinder, Heyne, München 2001

Braun, Joachim:
Jungen in der Pubertät,
Rowohlt, Reinbek bei Hamburg
2003

Friedrich, Barbara:
Trotzig, zornig, wütend.
Umgang mit kindlichen Aggres-
sionen, dtv, München 2005

Kaiser, Thomas:
Bleib bei mir, wenn ich wütend
bin. Wut und Aggressionen:
So helfe ich meinem Kind,
Christophorus, Freiburg 1998

Kilian-Kornell, Gunhild; Kovács,
Heike; Blum, Claudia:
Spielen fürs Leben, Schmidt-
Römhild, Lübeck 2004

Kovács, Heike; Kaltenthaler,
Birgit:
Hilfe bei ADS und ADHS,
Gondrom Verlag, Bindlach
2006

Kovács, Heike; Kaltenthaler,
Birgit:
Mein Kind braucht Regeln,
Gondrom Verlag, Bindlach
2005

Kovács, Heike; Kaltenthaler,
Birgit:
Mein Kind ist stark, Gondrom
Verlag, Bindlach 2006

Kovács, Heike; Kaltenthaler,
Birgit:
Mein Kind wird sauber,
Gondrom Verlag, Bindlach
2005

Kovács, Heike; Kaltenthaler,
Birgit:
Mein Kind lernt spielend,
Gondrom Verlag, Bindlach
2006

Lauth, Gerhard W.; Schlottke,
Peter F.; Naumann, Kerstin:
Rastlose Kinder, ratlose Eltern,
dtv, München 1998

Schümann, Helmut:
Der Pubertist. Überlebens-
handbuch für Eltern, Rowohlt,
Reinbek bei Hamburg 2007

# Register

## Die Autorinnen

**Birgit Kaltenthaler** hat Germanistik und Romanistik für das Lehramt studiert. Nach einer Ausbildung zur Redakteurin hat sie viele Jahre bei einer großen deutschen Zeitschrift gearbeitet. Als alleinerziehende Mutter zweier Kinder kennt sie die Probleme, Ängste und Sorgen der heutigen Elterngeneration sehr gut: »Wichtig ist, dass Kinder in einer liebevollen Atmosphäre aufwachsen dürfen und nicht auf sich allein gestellt sind.« Zusätzliche Erfahrung mit Kindern hat sie als Sprachlehrerin an einem privaten Institut und in vielen Kinder-Yoga- und Entspannungskursen im eigenen Studio sammeln können. Die Schwerpunkte ihrer pädagogischen Arbeit liegen auf den Gebieten ADS und ADHS, Legasthenie und Dyskalkulie sowie Hochbegabung und Underarchievement. Sie gibt ihr Wissen in zahlreichen Ratgebern, vor allem im Bereich Erziehung, weiter. Außerdem ist sie als Redakteurin und Lektorin für verschiedene Verlage tätig.

**Dr. Heike Kovács** ist Ärztin und arbeitet als Journalistin für Printmedien und TV. Sie hat bereits zahlreiche Ratgeber veröffentlicht, ist als Moderatorin von Wissenschaftstagungen tätig und tritt als Expertin für Gesundheits- und Familienfragen regelmäßig im Bayerischen Fernsehen auf. »Erziehung ist wirklich nicht leicht, das weiß ich aus zahlreichen Interviews mit Eltern sowie aus meiner eigenen Erfahrung als Mutter. Dennoch gibt es aus meiner Sicht keine pflichterfüllendere und lohnendere Aufgabe, als ein Kind auf dem Weg zum Erwachsenwerden zu begleiten.«

Bibliographische Information
der Deutschen Bibliothek

Die Deutsche Bibliothek verzeichnet diese Publika-
tion in der Deutschen Nationalbibliographie; de-
taillierte bibliographische Daten sind im Internet
über http://dnb.ddb.de abrufbar.

## BLV Buchverlag GmbH & Co. KG
80797 München

© 2008 BLV Buchverlag GmbH & Co. KG, München

**Bildnachweis:**
Alle Fotos Getty Images, außer:

Besendorfer, Eva: S. 93, 97
Istock: S. 104, 191, 196
Kunterbunt (Heidi Velten): S. 53, 70, 80, 106, 114,
129, 142, 149, 176, 178, 180,
Mauritius: S. 2/3, 9, 17, 28, 54, 57, 59, 61, 63, 68,
78, 108, 134, 182, 189, 243
Panthermedia: S. 218, 220
Photothek.net (Liesa Johanssen): S. 233
Reusse, Michael: S. 19, 33, 185
Shutterstock: S. 187, 216, 233
Ullstein: S. 72, 73

**Grafiken:**
Sandra Menke, Osnabrück

**Umschlaggestaltung:**
fuchs_design, München/Sabine Fuchs,
Regina Kremer

**Umschlagfotos:**
Vorderseite: Corbis
Rückseite: Mauritius

**Lektorat:**
Ruth Wiebusch,
Manuela Stern

**Herstellung:**
Angelika Tröger

**Layoutkonzept Innenteil:**
Sabine Fuchs, fuchs_design, München

**Layout und Satz:**
Uhl+Massopust GmbH, Aalen

Gedruckt auf chlorfrei gebleichtem Papier

Printed in Germany
ISBN 978-3-8354-0293-5

**Hinweis**
Das vorliegende Buch wurde sorgfältig erarbeitet.
Dennoch erfolgen alle Angaben ohne Gewähr.
Weder Autorinnen noch Verlag können für eventu-
elle Nachteile oder Schäden, die aus den im Buch
vorgestellten Informationen resultieren, eine
Haftung übernehmen.

# Eine kleine Auswahl aus unserem Programm

Dr. med. Heike Kovács
**Handbuch Kinderkrankheiten**
Richtige Diagnose – schnelle Hilfe:
die häufigsten Kinderkrankheiten mit
Ursachen, Symptomen, schulmedizini-
schen und alternativen Behandlungs-
methoden, Selbsthilfe und Vorbeugung;
mit Natur- und Hausmitteln, Erster
Hilfe, Impfungen usw.
*ISBN 978-3-8354-0247-8*

Dr. Beate Fessler
**Handbuch
Schwangerschaft und Geburt**
Kompetent, sachlich, ehrlich – das
fundierte Handbuch; Schwangerschaft
im Detail: was genau in jedem der neun
Monate passiert; die werdende Mutter:
Ernährung, Körper und Seele, Partner-
schaft; Geburt, Wochenbett, Stillen,
die erste Zeit zu Hause, Beruf.
*ISBN 978-3-405-16929-9*

Dr. med. Heike Kovács/
Birgit Kaltenthaler
**Handbuch Kindererziehung**
Alle Aspekte der Kindererziehung vom
Babyalter bis zum Beginn der Pubertät;
Antwort auf wichtige Erziehungsfragen,
Hilfe bei typischen Alltagsproblemen.
*ISBN 978-3-8354-0293-5*

Jenifer Calvi
**Das Baby ist da!**
Alle Themen rund um Ernährung, Pflege,
Gesundheit, Entwicklung, Erziehung,
Recht – umfassend, nach neuestem
Stand der Medizin, mit Expertentipps.
*ISBN 978-3-8354-0006-1*

Siegbert Engel/Don Chen
**Qi Gong für mein Kind**
Gezielte Bewegungsübungen für
Konzentration, Gelassenheit und
Selbstbewusstsein in Schule und Alltag.
*ISBN 978-3-8354-0296-6*

Veronika Straaß
**Mit Kindern die Natur entdecken**
Eine Fülle von Vorschlägen für Spiele und
Spaß, für das ganze Jahr und für verschie-
dene Altersgruppen; spielen, basteln,
beobachten und experimentieren; geeig-
net für Kinder im Alter von 4 bis 12 Jahren.
*ISBN 978-3-8354-0225-6*